西南大学"双一流"建设（教育学）学术文库
A Library of Academic Works of Southwest University "Double First-Class" Project (Education)

智 慧 课 堂 导 论

沈小碚　主　编
唐一丹　副主编

图书在版编目(CIP)数据

智慧课堂导论/沈小碚主编;唐一丹副主编. --重庆:西南大学出版社,2024.6
(西南大学"双一流"建设(教育学)学术文库)
ISBN 978-7-5697-2343-4

Ⅰ.①智… Ⅱ.①沈… ②唐… Ⅲ.①课堂教学—教学研究—教材 Ⅳ.①G424.21

中国国家版本馆CIP数据核字(2024)第105626号

智慧课堂导论
ZHIHUI KETANG DAOLUN

沈小碚 主　编　　唐一丹 副主编

责任编辑｜李　勇
责任校对｜曾　文
装帧设计｜闰江文化　谭　玺
排　　版｜张　祥
出版发行｜西南大学出版社(原西南师范大学出版社)
　　　　　地址｜重庆市北碚区天生路2号
　　　　　邮编｜400715
　　　　　网址｜http://www.xdcbs.com
　　　　　市场营销部电话｜023-68868624
经　　销｜全国新华书店
印　　刷｜重庆亘鑫印务有限公司
成品尺寸｜170 mm×240 mm
印　　张｜17.75
字　　数｜293千字
版　　次｜2024年6月　第1版
印　　次｜2024年6月　第1次印刷
书　　号｜ISBN 978-7-5697-2343-4
定　　价｜68.00元

总序

西南大学教育学科源于1906年的川东师范学堂教育科。1950年10月,四川省立教育学院教育系、国立女子师范学院教育系合组为西南师范学院教育系。后四川大学教育系和教育专修科、重庆大学教育系、相辉学院教育系、川东教育学院教育系和公民训育系、昆明师范学院教育系、贵阳师范学院教育系、四川医学院营养保育系等高校的教育类专业又先后并入。1995年成立教育科学学院,2005年改名教育学院。2011年,学校将西南大学教育学院、教育科学研究所、基础教育研究中心、教育部西南基础教育课程研究中心、教师教育管理办公室、高等教育研究所和培训学院的教学科研人员合并组建为西南大学教育学部,成为西南大学重点建设的研究型学部。在教育学科的发展过程中,先后涌现出陈东原、张敷荣、高振业、任宝祥、秦仲实、刘克兰等一大批老一辈教育家,以及新一代教育学者。

西南大学教育学科于1981年获得硕士学位授予权,1984年获得博士学位授予权,现拥有"课程与教学论"国家重点学科、教育学一级学科博士学位授权点、博士后科研流动站,有教育部人文社科重点研究基地"西南民族教育与心理研究中心"、教育学领域"职业教育融通与课程教学统整"全国高校黄大年式教师团队、高等学校学科创新引智计划(111计划)"西部儿童与青少年发展阻断贫困代际传递大数据决策系统"、教育部"成渝地区双城经济圈高校智能化教学改革"虚拟教研室、国家2011协同创新平台"中国基础教育质量监测协同创新中心西南大学分中心"、教育部"民族教育发展与高层次人才培养"重点研究基地等国家级、省部级平台与团队近20个。教育学、学前教育、教育技术学、特殊教育4个专业全部获批国家一流本科专业建设点，教育学专业为教育部和财政部联合确定的首批国家级特色专业，学前教育专业入选教育部首批"卓越幼儿园教师培养计划"。

自2022年入选国家"双一流"建设学科、重庆市一流学科（尖峰学科）以来，教育学科以服务国家教育强国战略和成渝地区双城经济圈教育协同发展战略为宗旨，找准国家重大战略需求、科学技术发展前沿、学科优势特色三者的结合点，确立了围绕"三个重大"（重大项目、重要奖项、重点平台）抓"关键性少数"、"三全治理"（全员、全方位、全过程）抓"系统性思维"、"三个一流"（团队、领域、平台）抓"可显性指标"的战略框架，坚持"做有组织的科研、出有领域的成果、建有追求的团队、留有记忆的符号、创有激情的文化、干有温度的事业、过有成就的日子"的七大原则，锚定"四大方向八个领域"，组建了教育基本理论与意识（马克思主义教育理论中国化、民族文化与教育特色理论建构）、区域发展与教育（职业教育与区域经济社会发展、乡村振兴与教育阻隔代际贫困传递）、基础教育课程教学与教师教育（中国特色课程教学新发展、教师教育理论体系建构与政策发展）、未来教育与儿童发展（智慧教育和"未来学校"建设、儿童健康教育与脑发育机制）"跨学院"的核心研究团队，建设了"智慧教育与全人发展"首批重庆市哲学社会科学重点实验室（试点）、西部科学城（重庆）西南心理健康大数据中心，创办英文国际期刊 *Future in Educational Research* 和辑刊《未来教育研究》。

本学术文库是西南大学教育学"双一流"学科建设的重要成果，它着眼于教育科技人才一体化推进的国家重大战略，立足世界教育发展与学术研究的基本趋势，聚焦中国教育发展的现实问题，塑造区域教育发展新优势与新领域，通过"跨学科""跨理实""跨区域"的研究视角，质性研究与量化研究相结合的技术路线，扎根中国大地做原创性、系统性、引领性的教育研究，真正把教育研究从西方教育范式和话语体系中解放出来，构建具有中国特色的教育学学科体系、学术体系和话语体系，为加快推进教育现代化战略和建设教育强国战略贡献西南大学教育学科的学术力量。

（西南大学教育学一流学科建设"首席责任专家"、教育学部部长、教育部国家级高层次人才）

2024年6月18日

前言

2017年《新一代人工智能发展规划》中提出:"利用智能技术加快推动人才培养模式、教学方法改革,构建包含智能学习、交互式学习的新型教育体系。开展智能校园建设,推动人工智能在教学、管理、资源建设等全流程应用。"这标志着我国开启了智能化、泛在化、个性化、开放化、协同化的智慧教育时代。2018年教育部印发《教育信息化2.0行动计划》,提出要继续积极推进"互联网+教育",坚持信息技术与教育教学深度融合的核心理念,积极开展智慧教育创新研究和示范,推动新技术支持下教育的模式变革和生态重构。智慧教育正式纳入我国教育信息化建设的国家战略体系,至此,以教育信息化引领教育现代化,实现更加公平、高质量的教育,和培养具有高阶思维能力的个性全面发展的创新型人才,成为新时代赋予智慧教育的历史使命。当前智慧教育正由初步应用融合阶段,向着全面创新融合阶段过渡,课堂作为教育教学的主阵地,在教育教学改革中占据着核心地位。学者陶西平曾表示"改革最终发生在课堂上",只有进入到课堂这个关键地带,智慧教育才真正步入了深水区,智慧教育才能真正实现发展。因此,智慧课堂教育教学的构建是一个面向改革、引领创新、追求卓越的过程。

基于信息化视角的智慧课堂源于2008年IBM提出的"智慧地球"(Smart Planet)战略,此概念在全球迅速得以广泛应用,并随之引出了"智慧城市""智慧教育""智慧课堂"等新概念,此后关于智慧课堂的研究迅速火热起来,总体趋势是逐年递增的。出现这种现象的原因主要是因为新一代信息技术的普及,以及相关教育政策转变了教育工作者的研究方向。我们可以将其发展历程分为以下三个阶段。

第一阶段是起步阶段(2004—2009年)。这一时期的"智慧课堂"中的"智慧"一方面包含心理学意义上的"聪敏、有见解、有谋略"[1],另一方面包含教育学意义上的培养学生的智慧能力。学者靖国平较早提出了"智慧课堂"概念,他认为课堂教学不仅要传授知识,更要启迪智慧,教育的根本目的在于将知识转化为智慧。学者成尚荣指出,课堂要从知识走向智慧,智慧课堂要为智慧的生成而教。学者吴晓静、傅岩提出,智慧课堂教学是指智慧课堂中的教学内容、教学方式和教学策略等以学生的智慧发展为价值追求,在教学设计、教学实施和教学评价中体现"转识成智",旨在促进学生的智慧成长。要达成知识转化为智慧的目的并非易事,受到时代的限制,这一时期学者们寄希望于传统课堂手段,或者通过教师深度研磨教材、树立智慧形象,或者鼓励学生个体主动参与,最终达到"智慧生成"。学者吴汝萍试图以教材为中介挖掘学生的智慧,认为"教材是众多教育工作者智慧的结晶,是服务于教学的静止的文本"。基于学生具有"向师性"的特点,有学者认为教师应以自身为榜样引领学生智慧发展,从教师教育的角度提出要"滋养教师的智慧品性,塑造教师的智慧形象,提升教师的教育智慧",智慧课堂应成为促进教师专业化发展的一种重要方式[2]。

总之,这一时期所提及的"智慧"与"知识"相对,认为课堂教学的目标不是简单的知识传授,而是应该注重学生以高阶思维为核心的综合智慧能力的培养。知识传授并不是最终目的,重要的是如何通过知识来培养学生的高阶思维能力和独立解决问题能力,进而提升学生的综合智慧能力。

第二阶段是加速阶段(2010—2015年)。这一时期的突出特征是立足教育学和心理学视角解读智慧课堂,但信息化这一新兴视角的出现无疑为该领域的研究注入了新的活力。2010年7月《国家中长期教育改革和发展规划纲要(2010—2020年)》明确提出要"把教育信息化纳入国家信息化发展整体战略",加快教育信息化进程,"充分利用优质资源和先进技术,创新运行机制和管理模式,整合现有资源,构建先进、高效、实用的数字化教育基础设施"。2012年,《教育信息化十

---

[1] 刘晓琳,黄荣怀.从知识走向智慧:真实学习视域中的智慧教育[J].中国电化教育,2016(3):14-20.
[2] 郭元祥.教师教育智慧生成的三个基础[J].教育科学研究,2008(1):14-17.

年发展规划(2011—2020年)》的出台,是对《国家中长期教育改革和发展规划纲要(2010—2020年)》的强调和补充,提出到2020年,要基本实现宽带网络的全面覆盖、基本建成人人可享有优质教育资源的信息化学习环境、基本形成学习型社会的信息化支撑服务体系。这两个文件的出台,对于普及校园宽带网络的覆盖面和加快信息技术与教育的融合起着关键性的政策驱动作用。国内最早建设"智慧课堂"的是2010年上海市虹口区推出的"电子书包"项目,由于电子书包改变了传统的教学模式和学习方式,故这种课堂被称为"智慧课堂"[1]。自2013年起,研究者陆续从信息化视角对"智慧课堂"进行了理论探索,如学者林利尧对基于电子书包的"智慧课堂"系统进行了研究;学者赵辉等设计了智慧课堂教与学系统;学者唐烨伟等指出,智慧课堂有效促进了智慧能力的培养。

这一阶段,"智慧课堂"中的"智慧"不再局限于教育学和心理学,其概念诠释开始向信息化视角转变。有学者基于平台和技术指出,随着信息化技术的发展,各种教室设备采用的技术开始发生融合,终端的融合、平台的融合势在必行,提出智慧课堂是基于智能化的信息教室,各个教室所采用的中央控制系统走向统一和融合,实现校与校、人与人之间的互通。还有学者立足"智慧教育"视角,认为智慧课堂是在信息技术的支持下,通过变革教学方式方法,将技术融入课堂教学中,构建个性化、智能化、数字化的课堂学习环境,从而有效促进智慧能力培养的新型课堂[2]。还有研究者从智慧课堂学生的学习模式着手,探讨了智慧课堂的技术应用:课前,教师可应用智慧课堂中的学习情景采集技术;课中,应用实时内容推送技术和利用系统资源分层共享功能;课后,师生可使用即时反馈评价技术[3]。

同时,构建与学科教学融合的智慧课堂成为热点。有学者利用电子书包构建英语智慧课堂,认为电子书包环境下的小学英语智慧课堂,打破了之前"教在先,学在后"的课堂模式,基于电子书包学习系统,利用微课资源将前期知识点发布在学习中心,学生可以在课前先完成学习任务,带着问题进入课

---

[1] 刘邦奇.智慧课堂的发展、平台架构与应用设计——从智慧课堂1.0到智慧课堂3.0[J].现代教育技术,2019,29(3):18-24.

[2] 唐烨伟,庞敬文,钟绍春,等.信息技术环境下智慧课堂构建方法及案例研究[J].中国电化教育,2014(11):23-29.

[3] 卞金金,徐福荫.基于智慧课堂的学习模式设计与效果研究[J].中国电化教育,2016(2):64-68.

堂[1]。还有研究者基于网络学习空间来构建小学数学智慧课堂,"网络学习空间以其诸多的优势能够为小学数学的日常教学提供个性化的服务和支撑",通过教学设计、教学实施、教学评价更好地实现教育与技术的完美结合[2]。

总之,这一阶段丰富了智慧课堂的内涵和外延,扩展了"智慧"的外在表现形式,"利用信息技术打造数字化学习环境的根本目标亦是改变学生的学习方式,发展学生的智慧能力"[3],至此,心理学和信息化视角的智慧课堂之间千丝万缕的联系也逐渐明晰起来。

第三阶段是繁荣阶段(2016—2019年)。2015年以后,基于信息化视角的智慧课堂研究成果开始多于基于教育学视角,表明信息化"智慧课堂"正在快速发展。

2016年到2019年研究智慧课堂的文献数量爆发式增长至1000多篇,智慧课堂研究领域一片繁荣。2016年6月,教育部发布《教育信息化"十三五"规划》,指出我国"学校网络教学环境大幅改善,全国中小学校互联网接入率已达87%,多媒体教室普及率达80%,优质数字教育资源日益丰富,信息化教学日渐普及",力争到2020年基本建成"人人皆学、处处能学、时时可学"的教育化信息体系。2018年4月,教育部印发《教育信息化2.0行动计划》,要求2022年基本实现"三全两高一大"的发展目标,即教学应用覆盖全体教师、学习应用覆盖全体适龄学生、数字校园建设覆盖全体学校,信息化应用水平和师生信息素养普遍提高,建成"互联网+教育"大平台。这表明我国教育的技术大环境基本成型,但同时面临技术往何处去等问题,也亟待理论加以厘清指明。

这一阶段,智慧课堂的研究呈现多样态发展趋势,教育工作者从智慧课堂的本质研究、学科教学模式探究、智能环境技术架构等方面为教育实践提供了理论解决方案和技术操作指导。本质方面,有学者采用属加种差的定义方法认为智慧课堂"本质上是充分激荡智慧的育人课堂"和"形式上是智能化运用信息技术的课堂"两个方面[4],比较完整地表达了智慧课堂的本质。在智慧课堂技术架构

---

[1] 庞敬文,王梦雪,唐烨伟,等.电子书包环境下小学英语智慧课堂构建及案例研究[J].中国电化教育,2015(9):63-70.

[2] 唐烨伟,樊雅琴,庞敬文,等.基于网络学习空间的小学数学智慧课堂教学策略研究[J].中国电化教育,2015(7):49-54.

[3] 高琳琳,解月光."互联网+"背景下智慧课堂教学设计研究[J].教育理论与实践,2019,39(20):10-12.

[4] 王天平,闫君子.智慧课堂的概念诠释与本质属性[J].电化教育研究,2019,40(11):21-27.

与支撑方面,有学者指出智慧课堂智能化服务平台的后台数据资源存储、处理和服务支撑是利用智能教育云服务提供资源服务、互动服务和教学应用,前端应用是利用智能手机、PAD等智能移动终端设备及其App服务,并通过教室无线网络环境、数据中心、智能运算与智能控制等智能平台,打通云服务、教室智能平台和智能终端的数据传输和交流通道,构建一体化、智能化的学习环境[①]。可以看到这一时期的智慧课堂的研究出现了多样化的发展方向,越来越倾向于实际教学中信息技术的应用研究。

  本教材是国家级优势学科"课程与教学论"的研究方向之一,是前沿化交叉课程教材,适用于教育学专业和师范生教育选修课学习。命名为《智慧课堂导论》,顾名思义旨在对智慧课堂作一个全貌式的概述,便于学生学习和了解现代教育教学改革的发展趋势。教材共分为八章:首先交代了智慧课堂兴起的背景;接下来对智慧、智慧教育以及智慧课堂等概念及其之间的关系进行了阐述,并对智慧课堂进行追本溯源;最后对智慧课堂涉及的相关内容(课堂生态体系、教学模式、教学设计、教学评价、教学实践)逐一进行了阐述。

  本教材的编写力求内容全面,结构完整,教材使用了大量具有代表性的案例并进行了较为深入的分析,借鉴和参考了诸多相关文献资料,吸收了大量关于智慧课堂的最新研究成果,充分反映了当代教育教学改革的基本特征和发展趋势。教材编写过程中,沈小碚负责书稿的整体策划和组织工作,唐一丹在书稿的编写中做了大量有效的工作。参与各章节的资料收集整理与编写的人员,分别是沈小碚、唐一丹、罗章(前言、第一章),池春欢(第二章),陈唯(第三章),张庆秋(第四章),唐一丹(第五章),罗章(第六章),冉颖(第七章),刘应馨(第八章),对于他们的辛勤劳动在此表示衷心的感谢!书中所作注释与参考文献难免会有所疏漏,在此特加以说明并向其原作者致以衷心的感谢!同时也要衷心感谢西南大学出版社给予我们的大力支持和帮助,使得本书能够顺利出版。智慧课堂的研究还是一个崭新的课题,不少问题也尚待在实践中不断地进行思考和探索。由于时间和水平所限,书中还存在很多不足之处,还望大家海涵,并恳请各位读者批评指正,以便进行修改完善。

沈小碚 唐一丹

---

① 吴晓知,刘邦奇,袁婷婷.新一代智慧课堂:概念、平台及体系架构[J].中国电化教育,2019(3):81-88.

目录

第一章　绪论

第一节　我国传统课堂走向智慧课堂的必然性 /003
第二节　智慧课堂对传统教学的变革 /011
第三节　智慧课堂研究的相关启示 /015

第二章　智慧课堂概述

第一节　智慧课堂的内涵 /021
第二节　智慧课堂的特征 /030
第三节　智慧课堂的类型 /036
第四节　智慧课堂的理论基础 /052

第三章　智慧课堂的历史回顾

第一节　理论奠基：钱学森"大成智慧学" /061
第二节　实际推动：IBM"智慧地球"战略 /069
第三节　初步探索："互联网+"教学实践 /077
第四节　升级发展："智能化"教育革新 /088

第四章　智慧课堂的生态体系

第一节　智慧课堂的教学环境 /099
第二节　智慧课堂的教学主体 /110
第三节　智慧课堂的教学活动 /120

第五章 智慧课堂的教学设计

第一节　智慧课堂教学设计概述 /129
第二节　教学目标设计 /136
第三节　课前预学阶段的设计 /141
第四节　课中教学阶段的设计 /146
第五节　课后总结阶段的设计 /156

第六章 智慧课堂的教学模式

第一节　智慧课堂教学模式概述 /163
第二节　智慧课堂个性化教学模式 /171
第三节　智慧课堂探究性教学模式 /176
第四节　智慧课堂混合式教学模式 /182
第五节　智慧课堂生成性教学模式 /190

第七章 智慧课堂的教学评价

第一节　智慧课堂教学评价概述 /203
第二节　智能时代技术对教学评价的影响 /206
第三节　智慧课堂教学评价的具体实施策略 /215

第八章 智慧课堂的典型教学实践

第一节　翻转课堂教学实践 /233
第二节　基于项目学习的智慧课堂教学实践 /246
第三节　基于深度学习的智慧课堂教学实践 /257

主要参考文献 /267

第一章 绪论

人类文明经历了渔猎时代、农耕时代、工业时代,如今处于信息时代,正在迈向智能时代。一个时代有一个时代的教育。教育作为一种特殊的社会活动,每一次的社会变迁都必将引起教育教学的改革。信息技术与教学深度融合的智慧课堂,是新一轮信息技术革命下教育变革从理论到实践的必然产物。

☆ 学习目标

1. 领悟课堂教学改革发生的必然性;
2. 掌握智慧课堂对传统教学的变革内容;
3. 了解智慧课堂研究的发展趋势。

◯ 思维导图

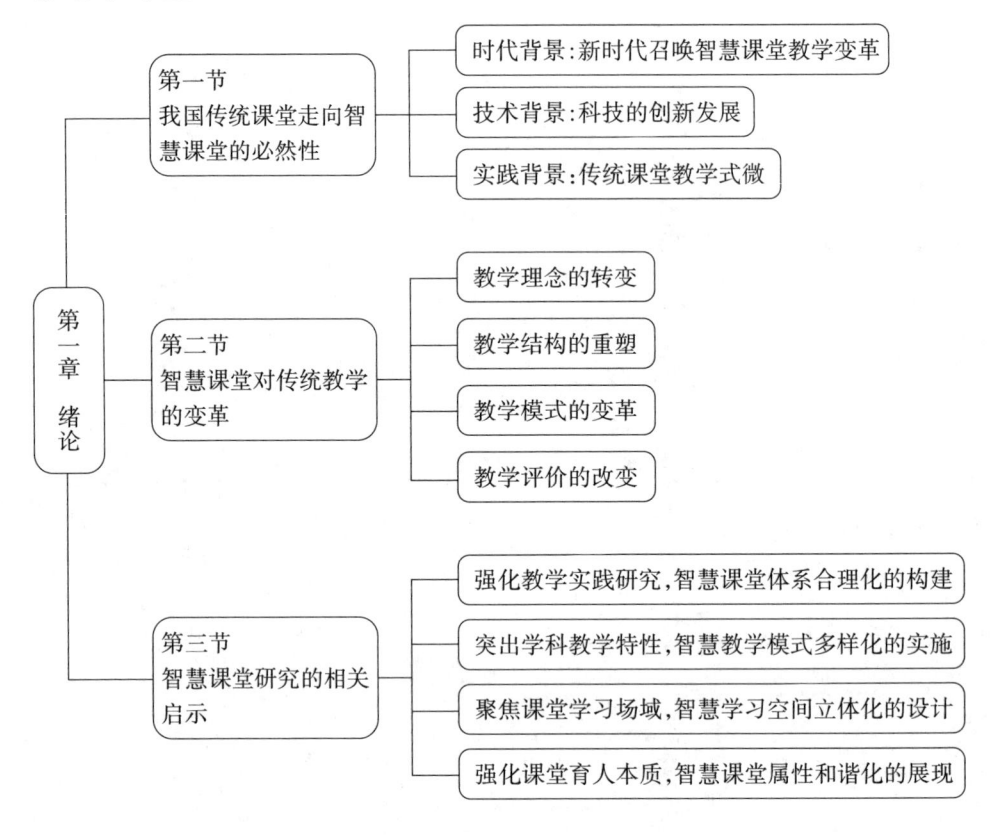

```
第一章  ┬── 第一节              ┬── 时代背景:新时代召唤智慧课堂教学变革
绪论   │   我国传统课堂走向智    ├── 技术背景:科技的创新发展
       │   慧课堂的必然性        └── 实践背景:传统课堂教学式微
       │
       ├── 第二节              ┬── 教学理念的转变
       │   智慧课堂对传统教学    ├── 教学结构的重塑
       │   的变革              ├── 教学模式的变革
       │                      └── 教学评价的改变
       │
       └── 第三节              ┬── 强化教学实践研究,智慧课堂体系合理化的构建
           智慧课堂研究的相关    ├── 突出学科教学特性,智慧教学模式多样化的实施
           启示                ├── 聚焦课堂学习场域,智慧学习空间立体化的设计
                              └── 强化课堂育人本质,智慧课堂属性和谐化的展现
```

第一节 我国传统课堂走向智慧课堂的必然性

一、时代背景：新时代召唤智慧课堂教学变革

(一)社会需求的变化

改革开放以来,人民群众对教育的需求经历了从基本教育需求到优质教育需求的演变过程,这一变化的动因来自人们对教育的更平等、更普及、高质量、高标准的追求[1]。尤其是党的十九大的胜利召开宣告中国特色社会主义进入新时代,中国教育的主要矛盾也在转化,传统的学习资源、学习环境、教育服务方式等,已经不能适应人们对于智能化、泛在化、个性化、开放化、协同化教育的需求,以教育信息化推动教育现代化成为教育领域的广泛共识。同时,近年来物联网、云计算、大数据等新兴信息技术,深刻地变革了人们的生产生活及思维方式,也逐渐改变了人才的需求类型。人类在自然领域中的大量重复性低阶认知工作,将逐渐被智能机器所替代,由此引发的人与机器劳动分工格局的调整,对传统注重记忆、理解及知识简单应用的低阶育人取向提出挑战[2]。因此,未来的教育迫切需要运用信息化手段推动教育理念、理论和实践创新发展,实现更加公平、高质量的教育,培养具有高阶思维能力的全面发展的创新型人才。这是新时代赋予智慧教育的历史使命。

(二)政策的鼓励与支持

在教育信息化发展的高级阶段,对智慧课堂的探索与实践被视为各国抢占信息时代教育发展先机的关键,受到各国的重视,成为各国加快教育现代化进程的重要组成部分。2016年教育部发布《教育信息化"十三五"规划》,指出我国"学校网络教学环境大幅改善,全国中小学校互联网接入率已达87%,多媒体教室普及率达80%,优质数字教育资源日益丰富,信息化教学日渐普及",力

---

[1] 黄荣怀.智慧教育的三重境界:从环境、模式到体制[J].现代远程教育研究,2014(6):3-11.
[2] 杨鑫,解月光.智能时代课堂变革图景:智慧课堂及其构建策略[J].电化教育研究,2021,42(4):12-17.

争到2020年基本建成"人人皆学、处处能学、时时可学"的教育化信息体系。2017年起各级政府相继出台了相关政策文件,把实施智慧教育作为破解新时代教育矛盾,引领中国迈向教育强国的重要途径。其中《新一代人工智能发展规划》将"智能教育"作为"建设安全便捷的智能社会"重点任务的重要组成部分进行阐述,强调主动应对新技术浪潮带来的新机遇和新挑战,围绕教育民生需求,加快人工智能创新应用,提供个性化、多元化、高品质服务,拉开了智慧教育引领教育信息化的创新发展的序幕。2018年发布的《教育信息化2.0行动计划》,旗帜鲜明地将"以习近平新时代中国特色社会主义思想为指导,全面贯彻党的十九大精神,围绕加快教育现代化和建设教育强国新征程,落实立德树人根本任务,因应信息技术特别是智能技术的发展,积极推进'互联网+教育',坚持信息技术与教育教学深度融合的核心理念,坚持应用驱动和机制创新的基本方针,建立健全教育信息化可持续发展机制,构建网络化、数字化、智能化、个性化、终身化的教育体系,建设人人皆学、处处能学、时时可学的学习型社会,实现更加开放、更加适合、更加人本、更加平等、更加可持续的教育,推动我国教育信息化整体水平走在世界前列,真正走出一条中国特色的教育信息化发展路子"作为指导思想,并提出"以人工智能、大数据、物联网等新兴技术为基础,依托各类智能设备及网络,积极开展智慧教育创新研究和示范,推动新技术支持下教育的模式变革和生态重构"的具体实施行动方案,标志着作为教育信息化高度发展新境界的智慧教育被正式纳入国家教育信息化发展的战略体系,成为国家加快教育现代化和教育强国建设,推进新时代教育信息化发展,培育创新驱动发展的新引擎。

(三)学生群体的变化

学者顾小清教授曾经对新一代学生群体的特征和需求进行了细致的研究,指出新一代学生群体是所谓的"数字土著",浸润在信息技术及产品的环境中的成长经历,使得他们具有全新的认知方式、社会交往、生活习惯和思维方式。他们是和信息技术共同成长和发展的一代,他们深度接纳信息技术提供的便捷,表现出喜欢图片、声音和影像,擅长多任务同时处理,看重学习的趣味和关联,精通并依赖通信技术来快速获取信息并进行即时共享等。在信息技术的支撑下,他们显然比上一代拥有更多主动参与学习的机会,而且学习方式更丰富。尤其是近年来,随着以移动互联网、智能终端、物联网等为代表的泛在学习环境和智能学习平台的普及,新一代学习者的学习特征与传统线性的教学方式之间的矛盾突出,学习者对个性化、自主化和泛在化的学习方式的诉求愈发强烈。这推动了基于智能化信息技术的教学理念、模式与方法的变革与创新。以信息化学习环境作为支撑,为每一个学生提供个性化的学习服务,使其获得愉快、轻松的学习体验,最终促进学生智慧生成的智慧课堂回应了学习者对智慧学习方式的现实期待。

二、技术背景:科技的创新发展

纵观课堂发展历史,可以说课堂的演化与发展是科技发展与教学手段更新的结果。从农耕文明时期以口语、动作、实物为主要教学手段的"国子监""书院""私塾",到工业社会运用黑板、粉笔、图片、模型等传统教学手段的班级制课堂,再到信息时代以广播、电视等基于模拟信号的视听媒介为主的电子化课堂,以及以计算机、互联网等为标志的数字化课堂,课堂形态的进化与科学技术的发展息息相关。随着现代科技的快速发展,课堂形态的演变正在加速。如今,在以人工智能为代表的新一代信息技术的引领下,人类正从信息社会迈向智能社会,课堂教学也迎来新一轮创变的时代契机——从数字化向智能化跃升[①]。

(一)物联网及其在课堂中的应用

物联网是指通过射频识别、红外感应器、全球定位系统、激光扫描器等信息传感设备,按照约定的协议,将任何物品与互联网相连接,进行信息交换和通信,以实现智能化识别、定位、跟踪、监控和管理的一种网络。简单而言,物联网就是物物相连的互联网。它包含三层含义:第一,物联网是互联网的延伸和扩展,其核心和基础仍然是具有泛在性、信息聚合性的网络,通过网络聚合将物品的信息实时准确地传递出去;第二,以互联网与传统电信网(包括有线和无线)为信息传

---

① 刘三女牙,孙建文.人工智能时代的课堂创变:解构与重构[J].国家教育行政学院学报,2021(9):16-22.

递的载体;第三,与传统终端到人的网络不同,物联网的终端从人延伸至物品,建立所有物品和网络之间的连接,在任何时间、任何地点、针对任何事物,实现人与物、物与物之间的识别感知、数据传递和信息交换。结合物联网在课堂教学中的应用现状及相关研究,物联网在课堂教学上主要发挥以下作用。

1. 构建泛在的智慧学习环境

物联网的引入使得物理教学环境的每个物件都具有数字化、网络化的特性,实现了现实世界(物理空间)与虚拟世界(数字化信息空间)的互联整合。一方面,通过连接点、基站和射频识别等相关技术,教师可以远程布置、操控传感器节点,将远程设备通过物联网联系到一起,实时传输、存储和分析信息数据[1],提高了信息传输的效率,学生能够在任何地方、任何时间利用智能移动设备获取任何需要的信息。另一方面,通过使用智能移动设备连接到学习材料,师生能够随时随地通过电子白板、平板电脑等智能化设备进行互动交流、资源分享,实现了无纸化智能教室。

2. 支持实时教学测评

实时教学测评系统基于学生互动反馈系统(Interactive Response System,IRS),通过学生手中的投票器(采用有源射频方式)或平板电脑学生端来统计学生投票、答题情况,以及通过学生佩戴的智能手表、智能眼镜等带有特定传感器的设备捕捉并记录学生的生理信息与数据,依托人工智能在教师端设备上显示可视化统计图表,以辅助教师根据反馈信息分析教师的教学情况和学生的学习状态,据此调整教学进度和安排,提升智慧课堂教学效果。

3. 服务教学管理

物联网为教学管理提供便利,学生考勤、答题、活动、离校等在校轨迹及课堂表现均可以记录下来并实时反馈到家长、老师智能终端,教师和家长能够随时关注每一位学生的实时情况,学生异动能够得到实时提醒和及时纠正,有利于家校沟通合作和安全监控、危机处理。

---

[1] 胡英君,滕悦然.智慧教育实践[M].北京:人民邮电出版社,2019:28.

(二)云计算技术及其在课堂中的应用

Google认为,云计算就是以公开的标准和服务为基础,以互联网为中心,提供安全、快速、便捷的数据存储和网络计算服务,让互联网这片云成为每一个网民的数据中心和计算中心。IBM认为,云计算是一个虚拟化的巨大的由硬件、开发平台和服务等组成的计算机资源池,一种新的IT资源提供模式。综合二者的观点,可以发现云计算主要包含两层含义:一是基础设施架构在大规模的廉价服务器集群之上,通过多个廉价服务器之间的冗余,利用软件获得高可用性;二是应用程序与底层服务协同开发,最大限度利用资源。

云计算技术在课堂中的应用一方面有利于减少学校对服务器的投入,降低成本;另一方面,可以有效化解教育信息系统中的"孤岛"现象,实现网络承载背景下的资源共享最大化和协同工作最有利化,进而促进教育资源优化配置和相互整合[1]。云计算技术在课堂中的应用主要集中在以下两个方面。

1.教育资源的共享

利用云计算技术搭建教育云平台(包括云基础平台、云资源平台和云管理服务平台),并以此为载体,进而构建起虚拟学习社区和网络学习社会。凭借云平台,可以实现硬件、平台、软件、学习资源等教育信息资源共享,信息应用互通的目标。比如在软硬件、平台开发上,可以开发一套产品让多个学校使用,也可以多个学校开发一套产品共同使用,降低学校在资源建设中的软硬件成本和管理成本;在学习资源上,可以将孤立的教育资源通过网络上传并存储于云端服务器,用户通过登录联网的终端设备,获取并分享教育资源。有了云平台,学生就可以在任何时间、任何地方,只要可以使用互联网就可以登录平台,获取平台上的资源和信息。教师也可以随时随地开展教学,甚至实现跨学科、跨领域、跨地区的网络学习。通过云计算实现资源的聚合、共享、升级、推送,可有效解决我国教育信息化推进过程中长期存在的重复投资以及资源分布不均、更新速度慢、共享程度低等信息孤岛的"顽疾",在资源层面实现教育的均衡发展。

---

[1] 孟亚玲,贺阳阳,李军靠.信息技术与课程整合的曙光——基于人工智能的智慧课堂[J].中国成人教育,2019(18):41-46.

2.打造云学习环境

学生通过电子书包等终端随时随地享受云端的各种学习服务。一方面学生可将学习材料直接上传到云端服务器上,在任何能联网的地方直接通过移动终端登录云平台即可随时查找、调取、修改和分享这些资源,语义Web技术的支持能够实现根据学习者需求从多个维度形成教育资源的组织形态,为每位学生形成个性化学习资源库。另一方面,学生可以在支持云计算的服务端获得学习过程中需要的各种工具软件,减少了安装软件的繁复操作,实现了不同平台间软件的实时转移。与此同时,学习者的学习过程数据也将及时存储到云端,保证学习数据永不丢失,为学习行为的分析提供数据支持。

(三)大数据技术及其在课堂中的应用

大数据(Big Data)是由科学仪器、工具、传感器、互联网络交易、电子邮件、音视频软件、网络点击流或今天与未来可获得的所有其他电子资源产生的庞大、多样、复杂、纵向和分布式的数据资料组,具有数据存储容量规模海量(Volume)、数据分析流转高速(Velocity)、数据类型多样(Variety)、数据价值巨大(Value)的特征。随着移动通信、云计算、传感器、普适计算等新技术在教育领域的应用,教育活动过程中产生的或根据教育需要采集到的教育大数据成为教育教学的宝贵财富。

大数据技术在课堂中的应用主要是教学数据的挖掘与分析。学习管理系统、课程管理系统、网络互动平台智能记录贯穿师生教学全过程的各种教学行为、教学内容、教学资源等海量原始教育数据,基于算法,对数据进行收集、处理、存储、分析、解释与建模,从中发现数据背后隐藏的师生的相关教学特征、行为取向、兴趣爱好等信息,为开展全面、及时、合理的教学决策和实施精准、个性化、发展性的教学评价提供支撑。

三、实践背景:传统课堂教学式微

传统课堂教学是工业时代的产物,以传授数千年来经过验证的学科系统知识为根本,基于社会对人的需求是掌握基础知识和基本技能进而实现社会的大规模生产发展,因此传统课堂适用于传授那些无须多究其理的事实性知识和规范性技能,如语言文字、史地事实、机械运算、制图、体操等。它着重于知识目标和技能目标,只求通过识记和练习,能准确地再现知识和技能[1]。但当今世界,科学技术飞速发展,尤其是智能信息技术的发展改变了人类的生产生活方式与思维模式,麦肯锡全球研究所的研究表明,到2030年全球大约3%的劳动力需要更换工作,高度结构化的工作或需要身体活动完成工作任务的职业将会减少,人工智能正在引发一场剧烈的社会分工调整,一定范围和程度上会完成对人力的替代[2]。培养具有信息素养、批判思维、适应力、创造力和终身学习能力的高阶思维能力的智慧人才成为当前社会对人力资源的新的期待,新时代的浪潮裹挟着具有新理念、新生态、新模式、新方法的智慧课堂滚滚而来,传统课堂教学备受冲击。

(一)教学理念层面:传统课堂无法关照到每一位学生的个性化发展

一种情况是极端的传统课堂,通常以书本知识的填鸭式传授为主。课前教师"以书本知识为中心",重理论、轻实践,重知识、轻能力,教师基于自己的经验对教学进行预设,关注的重点是如何将教科书与大纲上的要求在课堂中准确落实,而忽略了花时间去了解学生的个性化特征和学习需求;课堂教学"以教师为中心",采用整齐划一的"满堂灌",教师是知识的灌输者,学生是被动接受知识的"容器"。另一种情况是具有生本意识的传统课堂,但往往停留在理念层面,即虽然意识到了要以学生为中心,要促进每位学生个性的全面发展,但受限于教师时间、精力、能力、技术等方面,在具体实践中很难做到兼顾每位学生的个体差异并因材施教,心有余而力不足。最终变成以中间生的普遍水平作为授课依据,造成先进生"吃不饱"和后进生"胀不下"的两极分化,同时又进一步演化为主动积极活跃的先进生和被动消极吊车尾的后进生以及个性鲜明的学生受到教师关注,中间生反而成为课堂教学中的"边缘人"。

---

[1] 陈兴明.恰当运用讲授教学法[J].福州大学学报(哲学社会科学版),2001(S1):78-81.
[2] 王羽菲,和震.人工智能赋能职业教育:现实样态、内在机理与实践向度[J].中国远程教育,2022(5):1-8.

(二)教学组织层面:传统课堂教学活动的开展受时空局限

在《中国大百科全书》教育卷中,"课堂教学"这一条目的解释是"见班级教学"[1],可见,我国传统课堂是与班级授课制联系在一起的,表现为把年龄和知识程度相同或相近的学生,编成固定人数的班集体;按各门学科教学大纲规定的内容,组织教材和选择适当的教学方法,并根据固定的时间表,向全班学生进行集体授课。传统课堂教学活动的开展受限于师生双方的教与学活动必须同时发生,且必须发生在特定的时间(课内的40—50分钟)和地点(教室或其他物理空间)。除非教师特意录制课堂视频,否则教师的每堂课都是"唯一"且"即时"的,如果学生因为特殊原因错过某时某地的某堂课,或者某个环节或内容课上未能吸收,就只能依靠课堂笔记或者转述进行了解,特定课堂无法重复、无法再现。

(三)教学模式层面:传统课堂教学模式单一不利于智慧生成

"教学模式"是指在一定教学思想指导下建立起来的为完成特定的教学目标和内容而围绕某一主题形成的较为稳固的教学结构体系及其实践程序方法。在传统课堂中,为使学生掌握应有的知识技能,主要采用"传递—接受"的单向灌输教学模式,表现为"教师讲,学生听;教师写,学生记"。双向交流仅体现在课堂提问中,但提问的方式倾向于形式主义,表现为教师根据教案预设的问题进行提问,抽取个别学生进行回答,然后通过评价学生代表的回答判断全体学生的掌握情况。在这种"填鸭式"的教学模式中,学生获取知识的渠道比较单一,课堂教学成为教师的独角戏,或者教师和少数学生之间的对白,师与生、生与生缺乏激烈、广泛的思维碰撞,谈不上是深度立体的交流互动,很难实现教学的启发性与因材施教。教师作为知识的权威,全权主宰着课堂,容易使学生丧失学习的兴趣与动力。

(四)教学技术层面:传统课堂中信息技术的应用落后

不少传统课堂,依然借助传统教具老三样(书、粉笔、黑板)通过讲述、展示、板书来进行知识的讲解,对于现代信息技术的应用往往停留在播放PPT课

---

[1] 中国大百科全书出版社编辑部.中国大百科全书·教育[M].北京:中国大百科全书出版社,1985:210.

件以及音频、视频、图片等资源方面。信息技术仅发挥着最基础的呈现和传递知识的功能,在辅助教学上所发挥的作用远远不够。

(五)教学评价层面:传统课堂的学习评价方式粗放且滞后

传统课堂的评价方式主要是通过主观经验判断和纸笔测验。学情分析层面,由于教师了解学生的学习思维方式、学习情况的渠道和时间有限,因此对学生的学情分析主要是基于平时在交往中对学生的主观印象和感觉来进行模糊判断。学习效果评价层面,以课堂提问、课堂检测以及课后作业与测试作为检验学生学习效果的主要方式,但以个别学生的课堂回答和试卷的"分数"作为评定学生学习成果的标准,明显以偏概全。学生课后作业和测试的结果与评价,教师并不能实时反馈给学生,表现出延时滞后的弊端。

第二节 智慧课堂对传统教学的变革

新时代赋予教育新的历史使命,科学技术飞速发展为课堂变革提供了平台和载体,传统课堂的弱点逐渐凸显,凡此种种召唤着教育改革的到来。课堂是教育教学的主阵地,教育改革只有进入到课堂层面,才真正进入了深水区;只有抓住课堂这个核心地带,教育才能真正发展[1]。智慧课堂是智慧教育从研究走向应用、从理论走向实践、从宏观走向具体的产物,是智慧教育聚焦于教学、聚焦于课堂、聚焦于师生活动的必然结果。

一、教学理念的转变

学者蔡宝来教授从教育改革发展的历史角度审视,认为教育教学变革首先是理念和观念的变革与转型,并提出顺应信息技术迭代更新、跨界融合和颠覆式创新的潮流,适应经济社会发展对创新人才培养的需求,适应教育信息化2.0发展变革的趋势,智慧课堂倡导和追求学为中心、能力为先、教学创新和个

---

[1] 谢幼如,邱艺.走进智慧课堂[M].北京:北京师范大学出版社,2019:7.

性化学习的新理念[①]。

学为中心主要表现在三个方面：一是以学定教和为学而教；二是教会学生自主学习；三是教为学服务。能力为先即课堂教学的首要目标是培养和提升学习者的核心素养和关键能力，尤其是创新思维等高阶思维能力和终身学习、自主学习等自适应学习能力。教学创新指向信息技术与教育教学的深度创新融合，教师围绕激发学习兴趣和创造潜能开展教学。个性化学习明确学生是学习的主人翁，侧重依托技术赋能实施精准的因材施教，教师引导学生利用智能平台"云—网—端"独立自主完成学习方案、学习进度、学习内容、学习策略的个性化定制，进而促进学生的个性化发展。

拓展阅读

教育信息化2.0时代的课堂变革：实质、理念及场景[②]（节选）

……

二、教育信息化2.0时代的课堂教学新理念

（一）智慧课堂

智慧课堂是基于学为中心、能力为先、教学创新和个性化学习的智慧教育理念，应用5G移动网络、大数据分析技术、人工智能等新一代信息技术产品，为教与学行为数据的自动采集与深度分析、智能感知学习情境、自动识别学习者个性特征、按需推送学习资源、自动评估学习结果的智慧教学实现技术赋能，是为创新教学和个性化学习而搭建和架构的网络化、数字化和智能化教学环境和学习空间。

（二）学为中心

学为中心是教育信息化2.0时代课堂教学变革的本质要求。智慧课堂中，以学生的学习兴趣培养和学习动机激发来创设智慧学习环境和学习空间，以学习目标与任务的高质量完成来展开教学设计，以学生的核心素养和关键能力培养来进行学科内容的选择和实施，以学生的成长和发展进行大数据分析和学习评价。

[①] 蔡宝来.教育信息化2.0时代的智慧教学：理念、特质及模式[J].中国教育学刊,2019(11):56-61.
[②] 蔡宝来.教育信息化2.0时代的课堂变革：实质、理念及场景[J].海南师范大学学报（社会科学版），2019,32(4):82-88.

(三)能力为先

能力为先即课堂教学首要目标是培养和提升学习者的核心素养和关键能力。能力为先理念是落实核心素养和关键能力,培养创新人才目标的教学基本原理。能力为先要求课堂教学以培养提升学生创新能力为核心目标,为课堂的知识学习向能力转化提供支持。随着智能时代的到来,教育开始逐渐由知识导向型向能力导向型转变,并将培养新一代成为终身学习者和创新创造者。

(四)教学创新

未来教学将是建立在学为中心和能力为先基础上的创造性教学。这种教学将摒弃一切不利于学生自主学习和创新能力培养的机械呆板教学方式,注重教和学双方创造天性、潜能和个性的发挥。在网络化、数字化和智能化的智慧课堂里,教学双方围绕激发学习兴趣和创造潜能开展教学创新。以问题、项目和课题进行自主合作探究学习,学习的发起、合作设计解决方案、大胆的假设和逻辑的求证、资料的获取和数据的分析,以及观点结论的得出和发表,整个过程都是在教师引领、激励、期待、帮助和指导下完成,教学过程在环境开放、资源共享、自主探究、小组合作的智慧学习环境下展开,课堂教学成为师生创造潜能和创新思维火花不断涌现的创造工场和科学探究的实验室。

(五)个性化学习

个性化学习是智慧课堂学生有个性地全面发展的教育理念,是智能化时代学为中心观照下的一种全新学习方式。个性化学习是学生有个性地全面和谐发展的必然追求,是学生创新能力培养的前提条件。

二、教学结构的重塑

学者何克抗教授认为,教学系统由教师、学生、教学内容、教学媒体四个要素组成,各要素相互联系、相互作用构成课堂教学系统结构形态,智慧课堂教学结构的变革体现在课堂教学系统四个要素地位和作用的改变上。教师由课堂教学的主宰者和知识的灌输者,转变为课堂教学的组织者、指导者,转变为学生自主建构意义的帮助者、促进者,学生良好情操的培育者;学生由知识灌输的对象和外部刺激的被动接受者,转变为信息加工的主体、知识意义的主动建构者,和情感体验与内化的主体;教学内容由只是依赖一本教材,转变为以教材为主,丰富的信息化教学资源相配合;教学媒体由只是辅助教师突破重点、难点的形象化教学工具,转变为既能辅助教师的"教",又能促进学生自主地"学",从而使学习者得到更丰富、有效的认知探究工具,协作交流工具及情感体验与内化工具的支持[①]。

三、教学模式的变革

传统课堂通常是以知识传授为中心的填鸭式教学,主要表现为教师教什么学生学什么,强调教师的控制、知识的灌输和学习方式的整齐划一。在智慧课堂教学中,开放的智慧学习环境、智能化信息技术工具为学生提供了个性化、泛在化的学习条件和资源,使得学习不再局限于封闭的教室环境和固定的课堂时间,学生突破了传统的被动接受式学习。基于智慧课堂的信息技术和平台应用,体验性学习、社交性学习、游戏化学习、竞争性学习、研究性学习、协作学习等学习方式日益丰富,穿插在智慧课堂的全过程,智慧课堂教学模式突破了学校教育提供的正式学习,走向正式学习和非正式学习的融合[②]。线上线下混合式教学、翻转课堂教学、体验式教学等多种教学模式,立足"以学生为中心",关注学生在教学中的智慧生成与轻松愉快的学习体验,突出了学生在学习中的主体地位。

四、教学评价的改变

随着大数据、可视化等技术在教学领域的应用,基于大数据动态学习分析的智慧课堂突破了传统课堂教学评价只重结果和选拔、甄别学生的功能,开始向关注促进学生个性化发展和智慧生成的过程性和形成性评价转变。智慧课堂以培养具有高智能和创造力的人才为目标,旨在促进学生的个性化发展和

[①] 何克抗.如何实现信息技术与学科教学的"深度融合"[J].教育研究,2017,38(10):88-92.
[②] 黄荣怀.智慧教育的三重境界:从环境、模式到体制[J].现代远程教育研究,2014(6):3-11.

智慧生成,因此教学评价重视学生的学习发展过程和课堂表现。从评价过程来看,由关注学习成果转向学习诊断与过程性评价;从评价主体来看,由传统的单一的教师评价学生走向师生互评、生生评价、家长评价等多元化主体评价;从评价标准来看,由主观评价转向与大数据、云计算支撑的客观数据评价相结合。智慧课堂教学评价总体呈现出动态化、个性化、精准化和即时化的特征。

总之,智慧课堂既是新时代对信息技术与教育教学深度融合的教育信息化的理性回应,也是学习者对个性化、自主化和泛在化的智慧学习方式的现实期待,将智慧教育的理念、技术和方法应用于课堂教学,创设智慧化学习环境、构建个性化学习方式、探索新的信息化教学模式、实施智慧课堂教学实践、完善智慧课堂教学评价,对突破传统课堂教学天花板,培养新时代所需的具有核心素养的创新型人才具有十分重要的意义。

第三节　智慧课堂研究的相关启示

智慧课堂依托信息技术引领学生智慧生成,为解决教育难题提供了新思路。目前相关的理论与基础设施构建已有一定基础,但还存在着诸如未能完全准确勾勒智慧课堂的内涵与外延、缺乏深层次的智慧课堂教学实践研究、传统模式与现代技术的简单嫁接、智慧课堂学习环境的机械性等问题。为助力智慧课堂走深走实,我们从现有智慧课堂研究中得出以下启示。

一、强化教学实践研究,智慧课堂体系合理化的构建

为了更好地落实智慧教育理念,国内一些教育研究者已经对互联网时代的智慧课堂构建进行了研究,近年来,国内在智慧课堂基本概念、智慧教学模式、智慧教学法、智慧教学环境等方面涌现出大量的研究成果,但是已有的研究大多只关注智慧课堂本体概念的阐述和构建技术的探讨,在教学实践研究

方面基础薄弱,关注度和研究成果较欠缺。并且,在理论研究层面,概念诠释主要是立足教育学、心理学、信息化视角三种类型,三种类型的概念分别描绘了智慧课堂的某些侧面,未能全面、准确地勾勒出智慧课堂的内涵与外延。同时,基于某种技术手段的教学模式,软硬件设施建设还不完备。理论与实践"两张皮"的现象依然存在,未形成系统、完整的智慧课堂理论体系。

因此,我们今后需要在继续做好智慧课堂理论研究工作的基础上,汲取国内外智慧课堂先行实践经验,加强具体教育教学的实践研究,构建起理论与实践并行的智慧课堂教育体系,实现智慧课堂体系的合理化。还应加强政府、地区、学校以及相关企业间的通力配合,打造智慧教育示范区,建立智慧教育生态系统,进一步完善智慧教育理论体系[①]。

二、突出学科教学特性,智慧教学模式多样化的实施

如何从纷繁复杂的教学模式中选择最适合学习者认知风格的信息化教学模式是接下来构建智慧课堂所面临的一大挑战。早期智慧课堂致力于构建的是一种适用所有学科的普适性的教学模式,无论是翻转课堂、混合式教学、慕课、微课,还是个性化教学、探究性教学、合作学习等得到广泛认可的教学模式,都在一定程度上将重点放在找到各个学科教学通用的智慧课堂共性特征,一定程度上忽视了不同学科的特性,教学效果因学科而异。后有学者将学科分为语文、数学、英语、自然学科、社会学科五类,并提出了"4+N"特征模型,"4"为共性特征,"N"为个性特征,并且提出要根据"N"个个性特征来进行整个学科的教学设计。如语文学科的课堂情境化,以增强现实技术或是动画、音视频增强学习的临场感,使学生沉浸于作者所处的情境中;数学学科化抽象为具体,将数学中的抽象问题通过计算机建立仿真模型,从而提高学生的参与度。

在考虑学科特性时,应注意挖掘学科间的联系,提供适用于其他相关学科的模式。个性与共性并非水火不容,既要抓住不同学科之间的教学共性,减少教与学负担,提高教学效率,同时要根据不同学科的本质属性差异构建多样化、个性化的教学模式,使学科教学呈现个性、共性交融的局面。

---

① 徐蕊玥,周琴.基于知识图谱分析的国内外智慧教育研究热点[J].教师教育学报,2019,6(6):39-46.

三、聚焦课堂学习场域,智慧学习空间立体化的设计

场域,在布迪厄看来,它是各种位置之间存在的客观关系的一个网络或一个构型[1]。不管是在教育场域现场还是远程,教师和学生主体的教学过程都是信息交互的过程,教师以自身专业能力引领学生智慧发展,同伴之间的竞争激发进取心。学习场域不仅对教师的专业发展至关重要,而且影响到学生认知发展与完善,因而在智慧课堂背景下要特别关注学习场域的打造,融合技术于现实课堂中,构建立体化的教学空间。立体化,一方面体现在线上学习与线下学习相结合,改变传统课堂非流动性的特点,同一时间、不同地点学习同一知识点的学生形成虚拟同伴,以往封闭的教学场域被打破,实现学习空间立体化。另一方面,立体化体现在基于技术打造的智慧学习环境,具有以下突出特点:位置感知、情境感知、社会感知、互操作性、无缝连接、适应性、泛在性、全程记录、自然交互、深度参与[2],体现在对学生全方位关注上。机械的知识积累不再被看作学生学习的全部,社会参与度、实践操作能力、情绪管理能力、环境适应能力、深层次思维探究能力在新一代智能技术下不再遥不可及,学生的学习和评价由一维知识积累向多维目标转化。

四、强化课堂育人本质,智慧课堂属性和谐化的展现

育人,是教育之根本,教育从诞生之日起就肩负着这一使命。孔子作为教育的先行者,其教育思想无论是道德教化还是知识教育,都是围绕育人这一属性贯穿于教育教学始终。智能技术的盛行,一大批教育工作者热心于将技术引进课堂,强调新一代设施设备如何参与到课堂中,而忽视了学生接不接受、适不适合的问题,课堂的技术属性被夸大,教育教学的侧重点从育人转向技术,智慧课堂的属性认知存在缺陷。有学者提出智慧课堂的本质属性包括"科学属性、技术属性、文化属性、社会属性"[3],技术属性和文化属性的重要性得到

---

[1] (法)皮埃尔·布迪厄,(美)华康德.实践与反思:反思社会学导引[M].李猛,李康,译.北京:中央编译出版社,1998:138,167.
[2] 祝智庭.深度解读智慧教育[J].智慧中国,2015(4):60-62.
[3] 王天平,闫君子.智慧课堂的概念诠释与本质属性[J].电化教育研究,2019,40(11):21-27.

广泛认可,而科学属性和社会属性被忽略。科学属性即顺应教育规律,激发学生自主性,促进学生智慧生成。技术属性即一方面要认可信息技术对课堂的积极作用,另一方面要促进技术与课堂的深度融合。文化属性即师生文化共享,突出人文精神,营造和谐的课堂氛围。社会属性即教育场域不再困于封闭的线下课堂中,一种泛在学习场域正在形成。这些属性并非相互排斥,而是对智慧课堂不同侧面的描述,厘清了过去长期纠缠不清的问题,全方位地展示出智慧课堂的本质属性,使各种属性之间的关系和谐化。随着新一代人工智能技术的继续发展,智慧课堂必然会诞生新的属性,这些属性或许又会与前一阶段的属性发生矛盾,需要教育工作者厘清它们之间的关系,更好地指导教学实践。

思考题

1. 为什么说新时代传统课堂必然走向智慧课堂?
2. 面对新时代新需求,传统课堂显露出哪些主要问题?
3. 智慧课堂较之于传统课堂发生了哪些改变?

第二章 智慧课堂概述

随着信息技术的迅速发展,"互联网+"实现了与不同行业不同程度的融合,教育行业也不例外。"互联网+"与教育行业的深度融合催生了依托信息技术的智慧教育,在智慧教育迅速发展的大浪潮下,智慧课堂应运而生,同时智慧课堂的产生和运用也极大地促进了智慧教育的发展。

☆ 学习目标

1. 初步认识智慧课堂的概念及本质属性；
2. 把握智慧课堂的核心目标及基本特征；
3. 了解智慧课堂的类型；
4. 明确智慧课堂的理论基础。

思维导图

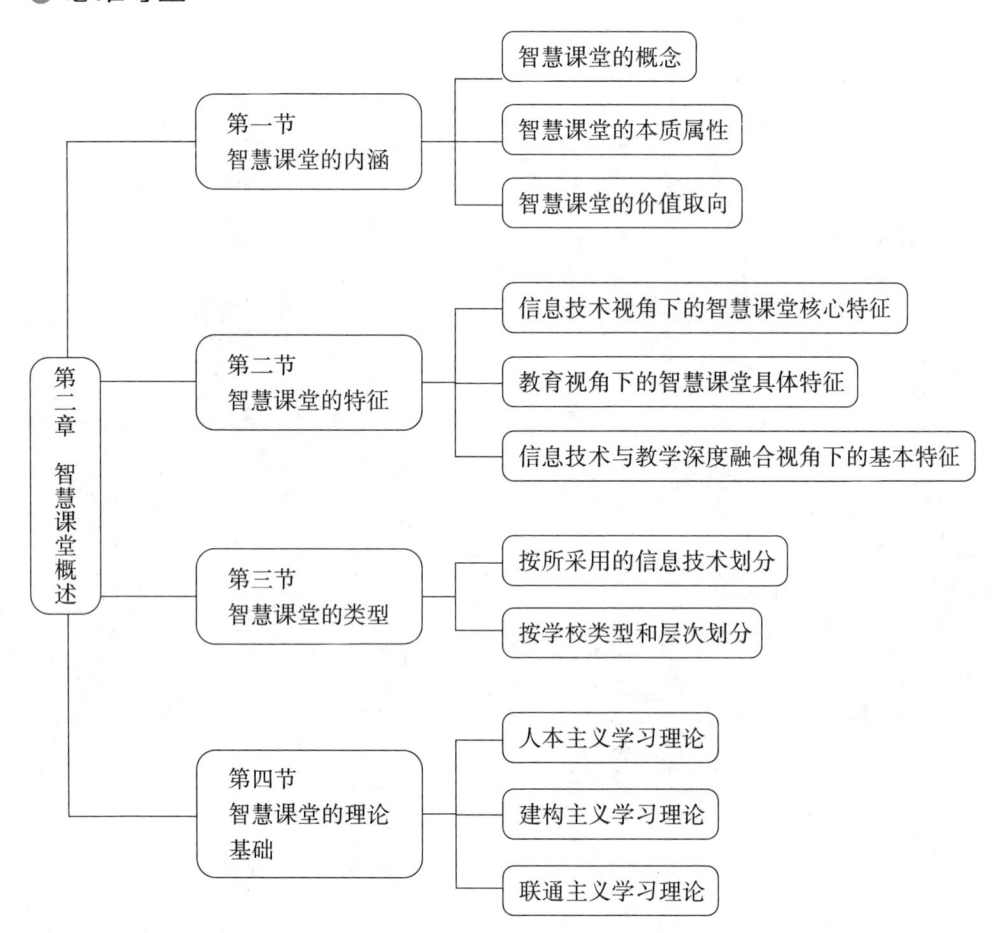

```
                                        ┌── 智慧课堂的概念
                        第一节           │
                   ┌── 智慧课堂的内涵 ────┼── 智慧课堂的本质属性
                   │                    │
                   │                    └── 智慧课堂的价值取向
                   │
                   │                    ┌── 信息技术视角下的智慧课堂核心特征
                   │    第二节           │
                   ├── 智慧课堂的特征 ────┼── 教育视角下的智慧课堂具体特征
  第二章             │                    │
  智慧课堂概述 ──────┤                    └── 信息技术与教学深度融合视角下的基本特征
                   │
                   │    第三节           ┌── 按所采用的信息技术划分
                   ├── 智慧课堂的类型 ────┤
                   │                    └── 按学校类型和层次划分
                   │
                   │                    ┌── 人本主义学习理论
                   │    第四节           │
                   └── 智慧课堂的理论 ────┼── 建构主义学习理论
                        基础             │
                                        └── 联通主义学习理论
```

第一节 智慧课堂的内涵

新课标指出课堂教学不只是简单的传授知识的过程,也是学生和教师共同成长的过程,更是智慧生成的复杂过程。学者成尚荣教授指出:课堂教学改革就是要超越知识教育,从知识走向智慧,从培养"知识人"转为培养"智慧者";用教育哲学指导和提升教育改革,就是要引领教师和学生爱智慧、追求智慧。由此可见,让智慧唤醒课堂,让智慧引领教师专业成长,是时代的呼唤,是教师专业成长的需要,是课堂教学焕发生机与活力的契机,也是新时期教育教学改革的重大使命[1]。同时课堂属于教育的微观层面,是开展教学活动和实现教学目标的主阵地,智慧课堂的构建能有效促进智慧教育的发展。因此,智慧课堂成为智慧教育研究的重要方向之一,要想深入研究智慧课堂,就必须搞明白什么是智慧课堂。

一、智慧课堂的概念

(一)"课堂"的界定

要想深入理解智慧课堂,我们首先要理解"课堂"的概念。

从语义学层面,《现代汉语词典》将课堂定义为"教室在用来进行教学活动时叫课堂,泛指进行各种教学活动的场所"。

从教育学层面,学者王鉴教授从三个递进的层次对课堂的含义进行了阐述。第一种理解,课堂是教室,是学校教学活动发生的主要场所,即教学环境;第二层含义,课堂是狭义的发生在教室内的教学活动,即教学活动;第三层含义,课堂是课程与教学活动的综合体,包括课程实施、课程资源开发、教学活动、教学环境、师生关系等多要素间的互动关系,即课堂不仅限于静态的学习场所,还涵盖整个教学过程各环节众要素的动态的课程与教学活动[2]。

我们所探讨的智慧课堂之"课堂"接近于第三层含义,是涵盖教室场域内

---

[1] 顾建芳.小学智慧课堂的内涵及实践策略[J].上海教育科研,2017(10):65-67.
[2] 王鉴.课堂研究引论[J].教育研究,2003(6):79-84.

外、贯穿课前、课中、课后全过程的关乎教育教学中人、事、物众要素及其之间关系的课程与教学活动的综合体。

(二)"智慧"的界定

在历史发展的长河中,国内外诸多学者立足不同的角度,对"智慧"作出了不同的解释,对于"智慧"的理解,可谓是仁智互见,众说纷纭。

1.哲学领域中的"智慧"

西方学者亚里士多德把"哲学"认为是"爱智慧"。英国哲学家洛克提出,"智慧是一种善良的天性、心灵的努力和经验结合的产物,这种智慧会使一个人变得能干并有远见,能专心致志地处理他的事务"。我国哲学家冯契教授在《智慧说》中解释道:"智,法用也;慧,明道也。天下智者莫出法用,天下慧根尽在道中。智者明法,慧者通道。道生法,慧生智。慧足千百智,道足万法生。智慧,道法也。"

2.心理学领域中的"智慧"

美国心理学家加德纳则将智慧定义为,"在实际生活中解决所面临的实际问题的能力,提出并解决新问题的能力,对自己所属文化提供有价值的创造和服务的能力"[1]。

3.语义学领域中的"智慧"

《辞海》把智慧定义为"对事物能认识、辨析、判断处理和发明创造的能力"。《现代汉语词典》将"智慧"解释为"辨析判断、发明创造的能力"。《牛津英语词典》对"智慧"一词作了更详尽的界定:"对于有关人生和行为的问题能够做出正确判断的能力;在目标与手段的选择中表现出判断的公正合理,能够真实判断什么是正确或适宜的,并有意去采取相应的行动;具有感知和采用最佳途径去实现目标的能力;具有认知判断能力强以及审慎的特点。"

---

[1] 蒋洪平,刘海鹏.信息化支持下职业院校顶岗实习管理系统开发与应用探索[J].中国多媒体与网络教学学报,2023(12):1-4.

4. 科技领域中的"智慧"

前述三种视角对"智慧"的定义,主要是体现"智慧"的指人属性。而科技领域中的"智慧"准确来说,应该称为"智能",即机器(信息技术)所具有的自动控制能力和根据环境自我调节的能力或者应激性。

基于上述"智慧"的定义,我们可以分析得出这样一个结论:"智慧"具有指人与指物的双重属性,前述三种视角对"智慧"的定义,主要是体现"智慧"的指人属性,即智慧是能力与德行的结合体,实质是智慧化的能力。它一方面强调了人在实践活动中的反思力、判断力、创造力、高阶思维能力和解决复杂问题的能力,另一方面体现了人向善的价值观和道德观。后一种视角对"智慧"的定义,指向信息技术赋能的物的属性,是随着信息技术的发展而衍生出的新内涵。

(三)"智慧课堂"的概念

近年来,随着智慧课堂成为教育信息化领域研究者关注的热点话题,诸多学者对智慧课堂的概念进行了界定和剖析。当前智慧课堂的概念界定主要有三种类型。

1. 基于教育学视角的概念界定

智慧课堂与传统课堂相对立,它强调以学生为中心,注重学生在课堂上的情感体验和智慧生成。学者吴永军认为智慧课堂是充满智慧的课堂,是教育思维和教育情感互动的产物以及师生智慧互动共生的过程与结果,强调德性、思维和情感在智慧课堂中的重要性。学者李祎将智慧课堂定位为教师用自身的实践经验引导学生进行学习,进而促进学生智慧生成的课堂。学者顾建芳提出智慧课堂是基于智慧的课堂,是注重学生的主体地位和在课堂上的核心地位,以发展学生思维和智慧为目标的课堂。学者祝智庭等认为,通过创建一定的课堂学习环境而实现学生智慧全面、可持续发展的课堂是智慧课堂。

综上所述,在教育学意义上,智慧课堂是注重学生的主体地位和情感体验、思维的提升,强调教育者通过教学实践来培养学生的智慧,重视学生智慧的实践生成性,促进学生将所学的理论和实践知识转化为自身的智慧的课堂。

此处的智慧课堂概念与新课改强调的从知识走向智慧,从培养"知识人"转变为培养"智慧者"的教育理念相吻合,突出课堂的育人功能。

2.基于心理学视角的概念界定

早在1983年,加德纳就在《智能结构》一书中提出,在某种社会或文化环境中,智能(智慧)主要指学生个体在遇到学习困难和复杂难题时,用以解决困难和难题所需要的一种能力。加德纳对智能(智慧)的解释表明智慧和能力有关联性。因此,智慧课堂不是教师对知识的简单传授,而是在学习过程中,学生通过接受知识和运用知识促进自身心智能力的发展和改变,并且这种心智能力随不同特征的学习活动而变化,体现了智慧和能力的灵活性。1997年,斯滕伯格提出要在学校中培养学生的智慧,使学生学会平衡个体内部、人际关系和社会环境之间的关系。这种解释实际上也表明智慧课堂旨在培养学生形成一种协调个体与外部事物平衡的心智能力。

不难发现,心理学意义上的智慧课堂,是指培养学生高阶思维能力和解决问题能力、促进学生心智能力发展的课堂,侧重于学生能力的发展,其关注点是培养学生心智能力用以解决各种问题。

3.基于信息化视角的概念界定

信息化视角下的智慧课堂可以追溯到1997年钱学森先生所提出的"网络交换信息空间中的智慧科学"(Science of Wisdom in Cyberspace),即"大成智慧学",在此基础上的"智慧课堂"指向移动智能终端的应用及其赋能课堂"智能化"感知的特点。学者孙曙辉等认为智慧课堂是指利用大数据、云计算、物联网和移动互联网等新一代信息技术打造的,实现课前、课中、课后全过程应用的智能、高效的课堂[1]。学者崔晓慧等提出通过动态学习数据分析和"云端"的运用,实现教学决策数据化、评价反馈即时化、交流互动立体化、资源推送智能化,全面变革课堂教学的形式和内容,构建大数据时代的信息化课堂[2]。也就是说,信息技术环境下的智慧课堂指利用前沿的信息技术创设智慧化的物理

---

[1] 孙曙辉,刘邦奇,李鑫.面向智慧课堂的数据挖掘与学习分析框架及应用[J].中国电化教育,2018(2):59-66.

[2] 崔晓慧,朱轩.智慧课堂教学模式的特征及实践[J].职教通讯,2017(21):69-72.

学习环境和个性化的学习环境,从而实现课堂教学、学生学习的智能化,以此提升教学质量的课堂。

综上所述,信息化视角的智慧课堂主要依托信息技术的支持,突出物联网、大数据、云计算等技术化手段在课堂中发挥的重要作用,由于信息技术更新换代比较快,智慧课堂的定义也会随着时代发展与信息技术变革而改变,因此智慧课堂的概念具有时代性。

学者们从以上三个视角对智慧课堂进行了阐述,三种视角不同的概念都较好地从某一侧面解释和剖析了智慧课堂。本书在综合以上三种视角概念的基础上,认为智慧课堂是以学习者为中心,依托信息技术创设数字化的学习环境,让学生在自主学习过程中获得良好的情感体验,发展学生的高阶思维能力和解决问题能力,促进知识转化和智慧生成的课堂。重点是信息技术与课堂的深度融合,以及促进学生智慧能力的发展。

二、智慧课堂的本质属性

前面我们从教育学视角、心理学视角和信息化视角剖析了"智慧课堂"的概念,并从概念的共性中提取了智慧课堂的核心要义,对智慧课堂有了初步的认知。要深入体会其内涵,则涉及对智慧课堂本质属性的探讨。目前主要有两种类型。

(一)双重属性

当前大部分学者从"人之慧"与"技之智"两个层面剖析智慧课堂的本质属性。

1. 智慧属性

"人之慧"即教学智慧化,主要是立足哲学、心理学和教育学视角,指向教学主体的发展。哲学中的智慧与自知、追求相连,智慧在于知道什么是重要的;心理学多把智慧等同于聪明或解决问题的能力,学者加德纳认为智慧是对问题达成判断或决策的能力,学者斯滕伯格把智慧看作以价值观为中介,运用智力、创造力和知识,平衡利益,适应、塑造、选择环境的过程;教育学领域继承了心理学的观点,并将自身规律融入进来,把智慧理解为教育者的教学机智,或为了实现预期学习目标而在基于知识的判断和行动过程中利用知识的能力,或个体的一种综合能力系统①。具体而言,在课堂教学中表现为教师能关注学生的个性化学习需求和学习体验,在教学设计、教学实践、师生关系处理、教学策略和方法选择与制定等方面充分发挥教学机智②,通过设境激趣、问题探究等方式发展学生的创造力、问题解决能力等高阶思维能力,最终促进学生的智慧生成。

2.智能属性

利用先进的信息手段实现课堂教学的信息化、智能化,是智慧课堂基于信息化视角的另一层"智慧"属性。智慧课堂是采用智能形态的技术构建富有智慧的课堂教学环境以满足学习者个性化学习需求的课堂。核心在于利用大数据、物联网、云计算、移动互联网等信息技术创设智慧化教学环境,并利用"云—台—端"创设智慧课堂教学管理平台,通过将具有识别情境、记录过程、感知环境、联结社群功能的智能工具作为智慧课堂教学中的技术支撑③,补齐传统教学在教学内容、教学方式、评价方式等方面的短板,提高教学过程中"资源分层共享""实时内容推送""即时反馈评价""过程追踪记录""协作互动交流""移动通信互联"等方面的功能④,实现智慧课堂信息技术与学科教学的深度融合,使智慧课堂具备了"教学决策数据化""评价反馈即时化""交流互动立体化""资源推送智能化"等信息化和智能化的技术智慧特征⑤,提高了课堂教学的效率。

(二)四重属性⑥

学者王天平和闫君子对智慧课堂的本质属性进行了深入探讨,归纳起来,智慧课堂包含科学、技术、文化、社会四重属性。

---

① 于颖,周东岱.智慧学习语境下学生智慧发展研究现状及策略探析[J].电化教育研究,2017,38(5):83-87.
② 刘军.智慧课堂:"互联网+"时代未来学校课堂发展新路向[J].中国电化教育,2017(7):14-19.
③ 黄荣怀.智慧教育的三重境界:从环境、模式到体制[J].现代远程教育研究,2014(6):3-11.
④ 卞金金,徐福荫.基于智慧课堂的学习模式设计与效果研究[J].中国电化教育,2016(2):64-68.
⑤ 刘邦奇."互联网+"时代智慧课堂教学设计与实施策略研究[J].中国电化教育,2016(10):51-56.
⑥ 王天平,闫君子.智慧课堂的概念诠释与本质属性[J].电化教育研究,2019,40(11):21-27.

1. 科学属性

从科学的角度来看,智慧课堂是一种教育学现象。智慧课堂的科学属性可以从智慧课堂的根本出发。首先,智慧课堂最大程度地释放了学生的学习自主性。互联网、大数据、人工智能等信息技术让人们在生活方式、行为方式及思维方式上有了更多的选择,进而扩展了人们的学习自由度,使得学生在获取学习资源、捕捉学习机会、规划学习时空、开展学习活动等方面拥有前所未有的自由度。这要求教师在教学活动中要秉持以学生为中心的理念,引导学生自主学习。其次,智慧课堂基于大数据等先进技术可以精准地引领师生实现个性化教学。在智慧课堂中,教师可以充分利用智能化的技术平台了解每位学生在认知水平、思维方式、情感态度等方面的状态,尽量给每位学生提供个别化学习的机会资源。再次,智慧课堂极大地加速了学生的智慧生成。智慧课堂利用信息技术创设了学生可深度参与、可切身体验的知识发生过程情境、人类活动模拟场景和学习活动开展过程,在释放学生学习自主性和促进学生自主学习的基础上,大幅度提升学生关于课程的真实感与生活感,进而引导每位学生实现丰富的个性化意义建构。

2. 技术属性

信息技术催生了智慧课堂的产生,这就要求在强调课堂育人本质的前提下,顺应信息技术发展的规律,智慧课堂的技术属性表现为课堂因信息技术的介入与使用而发生变化,涉及由信息技术引发的课堂物质形态变化和课堂信息交流创生变化。其中,后一种变化占据主导位置。探索智慧课堂的技术属性可以从信息技术进入课堂的方式入手,具体从信息技术对课堂的改造、信息技术与课堂的融合两个层面展开讨论。信息技术对课堂的改造对师生产生外在影响。在智慧课堂中,信息技术通过活动主体的能动性改造了课堂,不但改变了教学目标、教学内容、教学环境、教学手段等课堂要素的形式与内涵,甚至还改变了这些要素之间的关系。这就要求师生有意识地调整自己的教学状态与教学方式,以此适应课堂教学情境的流变。如智慧课堂的教学场景具有泛在学习的特征,让师生无论何时何地都能够在信息技术的支持下开展教学活动。在这种情形下,教师需要引导学生积极适应这种课堂形态,在电子资源与纸质资源并存并用的课堂中开展全时空的学习。信息技术与课堂的融合激活师生的内在体验。信息技术不再是外化于教学活动的技术手段,而是与其他课堂要素共生的有机成分,这让师生能够高度地专注于教学活动本身,没那么明显感觉到信息化工具的存在。信息技术与课堂情境的深度融合增强了师生的课堂体验感,对师生产生了潜移默化的影响。

3. 文化属性

与传统课堂相比较,智慧课堂在营造育人的文化氛围方面有较大的发展。在智慧课堂中,信息技术的深度融入使得知识获取路径、观点表达机会、师生合作方式等趋向多样化,赋予了师生更丰富的教学方式,这就客观上要求教师引导学生创造一种更加积极、能动、自主的共享文化。首先,由于学生通过信息技术加强了对教学内容的掌控与开发、传输与接收,生生之间的共享行为就更容易发生,且发挥着越来越重要的作用。其次,由于学生对信息技术的掌握,教师对师生之间共享行为的单向度控制将会减弱,尤其在强调学生学习主体性的背景下,教师在师生之间的共享行为中更倾向于发挥协商式的主导性。教师运用教学内容、教学方式、教学手段等影响学生的活动,课堂在育人方面展现出强烈的人文精神。智慧课堂中信息技术的使用可以让师生直观、快捷地感知复杂、抽象的世界。在此过程中,学生更为深刻地感知信息技术对自己学习的价值和帮助。

4. 社会属性

要想明确智慧课堂的社会属性就需要从社会关系的角度去分析和探讨,智慧课堂中涉及的关系主要指学习群体之间以及学习群体和智慧环境之间的关系。首先是构建临时学习共同体。在传统课堂中,受到班级授课制的影响,学生群体不能随意流动,与此同时也受到教师群体的严格控制,这使得师生关系变得有些僵化,形成了封闭的学习场域。在智慧课堂中,班级授课制仍为基本的教学组织形式,但是智能终端可以将同一时间、不同空间学习同一知识的学生聚集在一起,形成虚拟空间中的"临时学习共同体"。这种"临时学习共同体"是一种真实生活与虚拟世界相结合、线上学习与线下学习相结合的泛在学习场域。这样的环境中,学生可以根据自己的学习需求选择合适的学习群体,根据学习需求进入不同的学习区域进行学习与交流合作。这在一定程度上促进了师生关系的良好发展。在智慧课堂的环境中，只要是可以帮助学生发展的人都可以称作老师，师生关系就由不平等转向平等。其次是改变群体与环境之间的关系。在传统课堂中，学生主要从课本等纸质资源中获取知识，但在智慧课堂中，学生既可以从纸质资源又可以从网络资源中获取知识，这样一来，学生的学习就要受到智慧课堂中客观环境的影响，在资源共享中，产生了社会交互性。

三、智慧课堂的价值取向

（一）育人层面：智慧课堂是以促进学生的智慧生成为价值目标的课堂

从结果上看，智慧生成是智慧课堂的目标和归宿，以构建一种引导学生完善自我成长、自我组织、自我发展的创造性思维智慧体系作为智慧课堂的终极追求，将"转识成智"作为智慧课堂教学的价值取向。从过程上看，教师创设任务驱动和问题情景驱动，使学生充分调动已有思维经验和知识基础进行自主探究、合作交互，学生在抉择、构想、发现、归纳、实施、评价的过程中充分发挥学习主体性、自觉性和创造性。这一过程是引导学生发现自身智慧，帮助学生开发智慧，辅助学生运用自己的智慧的智慧生成过程。

（二）教学层面：智慧课堂是深度交互、因材施教的课堂

移动终端、互联网、云计算等技术在教学中的应用，为师生、生生的立体化沟通交流、多样化情景教学，以及分层教学、分组合作探究等提供了便利条件，师生凭借"云—台—端"提供的通信、控制、数据传输功能，构建贯穿课前课中课后全过程，联结课内课外多场域的智慧学习空间。班级师生之间能够在任何时间、任何地点实现信息互通，进而形成广泛的立体的互动，甚至基于网络学习社区形成更大范围的交互学习共同体。同时，基于大数据学情分析，系统能够对学生的学习数据进行采集和分析整理，通过人工智能诊断，精准掌握每位学生的学习情况，为教师因材施教、精准教学提供支撑。

(三)技术层面：智慧课堂是技术赋能、智能高效的课堂

通过技术赋能创新教学工具和手段，构建智能化学习环境，实现课堂智能高效，是智慧课堂的工具价值取向。信息技术的智能感知、数据挖掘、多模分析等功能，可以促进教学过程优化，实现教学资源和工具的智能升级，进而提升教学效率、增强教学效果。比如智能感知技术和语音、文本、图像识别，延展了师生感觉认知能力；大数据分析和人工智能诊断，为师生解决了大规模和个性化的问题，促进了精准施教和自适应学习方式的养成；智能批改、智能推送等技术，把教师从重复性、机械性、烦琐的活动中解放出来，将精力更多地投入到创新教学方式方法上来，从而提高教学效率。

第二节 智慧课堂的特征

一、信息技术视角下的智慧课堂核心特征

学者刘邦奇从智慧课堂信息技术与教学的融合创新及应用出发，提出智慧课堂较之传统课堂具有四个方面的核心特征，分别是教学决策数据化、评价反馈即时化、交流互动立体化、资源推送智能化。

📖 拓展阅读 ○------

智慧课堂的核心特征[①]（节选）

1.教学决策数据化

智慧课堂始终以学校构建的信息技术平台为支撑，基于动态学习数据的收集和挖掘分析，对学生学习全过程及效果进行数据化呈现，使得教学过程从过去依赖于教师的教学经验转向依赖于教学中的客观数据，依靠数据精准地掌握学情，基于数据进行决策，方便教师有的放矢地安排及调整教学。

[①] 刘邦奇."互联网+"时代智慧课堂教学设计与实施策略研究[J].中国电化教育,2016(10):51-56.

2.评价反馈即时化

智慧课堂教学中采取动态伴随式学习评价,即贯穿课堂教学全过程的动态学习诊断与评价,包括课前预习测评与反馈、课堂实时检测评价与即时反馈、课后作业评价及跟踪反馈,从而实现了即时、动态的诊断分析及评价信息反馈,重构教学评价体系。

3.交流互动立体化

智慧课堂教学的交流互动更加生动灵活,教师与学生之间、学生与学生之间的信息沟通和交流方式多元化,除了在课堂内进行师生互动外,师生还可以借助云端平台进行课外的交流,在任何时间、任何地点进行信息交流和互动,实现师生、生生之间全时空的持续沟通。

4.资源推送智能化

智慧课堂为学习者提供了形式多样的富媒体资源,包括微视频、电子文档、图片、语音、网页等极为丰富的学习资源,而且可以根据学生的个性化特点和差异,智能化地推送针对性的学习资源,满足学习者富有个性的学习需求,帮助学生固强补弱,提高学习效果。

……

二、教育视角下的智慧课堂具体特征

学者唐烨伟等从智慧教育视角,立足智慧能力培养,认为智慧课堂具有个性协同化、智能跟踪化、工具丰富化、活动智慧化等特点。

📖 拓展阅读 ○----------

信息技术环境下智慧课堂的基本特点[①](节选)

1.个性协同化

智慧课堂应体现个性化教育,基于不同学习者的个性差异(如能力、风格、偏好、认知)为学生提供可供选择的不同学习策略、路径和学习指导等;而在完成因材施教的基础上,又应注意培养学生的协同合作能力,通过学习共同体等提高课堂效率,让不同的学习者达到思维与智慧的交融,最终达到高阶思维能力、创新思维能力等的提升。

① 唐烨伟,庞敬文,钟绍春,等.信息技术环境下智慧课堂构建方法及案例研究[J].中国电化教育,2014(11):23-29.

2. 智能跟踪化

随着大数据、学习分析等新兴技术对于教学的支撑，智慧课堂应记录每位学习者的学习历程，通过对教育数据的智能化挖掘来分析学习者的学习效果并对其进行评价，其中应包括记录学生学习成长的个人档案袋等。

3. 工具丰富化

智慧课堂应为学习者的智慧构建提供丰富的学科学习工具和具体化情景，这些学习工具和情景对于无论是概念本体知识、方法本体知识还是应用本体知识建构都具有意义。学生可以利用恰当的工具对所学知识进行语义网络组织，帮助自己完成知识的内化。

4. 活动智慧化

学习活动的选择与建立是智慧课堂的关键。学习活动应以先进的设备和丰富的资源为基础，通过教学促进者的有效指引，学习者的积极参与，让学习者在情景化、移动化、感知化的学习活动中灵巧、高效地运用知识解决问题。

三、信息技术与教学深度融合视角下的基本特征

信息技术是智慧课堂的载体，育人是智慧课堂的本质。基于此，我们从信息技术与教学深度融合的视角，归纳总结出智慧课堂具有教育个性化、全向交互性、情境感知性和工具多样性等基本特征。

(一)教育个性化

智慧课堂中智慧环境的创设离不开智慧教室的支持，智慧教室是基于物联网、大数据等信息技术的数字化空间，它的突出特点是信息技术在智慧课堂的运用。学习者通过教学平台进行学习，移动终端会记录所有学生的学习动态并通过数据分析系统统计数据，利用数据分析系统将每个同学的出勤情况、课前预习情况、课中参与互动情况、作业提交以及对错情况等进行分类统计，呈现在教师面前的是已经统计整理好的数据，教师可以归纳出学习者的异同点，找出教学过程中的规律，根据学习者的个别差异进行个别化教学，因材施教。

智慧课堂可以达成"学习资源按需获取,教与学按需开展"的美好愿望,按需推送是智慧课堂的一个重要特征,通过物联网、云计算等技术可以根据学习者的兴趣、需求和知识结构适应性推送学习资源、服务、工具和人际关系资源[①]。教师不仅可以在学习平台上传与学习有关的内容,这些学习内容都是基于学生个人学情的知识,还可以上传与学生个性和兴趣爱好符合的内容,通过兴趣爱好带动学习者的学习,这种学习方式能较好激发学生的学习动机,取得良好的教学效果。有了大数据、云计算等技术的支持,智慧课堂可以有效且准确地帮助学生弥补知识漏洞,实现快速发展学习者智慧能力的效果。

在日常教学中,教师会在讲授新知识点之前,将预习学案或者前测试卷通过平板电脑发送到每个学生手中,学生完成测试并提交,系统不仅会显示题目的对错,还会标注每位同学做每道题目所用的时间,为教师掌握学情提供全方位的帮助。课堂中,巩固练习阶段也可以针对性地进行讲解,提高课堂的教学效果和教学效率。

(二)全向交互性

课堂是教学活动进行的场所,课堂很重要的一点就是互动,然而在传统课堂上,教室仅仅为教学提供了物理环境,教师只是在里面进行教学活动,学生也只是单纯地在教室里进行学习活动,教室与教学活动未产生有效互动;同时由于时间等因素的限制,教师与学生的互动形式和次数有限,教师不能全面、准确把握每一位学生对知识的掌握情况。总之,在传统课堂上,教师与学生没有实现完全互动,以物理形式存在的教室与师生也没有实现交互和交流。然而信息技术发展催生的智慧课堂却弥补了传统课堂缺乏的交互性,它支持全方位的交互,具体体现在以下几个方面。

一是师生互动。在远程教学方面,即使师生没有处在同一空间,也可以实现即时互动与交流。当学生离开学校,身边没有教师的时候,遇到学习上的问题,学习者只需打开平板电脑的在线交互系统,选择相应的学科教师,在对话框输入自己想要请教的问题,就可以让老师明白自己学习的需求。教师也可以及时了解学生的需求,及时调整自己的教学计划和教学设计。智慧课堂实

---

① 崔晓慧,朱轩.信息技术环境下智慧课堂的概念、特征及实施框架[J].继续教育,2016,30(5):50-52.

现了学习者与教师的即时互动,能让师生得到快速有效的反馈。

在课堂教学中,教学内容通过智能交互电视展示出来,当学习者遇到疑难问题需要交流时,教师要充分引导学习者思考、讨论、互动,讨论完成后,学习者可以通过平板电脑的在线交互系统把讨论结果和疑问传输到电视屏幕中,讨论结果可以即时展示在教师和学习者面前,教师也可根据数据分析系统将分析结果以最快的方式反馈给学生。全向交互性是智慧课堂的一大特征,其不仅体现在课堂教学还体现在远程教学上,其赋予了智慧课堂超出传统课堂的高效性和时效性。正如学者刘硕和任芳在《基于"雨课堂"的智慧课堂建设研究》中提到的,在课堂中,雨课堂为师生提供了更细致的互动模式,即"弹幕"功能[①]。与某些视频网站的弹幕功能类似,当教师控制开启此功能后,学生可以踊跃地发出文字信息,信息会在屏幕展示,教师也可以引导学生进行集体讨论,积极分享自己的观点,既增强师生互动,又活跃课堂气氛。

二是生生互动。学生之间不仅可以通过面对面的方式进行交流,有了平板电脑的支持和支撑,还可以依托网络实现学习的交流、思想的碰撞,协作解决学习方面和生活方面的问题。

三是媒体之间的交互。通过语音等方式与多媒体设备或系统进行交互,系统可以动态地记录学生的学习过程,为资源的智慧推送与决策提供数据支持。学者黄荣怀提到,智慧学习平台的设计应具备对话、互动、竞技等交互功能,能积极响应学习者的需求,调动其积极性。因此,智慧课堂应实现学习者与虚拟学习环境之间的交互,构建多种形式的学习共同体,促进师生和生生之间的交互。

(三)情境感知性

智慧课堂是以情境感知为基本支撑的课堂,其在学习内容和学习资源适应性推送的基础上,还为学生设计了更具适应性、灵活性的学习环境。物联网、云计算、数据挖掘等智能技术创设的学习环境可以被师生很好地感知,同时也可以动态地记录学习过程,基于数据分析,进一步量化、表达和预测学习者的思维过程和学习需要。智慧课堂的情境感知性一方面体现在利用数据智能化挖掘技术和GPS、RFID、QR Code以及各类传感器感知收集学习者的个性

---

① 刘硕,任芳.基于"雨课堂"的智慧课堂建设研究[J].电子世界,2020(4):48-49.

差异(如能力、风格、偏好、认知)、知识背景、学习状态(如焦虑、烦躁、开心)、学习进度、学习需求以及学习所处的物理位置信息等数据信息,可以使资源按需获取和使用,让不同的学习者达到知识与智慧的交融,最终实现提升创新思维能力的目标。另一方面体现在依赖云计算和大数据等信息技术创设基于知识本身意境的学习环境,比如在语文诗歌教学中,要想体会作者所表达的思想感情,往往需要分析故事发生的情景。在传统教学中,教师可以利用带感情的朗诵这种方式来加强学生对思想感情的领悟效果,但是这种教学方式仅仅刺激了学生的听觉系统,其他感官系统则处于关闭的状态,学习效果不太理想。在智慧课堂上,想要学生更加深入地领悟作者此时此景想要表达的思想感情,教师只需在线上教学系统搜索想要的视频,播放视频以营造相应的氛围,刺激调动学生的大部分感官,将学生带进当时的情景,利用学生自身的感同身受逐渐感悟作者要表达的意思,这样既达到了应有的教学效果,又提高了学生的感受力。

以上是客观存在的物理环境给学生提供的情境感知条件,除此之外,从课堂教学的过程价值来看,课堂教学应重视学生的学习体验。在智慧课堂中,因环境具有感知性、适应性、生动性等特征,可以帮助学生理解教材,使学习者能够更加轻松地投入学习;在智慧课堂中,生动的学习场景、先进的设备和丰富的资源,可以引导学习者积极参与,从而在情境化、移动化、感知化的学习活动中灵巧、高效地运用知识解决问题,在实际的体验中实现智慧的成长。

(四)工具多样性

随着信息技术的迅猛发展,教育界涌现出了很多新的学习工具,这些学习工具为学生的学习提供了便利,在某种程度上方便和促进了学生的学习。这些工具中会有丰富的线上学习资源,资源分类清晰且比较全面,还设有在线讨论区,旨在让学习者之间实现即时和有效的互动,解决学习过程中遇到的问题,当然这些学习工具还会统计学生的学习情况,让大家清晰把握自己的学习情况。学习工具的多样性也给学习者极大的选择空间,大家可以选择适合的学习工具,满足自己的学习需求。智慧课堂中运用了多种学习工具,这些学习工具的使用可以帮助学习者对概念本体知识、方法本体知识和应用本体知识进行有意义的建构,也可以帮助学生对所学知识进行梳理和总结,让学生轻松地掌握知识框架。与此同时,学习工具中有关兴趣爱好的部分会激发他们的学习动机,逐渐引导他们成为获取知识的主动建构者,最终实现知识的内化,促进他们智慧的生成和能力的发展。

第三节　智慧课堂的类型

在智慧课堂的发展历程中,出现了多种多样的智慧课堂,有基于不同信息技术的,有着眼于不同应用场景和目的的,还有针对不同学科教学的,依据的标准不同,分类的结果也不相同。本书将智慧课堂做了以下分类。

一、按所采用的信息技术划分

智慧课堂可以分为基于物联网的智慧课堂,基于电子书包的智慧课堂,基于云计算、互联网和大数据的智慧课堂,基于网络教学平台的智慧课堂四种。

(一)基于物联网的智慧课堂

物联网是指通过各种信息传感器、射频识别技术、全球定位系统、激光扫描器等各种装置和技术,实现对物品和过程的智能化感知、识别和管理,进而实现物与物、物与人的泛在连接的目标。基于物联网的智慧课堂就是依托物联网来促进学生生成智慧能力的课堂。学者蔡长安提出智慧课堂技术包括硬件技术和软件技术。硬件技术包括系统架构等技术,软件技术主要包括物联网控制技术、大数据跟踪技术、搜索技术、智能推送技术等。智慧课堂软件主要包括以下几个模块:信息收集模块、互动教学模块、智慧学习模块、教学评价模块、信息反馈模块[①]。

---

① 蔡长安.物联网智慧课堂的建设与应用研究[J].福建电脑,2019,35(9):48-49.

1.信息收集模块

学生、教师、学院领导和教务处管理人员都有登录系统的账号,只是身份不同。每节课后,学生都可以登录系统,根据页面提示对此节课的内容和老师进行相应评价,将课堂教学情况反馈给系统;学院领导、学校督导既能通过网络听课了解教学情况,也可以通过学生的评价了解教师的教学情况和学生的学习情况;领导可以根据发现的问题与教师进行交流和沟通,从而帮助教师改进教学。

2.互动教学模块[①]

主要包括分组讨论、双屏互动、课堂测试、远程互动教学(可手机端、移动端互动)、学习行为记录和分析等。分组讨论支持创建分组讨论、开始讨论、停止讨论、讨论总结。双屏互动支持教师双屏显示不同PPT页,支持一块屏显示PPT、另一块屏为电子绿板。支持学生屏同步显示教师屏内容。课堂测试的出题方式有多种,学生可通过手机等设备答题,系统通过答案数据分析出学生课堂行为等方面的情况。远程互动教学支持通过软硬件实现远程音视频互动教学,学生可以在移动端远程与智慧教室现场授课老师进行实时互动。大数据技术的发展,推动着教育手段的变革。智慧教学工具记录学生学习的行为,然后利用机器学习的方法来分析收集的教育大数据。这些工具利用学习行为记录分析学习者的学习情况和交流互动情况,然后对行为信息进行统计分析,用可视化的形式表现出来。学生可利用此功能跟进自己的学习进度,教师可以根据此分析结果发现自己教学和学生学习过程中存在的问题,并对学生进行个性化的指导。交互式教学凭借信息的实时反馈可大幅提升教师"教"的效果和学生"学"的效果。

3.智慧学习模块

教师可以利用课程案例库或资源库等素材进行教学,向学生推送相关学习资源。学生可以利用这些资源实现立体化的学习,让学有余力的学生有更好的拓展空间。学生在平台上进行讨论、测验等,平台系统不仅会给出诊断结果,还会记录学生的学习轨迹,为他们定制个性化的学习方案。

---

① 王冬青,韩后,邱美玲,等.基于情境感知的智慧课堂动态生成性数据采集方法与模型[J].电化教育研究,2018,39(5):26-32.

4.教学评价模块

教学评价指对教师的教学情况进行评价,通过领导听课、教师之间相互听课、学生信息反馈、学生测评等方式,对教师的教学进行评价。教师对学生的学习情况可以进行评价,学生也有评价教师的权利,教师与学生的双向交流让教师及时了解自己教学中存在的问题,以便调整自己的教学内容、教学目标和教学设计等,给予学生必要的帮助和指导。学生也可实时了解当前自己的学习情况,根据学习情况调整学习状态。这种双向的评价模式有利于提升教学质量和促进学生的智慧发展。

5.信息反馈模块

系统对采集的课堂信息进行分析处理,将整理好的数据信息实时推送。根据不同的用户需求,可以将相关信息发送给相应对象。比如,督导和教学领导想了解教师的教学情况和学生的反馈,班主任想了解学生每节课的出勤情况与课堂表现,都可以使用信息反馈模块来实现。

(二)基于电子书包的智慧课堂

基于电子书包的智慧课堂主要指依靠电子书包实现智慧教学的课堂。目前,诸多学者都研究过电子书包,但是电子书包的概念没有统一的说法。通过查阅相关文献,本书将电子书包的概念归纳为以下四种。第一种,学习终端说,即把电子书包看作一个预置了数字教育资源的未来型的教育电子产品,具有平板、笔记本电脑、电子阅读器等不同装备形态。第二种,学习内容说,即把电子书包看作电子教材、电子教辅、电子课外读物、电子字典、电子作业集中形成的教学资源包,可以存储图片、音频、视频、文本等多种格式的数字化材料。电子书包是供师生课内课外使用的数字化知识库。第三种,服务平台说,即把电子书包看作教师、学生、家长和其他人员开展个性化学习活动或者协作活动的虚拟服务平台,能够支持人与人之间的交流互动和资源共享。第四种,学习环境体系说,即从环境体系角度将电子书包看作一种由学习终端、学习内容和服务平台三者结合的数字化学习环境[①]。

---

① 黄悦悦,张海燕.电子书包环境下智慧课堂的构建及发展研究[J].软件,2019,40(8):229-232.

与传统课堂相比,基于电子书包的智慧课堂在课前电子教材预习、课中互动教学、课后微课程作业辅导以及课外辅导四个方面有了很大改进,为教师和学生提供了一种高效的"教"与"学"模式。在基于电子书包的智慧课堂中,教师可以通过移动终端发布电子预习内容,内容包括动画、音视频电子教材等,而且针对青少年学生注意力集中时间较短的特点,把整套课本分解为多个5—10分钟的知识点进行讲解,学生可以用很短的时间来学习一个知识点,很适合随时随地碎片化学习。系统也会记录每位学生的学习情况,预习过程、课堂中的互动、课后作业的提交都处于"可监控"的状态,系统记录学生学习的痕迹和轨迹,并根据学习偏好推送符合其需求的相关知识,同时教师可以根据线上的统计结果分析学生的学习情况,进而调整自己的教学设计。通过电子书包的使用,教师可以更方便、快捷地了解学生的学习情况,进而因材施教,达到提升学习质量和效果的目的。下面以学者刘扑英的基于电子书包的智慧课堂模型为例进行介绍,如图2-1所示。

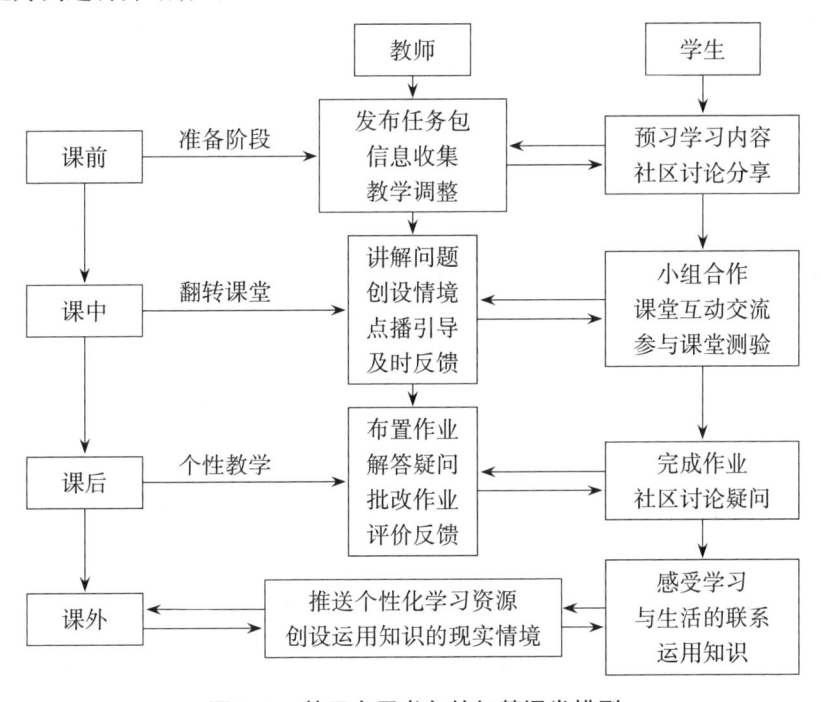

图2-1 基于电子书包的智慧课堂模型

1. 课前环节

(1)根据三维教学目标和实际教学情况,发布包括课件、阅读资料、微课、视频等教学任务包。

(2)学习者学习教学任务包中的内容,预习之后提交预习报告,可以就预习过程中遇到的问题在讨论社区进行交流讨论,以得到问题的解决办法。

(3)教师通过教学平台获得学习者的预习情况,并据此微调教学目标、教学内容、教学设计等,准确把握教学定位,对学生进行针对性、个别化的教学。

2. 课中环节

(1)根据预习报告中出现的问题进行着重讲解,同时为了检验学习效果,通过学习平台下达新的探究任务,既可以帮助学习者巩固新学知识又能发展思维能力,一举两得。

(2)教师将学生按照高、中、低水平分成混合学习小组,针对新发布的问题,学习小组进行探究合作学习,交流想法,鼓励学习者运用多种方法探究。教师不仅要为学生创造良好的讨论环境,在此过程中还要持续、密切关注学习者的讨论情况,适时给予一定点拨、引导,帮助学生产出自己的想法,促进他们思维、智慧能力的发展。

(3)发布测验并给予及时反馈,找出学习者的薄弱学习环节,进行补充讲解,解决个性学习问题,更好地促进学生的全面发展。

3. 课后环节

(1)布置综合性课后作业,目的在于使学习者在掌握基础知识的基础上,深度理解知识,形成比较稳定的认知结构。随后,学习者可以在学习平台的讨论区探讨存疑的知识点,生生、师生之间答疑解惑,建立社交化的新型学习机制。

(2)教师及时跟进学习者作业完成情况,及时批改作业、及时反馈。

(3)教师根据学习者学习进度、参与讨论次数、作业分数等学习情况,进行详细的数据统计,全面了解学习者的学习情况,精准实施个性化教学。

4.课外环节

(1)为了促进学生的全面发展,教师可以根据学习者的兴趣爱好和特长,通过学习平台向学习者推送相关的学习资料,在促进个性发展的同时做到以兴趣带动学习。

(2)为了更好地实现情感态度与价值观教学目标,教师依托教学平台推送所学知识在现实生活中的应用,让学生深切感受到学习与生活的联系,发现知识的有效性。

(3)教师通过平台提供多种教学情境,引导学习者在不同情境下运用知识,帮助学习者实现知识的顺应和同化,形成新的认知结构,便于知识的灵活应用。

(三)基于云计算、互联网和大数据的智慧课堂

基于云计算、互联网和大数据的智慧课堂实际上就是通过云计算、网络技术、应答系统、大数据等技术手段来支持个性化学习的有效开展,具体依托课前备课系统、多媒体教学系统、问卷和答题系统等为个性化学习的开展提供支持。要想让智慧课堂的效果达到比较理想的程度,在以下几个方面要多加注意。

(1)在教学目标制定方面要注重层次性,考虑不同层次学生的学习水平,根据不同的学情来制定教学设计和教学方案,力求促进学生的个性发展。

(2)教学资源的选择要有针对性,根据学生的实际情况和实际学情,选择适合的教学资源,进行个性化教学。

(3)课堂中要营造开放、自由的氛围,鼓励学生积极主动参与教学活动,与同学分享交流自己的想法,以此激发学生的内在学习动机。

(4)课后诊断,依靠大数据技术的支持,用数据说话,分析各项数据详细了解学生掌握情况,有针对性地为每个学生制定教学策略。智慧课堂利用信息技术手段,帮助教师根据学生的个体差异,为学生制定个性化的学习策略和学习方法,更好地提高课堂教学效果。

邓光强老师基于教学实践，梳理了智慧课堂教学模式的流程，如图2-2所示：

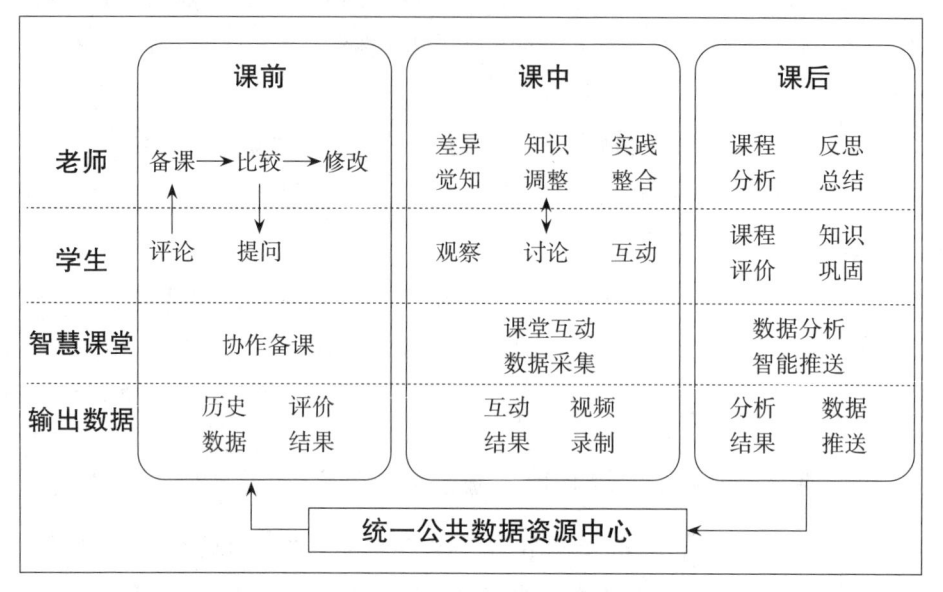

	课前	课中	课后
老师	备课→比较→修改	差异觉知　知识调整　实践整合	课程分析　反思总结
学生	评论　提问	观察　讨论　互动	课程评价　知识巩固
智慧课堂	协作备课	课堂互动　数据采集	数据分析　智能推送
输出数据	历史数据　评价结果	互动结果　视频录制	分析结果　数据推送

统一公共数据资源中心

图2-2　基于云计算、互联网和大数据的智慧课堂[①]

智慧课堂把教师的备课和学生预习变成了学生和老师的一种协作，老师备课完成后可以通过智慧课堂的协作平台将预习案发送到学生手中，学生学习后根据自己存在的问题进行评论和提问，然后老师根据学生的反馈信息可以对课件进行一定的修改，以此照顾到不同层次学生对课程的理解。课中，智慧课堂会对教师和学生的互动进行数据采集，把课堂中教师与学生互动的结果进行量化，并以数据的形式输出，教师据此掌握学情并改进自己的教学设计和教学流程。课后，智慧课堂可整合统计课前和课中采集的数据，根据学生的学习痕迹制定个性化学习策略，向不同学生推送不同的学习资源和学习任务。

(四)基于网络教学平台的智慧课堂

要想理解基于网络教学平台的智慧课堂，需要先明确网络教学平台的含义。实际上网络教学平台是一个集成应用平台，就是将网络教学各模块集成起来，主要体现在"在线学习"上：教师通过在线学习平台"教"，学生通过在线学习平台"学"，师生通过在线学习进行课上、课下的教学交互活动，完成教与

---

① 邓光强."智慧课堂"中的学生个性化学习[J].教育信息技术，2013(12)：11-13.

学的各个环节。杨福星和谢李伟将网络教学平台用户分为三类,分别是学生、教师和管理员,将在线教学平台主要分为在线备课、在线学习、在线测试、在线答疑等模块。他们提出网络教学平台的目标是在互联网上建立一个Web化的网络教学环境,在该环境中可以开展网上教学的各项活动,包括教师备课、师生网上交流、学生自学与测试,实现"教"与"学"的不同教学环节在一个网络应用平台上进行统一管理。

国内著名的教育信息化专家柯清超等认为,智慧式的教与学主要体现在以下几方面:学生为中心,自我导向;主动积极式学习;支持分层适应式教学;丰富的免费教学资源;技术支持与服务。杨福星和谢李伟在此基础上结合课堂教学实际,构建了网络教学平台支持下的智慧课堂教学模式[1],如图2-3所示。

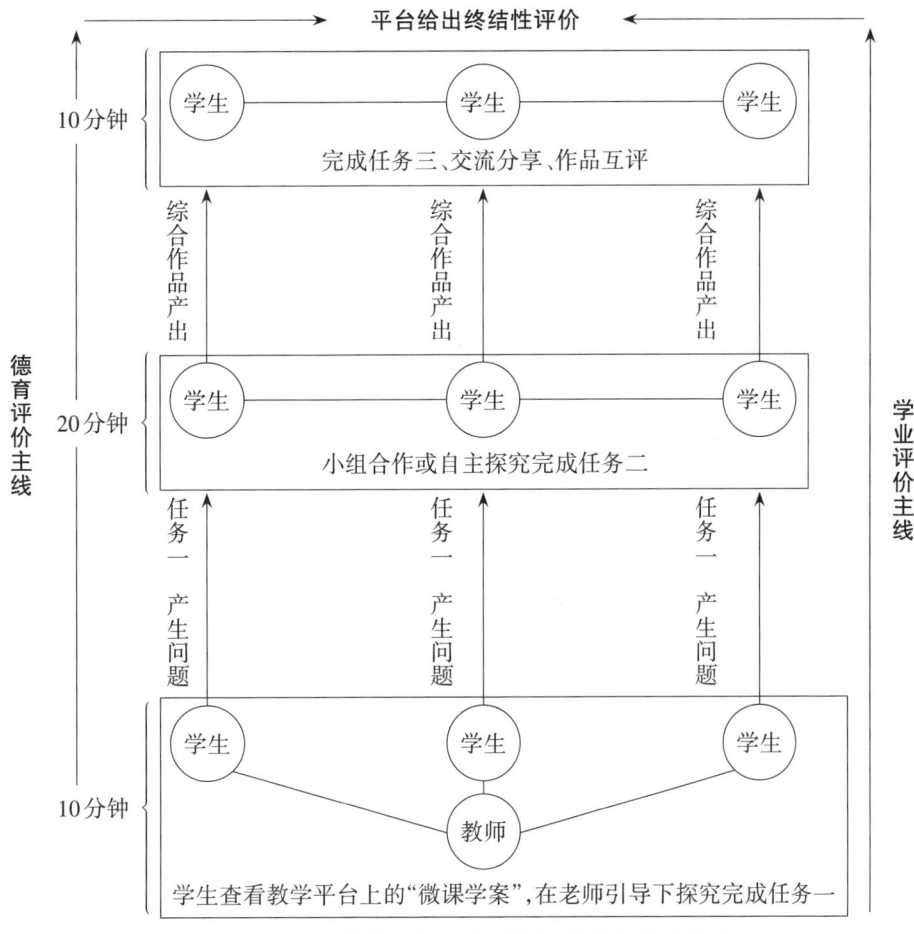

图2-3 网络教学平台支持下的智慧课堂教学模式

---

[1] 杨福星,谢李伟.网络教学平台支持下的小学信息技术智慧课堂——以《重建美好家园——绘制自选图形》一课为例[J].教育信息技术,2014(12):50-53.

此类智慧课堂增加德育评价主线,不仅注重对学生学业的评价,还注重德育评价,丰富了评价体系。课堂进程主要分为以下三步:学生通过网络教学平台预习;课中根据预习产生的问题进行自主探究或小组讨论,在此过程中,自由表达自己的想法,因此教师要营造有利于学生产出自己的观点,自由、开放的交流氛围;课堂结束时设计作品展示的环节,对一节课的内容进行总结,而后通过平台给出终结性评价。其实这种类型的智慧课堂和我们所说的翻转课堂类似,给了学生充分参与活动的权利和自由表达的权利,做到了"以学生为中心"。

为了使网络教学平台支持下的智慧课堂教学模式真正服务于教学,达到智慧课堂的目标,以下方面需要注意。

(1)教师在赋予学生主体地位的同时要注意发挥自己的主导作用,课堂中近半数时间进行小组讨论,如果教师不能加以引导,很可能会出现花费了时间但是效果不理想的现象,学生学到的知识还没有传统课堂的多,不但会影响教学进度,而且不能促进学生的发展。同时,教师在设计数字化教案时,应对学生学情充分认识与预测;课堂实施过程中,应对学生生成性知识的形成进行及时到位的点拨,充分关注学生个性化自主学习的思维与习惯的养成。

(2)要想让学生的主体地位得到充分体现,又要保证教学效果,需要做到以下几点:学生在课前利用微课进行学习;课上主动完成任务,提出问题,思考解决方案,根据解决方案努力尝试完成新任务;学会自己总结,以思维导图的形式呈现。

二、按学校类型和层次划分

智慧课堂可分为中小学智慧课堂、职教智慧课堂和大学智慧课堂三种。

(一)中小学智慧课堂

中小学智慧课堂以智慧教育理念为指导,发挥学生和教师的聪明才智,依托信息技术构建一种以分析、创造、思维和评价为主要目的,具有网络化、个性化、智能化特点的参与式课堂,主要特点为优质资源共享和个性化教学[1]。为

---

[1] 马静.高中英语智慧课堂教学模式探讨[J].中国教育技术装备,2019(09):113-114.

了使智慧课堂在中小学得到广泛的应用，有必要基于中小学的特点建立相应的智慧课堂模式。智慧课堂的教学模式主要包括三个阶段，即课前预习导学阶段、课堂互动探究阶段、课后评价反馈与个性辅导阶段，具体包括学情分析、预习测评、教学设计、情境创设、探究学习、实时检测、总结提升、课后作业、微课辅导、反思评价。引用马静[①]的智慧课堂教学模式图，如图2-4所示。

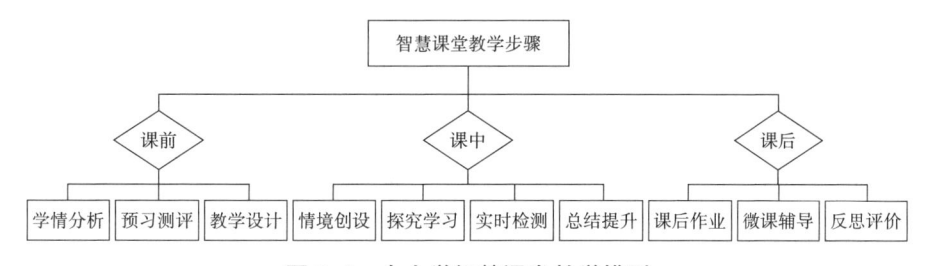

图2-4　中小学智慧课堂教学模型

1.课前预习导学阶段

在开课之前，教师将与知识点有关的学习资源以微课、在线视频、习题检测和思维导图等形式通过云平台推送给学生，这些学习资源都是教师根据教材精选的教学资源，移动终端会提醒学生根据自己的时间安排来自学。在传统的教学模式下，教师不能了解学生的课前预习，也就是说课前预习情况是不可控的，更不可能对其预习状况进行数据采集和分析。但基于云平台的智慧课堂，学生通过云平台进行预习，平台会记录学习的数据，预习情况会以数据的形式在教师端呈现，便于教师调整教学设计。同时教师要根据数据反映的情况来实施分层教学，将智慧课堂的优势充分彰显出来。

2.课堂互动探究阶段

（1）课堂导入。课堂导入的形式有很多种，为了上好一节课，通常要有一个精彩的导入，将学生的注意力引到所讲知识上，还要注意课堂导入与所讲知识之间的联系。由于中小学的教材内容大多与生活情景相联系，因此在导入阶段可以营造学生熟悉的生活情景，更容易引导学生学习。好的课堂引入不但可以让学生高效地学习知识，还可以激发学生学习的兴趣，引导学生深入学习，培养其思维品质。

(2)创设个性化的学习情境。知识需要在一定的情境中才能被更好地被理解和表达,在信息技术的支持下,智慧课堂使得学习情境的创设更加多样化、个性化。同时,在个性化的学习情境中进行探究学习与协作学习,也有助于学生思维发展。

(3)运用技术手段调动课堂氛围,促进情感交流。教育技术是"冷"的,学生的热情是"热"的。教师需要处理好"冷"和"热"的关系,借助智慧课堂来点燃学生的学习激情。在教学过程中要注重学科的教学资源建设。技术和课程不能成为"两张皮",不能让学生感到七拼八凑。在使用技术的过程中真正把教育技术很好地融合在课程里面,为营造一种自然的课堂气氛,促进情感升华提供基础[①]。

3.课后评价反馈与个性辅导阶段

(1)课后评价反馈。智慧课堂系统会记录学生的学习过程和教师的教学过程,课后,学生可以就自己的学习体验对教师进行评价,也可以进行自我评价和小组间互评,教师可以根据系统记录的数据和自己观察到的情况对学生进行点评,在相互评价中,综合提高学生的学习质量、教师的课程设计质量,从而优化教育教学。

(2)课后个性化辅导。智慧课堂能够有效实现教学辅导个性化。一方面,教师利用云平台在线布置课后作业,通过数据分析及时了解学生的学习状况,从而对教学任务进行有针对性的安排,并按照学生的认知规律对学习内容进行有针对性的调整。即使教师和学生离开学校,教师也能够借助云平台及时帮助学生解决学习上的问题。

(二)职教智慧课堂

简单来说,职教智慧课堂就是针对职业教育,在职业技术学校应用的一种课堂形式。不同层次的学校对学生的要求不尽相同,教育目标也就不一样。学者周晓雨等提出高等职业教育人才培养目标应满足以下要求。

---

① (美)班尼,约翰逊.教育社会心理学[M].邵瑞珍,等译.昆明:云南教育出版社,1986:235.

（1）要使学生获得就业谋生所必需的岗位技术能力与职业素质。

（2）使学生具备一生职业发展与迁移所必需的相对完整的某一专业技术领域的知识、能力与素质结构。

（3）尽可能在人文素质、思维方法及终身学习能力等方面，为学生成就其人生事业打好一定的基础。

智慧课堂教学模式的设计都是为了实现教育目标，基于高等职业教育的智慧课堂教学模式自然就有自身的特色。

信息技术的迅速发展给各行各业都带来了便利，教育行业也较多地用到了信息技术，比如大数据等。在高等职业教育中学校的整个考评体系都依赖于数据。入学率、出勤率、辍学率、升学率以及学生的学习成绩都是考评系统要收集的数据。对于具体的某一次课堂教学来说，数据能够直观地反映课堂的教学效果，比如学生回答问题的准确率、回答问题的次数、师生互动的频率与时长、课后作业的正确率等。这些具体的数据经过系统的收集、分类、整理、统计、分析就成为大数据。收集数据的目的是更好地服务于教学，整理数据，发现隐藏在数据背后的教学问题，进而建立能够解决相应问题的模型。模型通常以表或者图的形式更直观地呈现在教师和教学管理者的面前。把一个阶段的数据进行纵向比较，得出一定的结论，再经过同类别数据的横向比较，建立一个二维模型，再参考其他的类型数据，如不同时间段的学生状态，不同地域学生、不同性别学生的学习状态等，从而建立完整的立体模型来指导教学。立足高职教育，重点探索信息化建设环境下的智慧课堂模式，可以改变教师传统的教育方式和学生传统的学习方式。针对高职教学的特点，本书引用了周晓雨的研究框架[1]，如图2-5所示。

---

[1] 周晓雨.大数据背景下的高职智慧课堂研究[J].电脑知识与技术，2017,13(34):121.

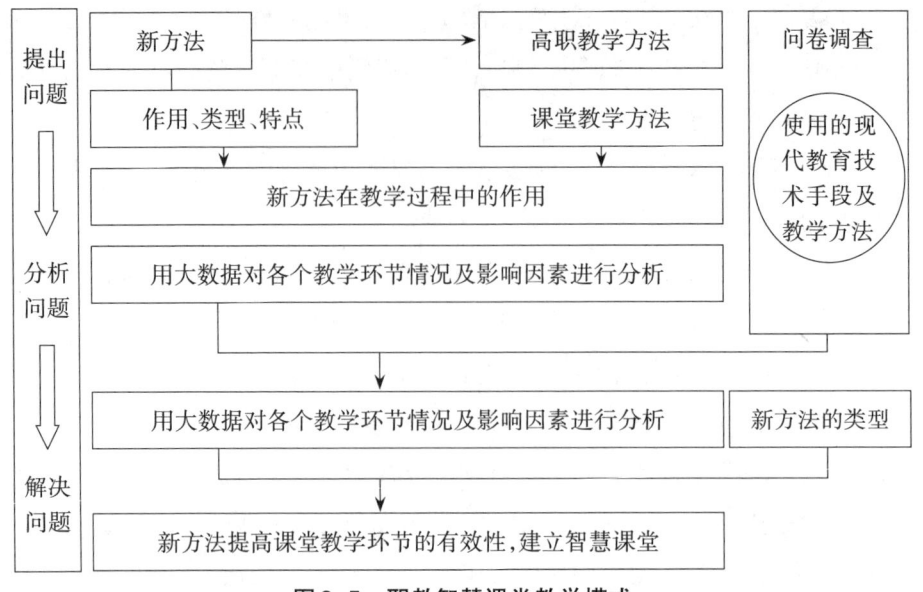

```
提出        新方法  ──────→  高职教学方法        问卷调查
问题         │
             ↓                 课堂教学方法       使用的现
           作用、类型、特点                       代教育技
             │                                   术手段及
             ↓                                   教学方法
分析      新方法在教学过程中的作用
问题         │
             ↓
        用大数据对各个教学环节情况及影响因素进行分析
             │
             ↓
解决    用大数据对各个教学环节情况及影响因素进行分析   新方法的类型
问题         │
             ↓
        新方法提高课堂教学环节的有效性,建立智慧课堂
```

图2-5　职教智慧课堂教学模式

模型指出首先要分析当前高职学生的教学状况,准确把握教学中的问题,进而提出问题,将这种新方法与高职的教学方法相结合,一起运用到高职的教学过程中,同时也要通过问卷调查教师目前使用的现代教育技术手段及教学方法。而后通过数据统计来分析学生的学习过程,直观地得到学生的学习状况以及影响各个教学环节的因素。教师可以根据直观的数据来量化每一次教学活动,从而改进教学方式,提高教学质量。基于高职院校学生学习的实践性,还需要仿真教学、模拟实训场景等新的教学手段来提高学生对实际工作的直观认识。

(三)大学智慧课堂

随着科技的进步、教育信息化发展逐步完善,智慧课堂通过对传统教学模式变革,将网络、视频、课程App平台等元素融入课堂教学中,构建个性化、数字化的新型课堂学习环境,以先进的网络信息技术促进学生智慧能力的培养。智慧课堂在新技术的条件下,教师通过自己的教学智慧为学生创建自主的、趣味的课堂,同时以激情感染学生,点燃学生思维的火花,在教学实践中,启迪和唤醒学生的智慧。学生利用现代新型电子设备终端如手机、平板电脑等,在主动探究中学习,在学习中创造,不断提升创新、分析、评价、答辩等各项能力。

1.智慧课堂中的教师

智慧课堂需要"智慧"的教师来实施,智慧课堂的教学方式多种多样。要实现课堂的智慧教育与学生的智慧发展,智慧课堂中的教师应该具备四个方面的素养:(1)丰富的理论知识,智慧教师需要博学多识,对与专业相关的理论知识应牢牢掌握,还要对时事新闻有一定的了解和正确的认识;(2)灵活的教学方法,智慧教师要注重学生的个性学习,合理地运用不同的教学方法对学生因材施教;(3)良好的信息素养,智慧教师能够敏锐地捕捉信息,精准地筛选信息,准确地评估信息,自如地交流信息和运用信息;(4)与时俱进的创新思维,智慧教师应利用智慧课堂的环境,把握时代特征,激发学生的创新思维与创造能力。

2.智慧课堂中的学生

大部分高校的必修课程依然采取教师授课的模式进行,随着课程教学的改革和信息技术的发展,学生的学习方式在悄然发生改变。在传统的课堂上,学生的主体地位不明显,通过改变学习模式才能更加体现学生的主体地位,提升学生的学习效果。在智慧课堂实施的背景下,学生在网络上可以根据章节自主学习,自主管理学习时间、方式等。与此同时,智慧课堂线上部分提供了丰富的学习资料,学生遇到问题时,可以自己查阅资料解决问题,也可以在讨论专区与同学进行探讨。

3.智慧课堂的构建

(1)智慧课堂教学目标的构建

无论是传统课堂还是智慧课堂,教育目标都显得尤为重要。教学目标的设计要先于课堂的开始,但是教学目标只是教师对学生学习效果的一种推测和构想。智慧课堂进入大学教育,目的在于将大学课堂中难以理解、不易想象、难以消化的知识模块以更好的方式传授给学生,以帮助学生在掌握知识的同时提升创新思维,根据大学课程要求,教学目标分为课程总目标(主要培养学生的智慧和思维方式)、分步教学目标、能力教学目标等[①]。在智慧课堂设计

---

① 刘洋,刘尊奇.大学无机化学课程智慧课堂的构建研究[J].广州化工,2019,47(10):171-173.

之初就需要对进行网络授课的部分章节制定明确的授课目标,目标制定得越精细课程设计就会越详细,达到的目标就越有成效。有了目标的指引,学生学习的时候靶向性就更强,能够针对性地掌握重要知识,在学习之余还可以发展自己的兴趣爱好,促进个人的个性发展。

(2)智慧课堂教学活动的构建

教学活动是为达成某种特定学习目标而进行的师生共同行为的总和。智慧课堂教学活动的设计应该具有多元化、灵活性和多选择性。智慧课堂大致分为课前、课中和课后三个模块,三个模块都是由教师和学生共同参与完成的,实施过程中强调学生的主动性和教师的适时引导作用。

①在课前,教师根据学生的学情来制作预习资料,这些资料主要为重点知识。学生的预习情况会由系统记录,教师再根据预习情况适时调整自己的教学计划。

②智慧课堂的关键在于课堂的互动,核心在于强调学生的主体地位,改变了传统课堂教师讲学生听、教师点名学生回答的教学方式,智慧课堂利用移动终端、网络设备把教师和学生连接在一起。课堂前期,学生对预习中出现的问题可以互相讨论。课堂后半部分,在教师的引导下,学生总结知识点,然后布置新的作业。教师可以用电脑或移动端布置作业,学生完成作业并提交后,教师则可以根据情况来进行个性化教学。

(3)智慧课堂教学评价的构建

教学评价根据一定的教学目标,使用工具软件收集教学过程中产生的数据和反馈信息,进行量化并分析总结,以此对教学效果、教学模式适应性、学生掌握情况、运用知识解决问题能力等进行相关判断。智能教学评价不仅仅是教师对每一个学生进行评价,也允许学生通过教务平台对每一位给他授课的老师进行评价。评价环节在智慧课堂教学模式中是非常重要的一环,因为教师可以通过学生的评价,调整个人的教学方式以及教学计划,进而达到完善教学的作用。根据评价多元化的要求,设计了线上与线下的评价模式,而多重的评价方式更有助于体现学生在教学过程中的主体地位。在线上评价中,学生学习过程的信息及评价指标在课前、课中、课后三个环节中得到记录,主要指学生学习态度、学习投入度、学习参与度、学习的效果评价,其中包括预习时间的长短、访问网站的时间段、具体题目的选择、访问的次数、答题情况、资源共享情况、得分情况等。线下评价内容包括学生课堂的交流情况、上课的情绪、注意力状态、思维状态、学习成果、自我评价等。线上与线下评价相结合的评价方式使得对教师和学生的评价更为全面和客观,能最大程度反映教学情况。

拓展阅读

"互联网+"背景下高校智慧课堂教学模式构建[①](节选)

高校培养学生的目的与基础教育阶段有所不同,如果说基础教育注重培养学生的基础知识与技能,高等教育则更注重挖掘学生的潜能,培养学生的创新应用与自主探究的能力。智慧课堂应该更关注学生的自主学习行为,教师与学生应形成"师生学习共同体"。毋庸置疑,传统的课堂教学模式已不能适应新时代教学的发展与要求,由此构建出高校智慧课堂教学模式,由环境支持、教学过程、评价总结三个阶段构成,如图2-6所示。

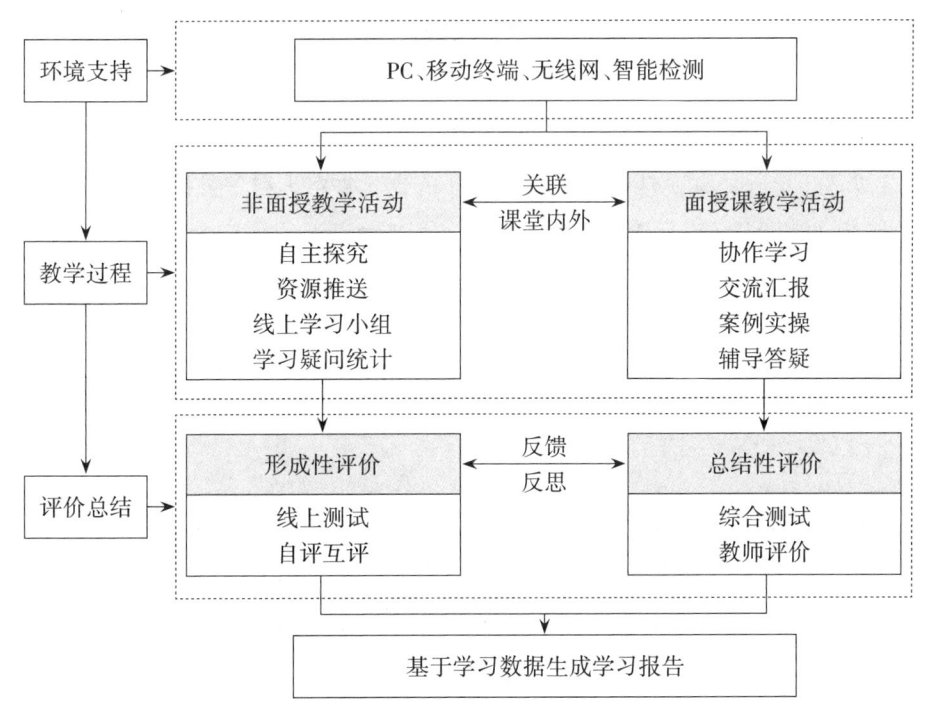

```
环境支持 → PC、移动终端、无线网、智能检测

教学过程:
  非面授教学活动 ←关联课堂内外→ 面授课教学活动
    自主探究                        协作学习
    资源推送                        交流汇报
    线上学习小组                    案例实操
    学习疑问统计                    辅导答疑

评价总结:
  形成性评价 ←反馈反思→ 总结性评价
    线上测试              综合测试
    自评互评              教师评价

  → 基于学习数据生成学习报告
```

图2-6 高效智慧课堂教学模型

---

① 陈思迪."互联网+"背景下高校智慧课堂教学模式构建[J].中国现代教育装备,2019(23):15-17.

1. 移动互联的智慧课堂环境

首先,要将智能手机、电子书包、录播系统等设备作为硬件支撑引入课堂环境。其次,要将无线网络引入课堂环境。最后,要将智能检测系统引入课堂环境。

2. 立体化的智慧教学过程

智慧课堂不仅要把新兴技术引入课堂,更重要的是尊重学生个体差异,对教学过程合理优化,重塑课堂内外学习时空。高校智慧课堂教学模式把教学过程分为面授课时段和非面授课时段,由传统的单向课堂教学转变为立体化的智慧教学。

3. 多元化的智慧评价方式

智慧课堂的学习评价兼顾形成性评价与总结性评价,利用大数据分析技术可以使评价过程从学习开始一直持续到学习结束。

在智慧课堂环境中,每个人都是评价的对象,同时也是评价主体,由学习者、学习同伴、教师、智能检测系统共同组成为主客观混合的评价方式。多元化的智慧评价一方面可以让学生通过学习报告发现自己的不足,不断进行改善与提高;另一方面可以让教师通过学习报告分析学生的学习状况,调整教学方案,挖掘学生潜能,注重学生的学习过程与思维培养。

第四节　智慧课堂的理论基础

理论基础支撑是智慧课堂教学发生、发展的重要依据,从智慧课堂的实际情况以及大量相关研究,我们发现智慧课堂立足人本主义的教育理念,以建构主义学习理论和联通主义学习理论为依据,其理论基础主要包括人本主义学习理论、建构主义学习理论和联通主义学习理论。

一、人本主义学习理论

(一)理论阐述

人本主义学习理论起源于人本主义心理学,主要代表人物是马斯洛和罗杰斯。人本主义学习理论提倡学生自主学习、协作学习,强调学生的自我发展,注重对学生的情感教育和创造潜能的发掘。人本主义学习理论的观点包括潜能观、自我实现观、创造观、情感因素观以及师生观五个方面。

1.潜能观

人本主义认为,每个学生都具有发展的潜能,但并不是所有学生都能实现潜能的充分发挥。教育的本质就是要发掘学生的潜力,激发学生的潜能。因此,强调以学生为中心,认为学生是学习的真正主人,教师退居其次,是辅助者和服务者,在学生的学习过程中承担引导监督的职责。

2.自我实现观

人本主义承认学生的个体差异,强调学生的个性化发展,认为造成个体差异的因素很多,包括学生的知识水平、兴趣爱好、社会背景、学习习惯等,教学的主要目的是发现每位学生的特点,根据学生的不同需求与风格因材施教,促使每位学生都能实现自我个性和能力的全面发展。

3.创造观

人本主义强调学生能力的培养,尤其是将创造力的培养作为教学的核心重点。认为创造力不是高层次人才的特权,人人都有创造力,表现为各具特色的学习方法和习惯,教师要通过恰当的方式将藏在学生身体里的个性化创造潜能引导和激发出来。

4.情感因素观

人本主义认为,个体的内部动机对学习起着至关重要的决定性作用,因此应格外重视学习中的情感因素。创设和谐安全融洽的学习环境、积极引导和鼓励学生有助于学生获得归属感、安全感和自信心,进而激发学习动机和学习兴趣。

5.师生观

人本主义强调建立一种良好的人际关系与和谐、民主、平等的师生关系，主张教师相信学生、尊重学生、鼓励学生、帮助学生，对学生一视同仁。认为教师是"平等中的首席"，强调教师由主宰者、权威者向引导者和朋友转变，学生由听从者、被动接受者变成学习的主人。

(二)对智慧课堂的启示

教学的开展要以学生为本，教师在精准分析、深入掌握所有学生的学习风格和学习习惯的基础上，在教学过程中重视每一位学生的深度参与和情感体验，鼓励学生的自主探究和个性化创造，激发学生的潜能，帮助学生在课堂教学过程中形成独立人格和生成创造性智慧，从而实现每位学生的个性化全面发展。

二、建构主义学习理论

(一)理论阐述

建构主义学习理论是教育信息化时代教育实践中应用比较广泛的学习理论，源自关于儿童认知发展的理论。由于个体的认知发展与学习过程密切相关，利用建构主义能够较好地说明人类学习过程的认知规律，因此在建构主义思想指导下形成了一套新的认知学习理论，主要可以从知识观、学习观和教学观三个方面来了解建构主义学习理论的基本观点。

1.建构主义知识观

建构主义认为知识不是对现实的准确表征，而是认知主体在意义建构过程中提出的某种假设或解释，它并不是一成不变的固定答案，而是随着人类的进步而不断更新和再造。从宏观层面来看，知识会随着人类认知的增加而扩容；从微观层面来看，知识会随着学习者个人经验、阅历等的增多而更新。同时，建构主义认为知识并不具有标准化的形态，对同一命题的理解会基于个体学习者的经验背景而存在着差别，因此并不是解释现实的"模板"。

2.建构主义学习观

建构主义认为,学习并不是知识由教师向学生的简单传递,而是学生建构自己意义的过程。学生并不是从零开始建构知识,而是在原有认知的基础上,调动已有经验和知识主动地对新知识进行主体意义的建构。学习过程并不是知识的简单叠加和存储,而是学习者对旧经验和新知识进行编码、理解、调整、融合的过程,学习是建立已有经验与新知识之间的关联,通过顺应、同化机制,对图式进行更新和拓展。同时,建构主义还关注学习中个体与物理环境的关系(即重视"情境创设")以及个体与社会环境的交互作用(即强调"协作会话")。

3.建构主义教学观

由于知识是学习者主动的意义构建,因此教学就不再是教师主宰的以知识为中心的、简单的知识单向传递,而是以学生为中心,教师作为组织者、指导者、帮助者和促进者,利用情境、协作、会话等要素,充分发挥学生的主动性、积极性和创新精神,引导学生在深度参与和亲身体验中,建构意义学习和促进社会交流。

(二)对智慧课堂的启示

建构主义学习理论为智慧课堂的生成性教学策略提供了理论依据。智慧课堂是动态生成的课堂,在弹性预设的基础上,教师实施测评,不断调整教学活动和行为,教学过程是师生共同建构并形成新的信息、资源的动态过程。

三、联通主义学习理论

(一)理论阐述

面对Web2.0、社会媒体等快速发展的时代背景,学者乔治·西蒙斯在2005年提出了联通主义学习理论,从全新的角度提出了在快速变化、信息大爆炸时代学习如何发生的问题。联通主义认为,学习不再是一个人的活动,而是一个连接专门节点和信息源的过程,提倡基于技术中介、在与环境的联结中学习,其思想主要体现在知识观、学习观、课程观、教师观、学生观、学习环境观和交互观上。

1. 知识观

联通主义认为,知识状态由硬知识转为软知识,即变化较快的知识,主要包括知道在哪里和知道怎么改变两种类型,以个体知识和社会知识的形式存储。同时,知识还具有动态性、隐性、生长性。联通主义的知识观主张学习目标是基于创造的知识生长,即实现知识的流通。知识获取具有阶段性,即意识和理解、联通形成、贡献和介入、模式识别、意义生成、实践。

2. 学习观

联通主义认为,学习即网络的形成,主要是形成三个基本网络:内部认知神经网络、概念网络和外部/社会网络。个人创建由人和网络等可信节点构成的技术增强型个人学习网络,学习者聚合节点,并与节点中的知识进行联通,学习者通过学习发展个人知识网络,个人网络通过新节点而被持续扩大和增强。要建立节点,重要的是模式识别,即找到隐藏在事物中的内在规律,然后用文字符号进行加工整理,形成新的方法、理论和概念。这一过程又被称为知识创新。

3. 课程观

联通主义倡导开放网络课程,强调学生自主决定如何参与、采取何种技术建立学习空间以及分享生成性内容。课程基于交互空间,由参与者共同开发,随着学习的进行而不断扩展,联通主义鼓励每位学生都建立自己的交互空间和数字身份。同时开放课程内容以碎片化的形式呈现。所有教育资源供所有学习者和参与者共享、迁移和交互,课程生成的内容也面向整个网络开放。联通主义注重学生根据自身的需要和兴趣创建课程。

4. 教师观

联通主义认为,教师的定位发生了改变,教师的作用不是控制课堂,而是影响和塑造网络,主要包括放大(提醒关注点)、策展(在学习过程中加入关键概念)、促进寻径和社会化(过滤散乱信息,指引方向)、聚合(聚合生成性内容,并推送给学习者)、过滤(提供过滤信息协助学生专注对主题的理解)、模仿(示范)、持续存在(全过程陪伴)。同时联通主义不主张一名教师单独教授一门课程,而是提倡多人协同教学。

5. 学生观

联通主义学生观认为学习的开展依赖于学习者的自我导向和积极参与,强调学生的自主性。因此在学习过程中,应注意培养学生的信息素养和高阶能力。较高的信息素养能够帮助学生获取、评价和使用信息,较强的自我导向能力、元学习能力、发现连接能力、模式识别能力、网络导向能力、创造能力等高阶能力,能够帮助学生适应快速变化的环境。

6. 学习环境观

联通主义认为,时代背景和技术背景决定了联通主义是在一种复杂的、分布式的信息环境中发生的学习,该复杂信息化环境既是学习者个体的环境,也是所有学习者面临的集体环境。联通主义学习强调每个学习者在复杂信息环境中通过寻径和意会建立个人独特的学习环境和学习网络。这种环境具有生态性,能够动态进化以适应和回应外部的变化,体现个人学习网络的时代性和关联性。

7. 交互观

联通主义认为,以媒体为中介的交互是教与学整合的关键,在联通主义学习过程中,交互更是重中之重。即网络中的知识不是靠一个实体传递到另一个实体产生的,而是在交互过程中产生的。学习是一种网络现象,联结的建立和网络的形成都依赖于交互的开展。在交互中不仅提升了人与内容之间的联结,还促进了人与人的交流,在持续不断的交互中生成课程内容。

(二)对智慧课堂的启示

联通主义为智慧课堂的学习空间创建以及立体化交互提供了支撑。立足联通主义,智慧课堂在学习上是认知、概念和社会的联通,在教学上是共享、开放、泛在的混合式教学的代表,在组织生态上是自适应和社区化的教育新生态。

思考题

1. 不同的视角对智慧课堂的理解有何区别？又有何联系？请谈谈你对智慧课堂的理解。

2. 中小学智慧课堂、职教智慧课堂和高校智慧课堂的区别是什么？

3. 请根据本章所讲内容，自己尝试设计智慧课堂的教学模型。

第三章 智慧课堂的历史回顾

随着信息技术的发展,人工智能已走入了我们的生活,教育与信息技术的融合也向深处发展。在这样的时代背景之下,智慧课堂应运而生。智慧课堂这一概念并不是凭空出现的,而是有着深厚的历史基础,且经过由理论到实践的发展阶段而演变过来。智慧课堂发展大致经过了钱学森「大成智慧学」理论奠基、「IBM「智慧地球」战略实际推动、「互联网+」教学实践初步探索、「智能化」教育革新升级发展四个基本阶段。

☆ 学习目标

1. 了解智慧课堂的由来及发展脉络；
2. 掌握智慧课堂发展的四个阶段以及每个阶段的基本情况。

◉ 思维导图

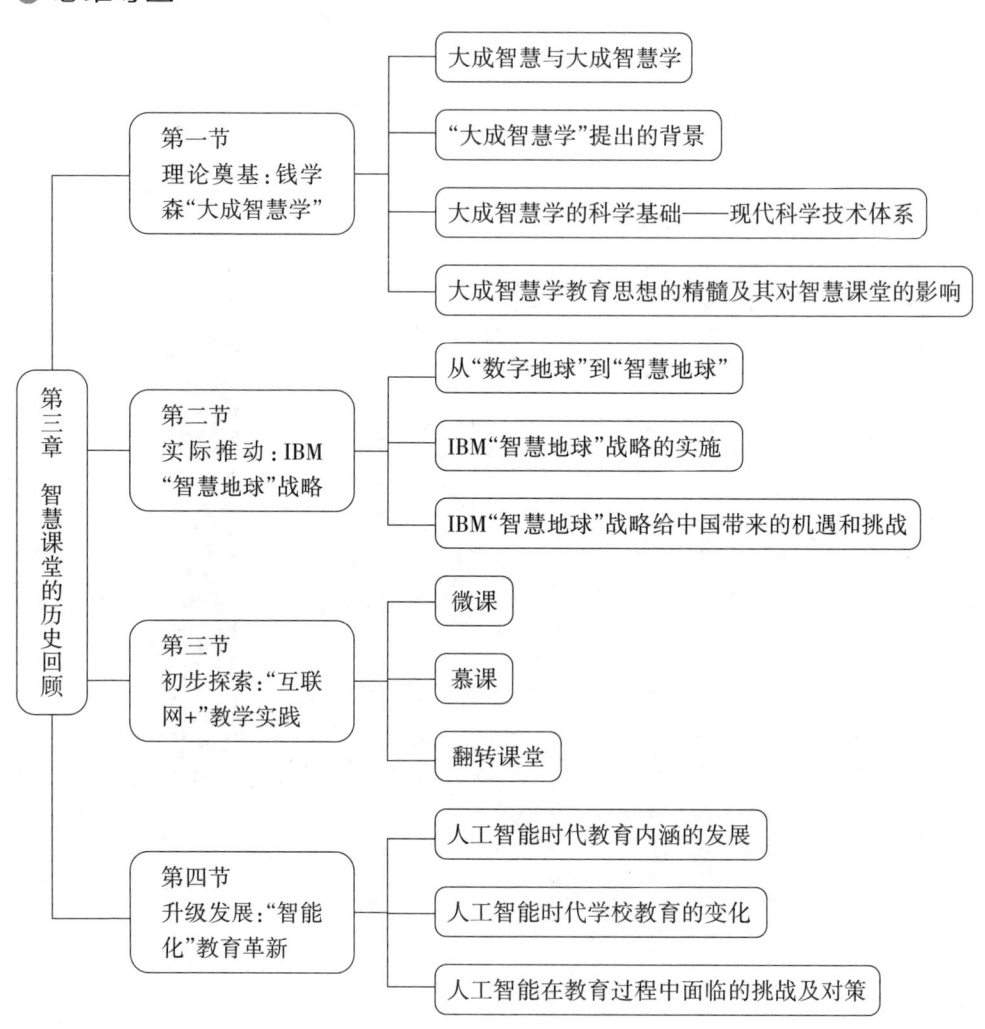

- 第三章 智慧课堂的历史回顾
  - 第一节 理论奠基：钱学森"大成智慧学"
    - 大成智慧与大成智慧学
    - "大成智慧学"提出的背景
    - 大成智慧学的科学基础——现代科学技术体系
    - 大成智慧学教育思想的精髓及其对智慧课堂的影响
  - 第二节 实际推动：IBM"智慧地球"战略
    - 从"数字地球"到"智慧地球"
    - IBM"智慧地球"战略的实施
    - IBM"智慧地球"战略给中国带来的机遇和挑战
  - 第三节 初步探索："互联网+"教学实践
    - 微课
    - 慕课
    - 翻转课堂
  - 第四节 升级发展："智能化"教育革新
    - 人工智能时代教育内涵的发展
    - 人工智能时代学校教育的变化
    - 人工智能在教育过程中面临的挑战及对策

第一节　理论奠基：钱学森"大成智慧学"

钱学森在晚年时将目光投向了哲学研究方面。在研究马克思主义哲学的过程中，顺应时代局势，他对社会发展与人才培养产生了新的思考，并提出了"大成智慧"这一概念。如何培育大成智慧成为他晚年关注的中心问题，而如何建立和应用大成智慧学则是他一生学术研究的归宿。钱学森提出的大成智慧学是"智慧课堂"最早可追溯的国内的理论奠基，它所提供的教育目标、思维方式和思维体系，是智慧课堂的价值追求和重要内容。

一、大成智慧与大成智慧学

（一）大成智慧

钱学森因为对中国航天事业的巨大贡献而被人熟知，是一位赢得了世界尊重的科学家。实际上，钱学森自回国后对于祖国的教育事业也一直十分关心。经过几十年的探索与思辨，他站在哲学的高度提出了大成智慧的概念，认为教育应该培养具有大成智慧的社会公民。在这里，钱学森从中国传统文化中提取了"智慧""大成"两词，组合成了一个新的概念"大成智慧"。"智慧"一词在汉语中出现较早。中国人普遍所讲的智慧都包含着智谋与慧性两层含义。智谋指智慧中较为硬性的成分（有一定的可操作性），慧性指其中那些软性的成分（没有可操作性），二者缺一不可。在中国历史上，儒家强调智谋，佛家（尤其禅宗）强调慧性，道家强调智慧的消极面，主张"绝圣弃智"[①]。

至于"大成"，古代已有"小成"与"大成"的用语，孔子被尊称为"大成至圣先师"。《辞海》引用《礼记》和《庄子》的说法，把"小成"解释为"初步的成就"。可见，钱学森正是在"智慧"与"大成"的基础上提出了"大成智慧"这一核心概念。从中我们可以看出，钱学森所倡导的"大成智慧"与"小成智慧"是有区别的，这两种智慧并不处于同一层次。小成智慧也许容易获得，但大成智慧却十分稀少。对于此，钱学森也在其著作《创建系统学》中作出了解释。钱学森引

---

① 苗东升.什么是大成智慧学[J].西安交通大学学报（社会科学版），2010(6)：2.

用《辞海》对大成的解释进行了说明。《辞海》指出,大成即大的成就,其有三种含义。一指事功。对于此,《小雅·车攻》中写道:"允矣君子,展也大成。"二指学问。对于此,《礼记·学记》中写道:"九年知类通达,强立而不反,谓之大成。"三指道德。对于此,《孟子·万章下》中写道:"孔子之谓集大成;集大成也者,金声而玉振之也。"赵岐注:"孔子集先圣之大道,以成己之圣德者也。"钱学森对于大成智慧的理解同儒家所提倡的立德、立功、立言的思想是基本一致的。

(二)大成智慧学

在"大成智慧"这一概念的基础上,钱学森又提出了"大成智慧学"的概念。简单来说,大成智慧学是关于大成智慧的学问。对于什么是大成智慧学,钱学森这样解释道:大成智慧学实际上是马克思主义哲学的发展与深化,或者说,是马克思主义哲学发展到一个新的阶段。

二、"大成智慧学"提出的背景

20世纪80年代初期,以微电子信息技术革命为先导的高科技飞速发展,推动社会发生了巨大的变化。在此时代背景下,作为一名杰出的科学家,钱学森敏锐地觉察到,21世纪的社会将会发生深刻的变化。从钱学敏回忆与钱学森相处的文章中,我们可知,在当时的时代背景下,钱学森预言信息技术的发展将会实现以下的深刻变革:科学技术将进入快速发展时期;科学技术的发展将越来越凸显出与经济发展高度结合的特点;科学技术的快速发展将促进形成全球性相互依存的局面;科学技术的发展将越来越依靠科技、经济、社会、环境日益的协调发展;科学技术的发展将越来越体现出自然科学、社会科学和哲学相统一的特点。

正是在此社会背景之下,钱学森将目光投向了哲学领域,并开始研究马克思主义哲学,把马克思主义哲学与智慧培育问题联系起来思考,并于1987年发表了《智慧与马克思主义哲学》一文。文章指出:智能或智力比智慧在档次上低得多,并提出了"马克思主义哲学是智慧的源泉"这一结论,建议从智慧的本质上去探讨培育智慧的切实可行而又有效的途径。在此基础上,钱学森在

1992年提出了"大成智慧"这一概念,并认为:大成智慧是古老的爱、智、慧概念的更进一步,更具体化。

三、大成智慧学的科学基础——现代科学技术体系

大成智慧学是钱学森在马克思主义唯物辩证法的指导下,在信息技术快速发展的时代背景下所提出的新概念。但在关系上,大成智慧学与科学技术的关系更为紧密。大成智慧学也可以看作是现代科学技术体系的理论。钱学森晚年虽没有提出过这一系统的学说,但从他给各位友人的书信中,我们还是可以窥见他的思想,并综合他已发表的论文和书信,对大成智慧学下的现代科学体系的建构进行了梳理。

(一)现代科学体系的形成过程

钱学森在接受了唯物主义世界观,研究了现代系统论后认为现代科学技术应是一个体系。1979年,他提出了最早的科学体系模型,包括自然科学、社会科学、数学、技术科学和工程技术,同时也谈了这个体系同唯物辩证法的密切关系。紧接着,1985年,他又提出了包括八门基础科学的科学体系,他认为整个科学技术是完整的,一体化的。同年,他又将行为科学纳入其中,科学体系就包括了九门基础科学。

1986年,他又对每门基础科学进行了层次划分,按学科、大部门划分为九大部门,每一部门按其与实际应用的接近的程度划分为三个层次:基础科学、技术科学和工程技术。1988年他系统地表明了基础科学与马克思主义哲学的关系。他说道:"我看到马克思主义哲学殿堂之外似有九架通道桥梁,各通往科学技术的一大部门。即通往自然科学和工程技术的自然辩证法;通往社会科学和社会技术的历史唯物主义;通往数学科学的元数学(或称数学哲学);通往系统科学的系统论(不是所谓'三论');通往思维科学的认识论;通往文艺理论的美学;通往军事科学的军事哲学;通往人体科学的人天观;通往行为科学的社会论(暂名)。"接着,他又补充说道:"这九架桥梁中只前二者比较完整(当然也还在建),后面这七个,现在还在构筑;像'社会论',那还看不见轮廓!殿堂加桥梁合成马克思主义哲学的一体建筑。"

1988年底,钱学森又提出地理科学这门研究人类存在基础的学问应该作为现代科学技术的又一大部门,至此,现代科学技术体系已包含了10个大部门。1996年,钱学森在研究中发现建筑科学技术也具备基础科学、技术科学和工程技术三个层次,随即也将建筑科学技术纳入科学部门之中,现代科学技术体系最终包含了11个大部门。在此,我们可以借鉴学者黄顺基对于钱学森现代科学技术体系的梳理,对上述描述进行展示(图3-1)。

			马克思主义哲学——人认识客观和主观世界的科学									哲学
性智	←		→		量				智			
		文艺活动	美学	建筑哲学	人学	军事哲学	地理哲学	人天观	认识论	系统论	数学哲学	唯物史观	自然辩证法		桥梁
			文艺理论	建筑科学	行为科学	军事科学	地理科学	人体科学	思维科学	系统科学	数学科学	社会科学	自然科学		基础理论
															技术科学
		文艺创作	学	学	学	学	学	学	学	学	学	学		应用技术
			实践经验知识库和哲学思维											前科学
			不成文的实践感受											

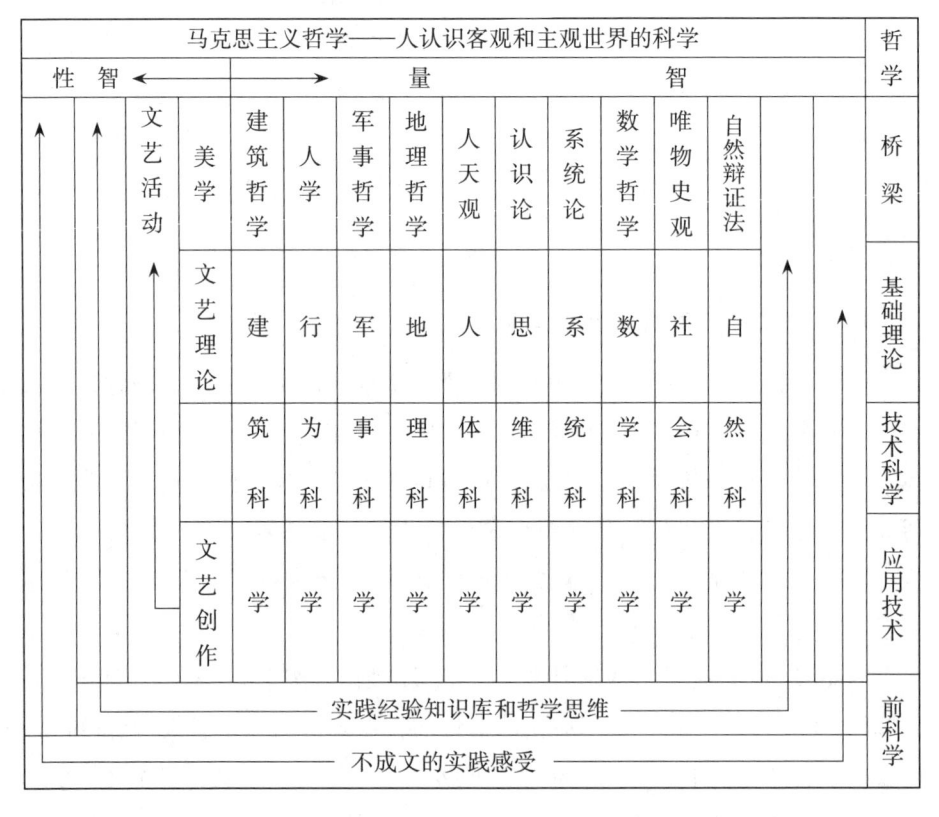

图3-1 钱学森现代科学技术体系[①]

(二)现代科学体系内容的主要含义

上述根据钱学森观点所描绘出的是关于人类知识分层和科学横向分类的表。从纵向看,上面的表划分为哲学、桥梁、基础理论、技术科学、应用技术和前科学,从横向看,包括了钱学森所谈到的美学、建筑哲学等11个部门。具体可以从以下几点进行理解。

---
① 黄顺基.钱学森现代科学技术体系的创建及其意义[J].中国人民大学学报,2008(5):124-131.

第一，钱学森将马克思主义哲学放在体系的最上方是因为：哲学是以一切科学及其实践作为其创立和发展的基础，同时也对一切科学及其实践发挥着不可缺少的指导作用。马克思主义哲学通过下面的建筑哲学、人学、军事哲学等部门哲学与基础科学及其实践保持着联系，从而发挥自上而下的指导作用。与此同时，处于下位的实践经验与感受也为处于上位的部门哲学与马克思主义哲学提供反馈。

第二，整个表从纵向看体现了从理论到实践的过程，从横向看体现了各个部门之间的关系，而整个表呈现出了循环且紧密联系的特点。横向分类的标准主要有三个：能否与其他部门明确区分；发展是否充分成熟；有没有符合社会需求。在11个部门哲学中钱学森考虑最多且最受争议的要数人学。起初，钱学森也不同意将人学加入部门哲学中，因为他认为许多领域的研究都与人有关，人学无法作为单独的与其他领域相区分的一个部门。但由于后来讨论无果且人学在国际上也获得了一些发展，因此，最终他用人学取代社会论而与行为科学相联系。

第三，钱学森认为获得大成智慧的方法是通过定性与定量的集成。其中，通过定性的方法所获得的知识称作性智；通过定量的方法获得的知识称为量智。只有兼具性智与量智的人才能称为大成智慧者。

第四，在大成智慧、大成智慧学的基础上，钱学森又提出了与之相关的内容，例如，大成智慧工程。钱学森在提出现代科学体系后试图将这一体系进行实践操作。所以，在提出大成智慧后，钱学森又提出大成智慧工程。他说："从定性到定量综合集成技术，名称太长，也不好译成英文，按照中国文化的习惯，我给它取了个名字，叫大成智慧工程。"再例如，大成智慧教育学。大成智慧教育学是以大成智慧学为思想指导、以帮助受教育者培养大成智慧为目标的教育学。大成智慧教育要靠一定的教育体制来实施，必须进行教育改革，建立"理、工、文相结合的教育体制"。钱学森已经提出过大成智慧教育的课程设置问题。他认为马克思主义哲学、科学技术体系学、系统科学、思维科学、行为科学都应该是必修课。信息网络技术也应是必修课，学员必须做到能够把终端机当成笔那样熟练使用。

四、大成智慧学教育思想的精髓及其对智慧课堂的影响

(一)为智慧课堂提供教育宗旨

大成智慧学以马克思主义哲学为指导,注重科学与艺术的结合、宏观与微观的融合,以培养具有智慧思维方式、能够融会贯通、具有创新能力的大成智慧型人才为目的,关注受教育者的创造性培养,关注受教育者智慧的形成和全面发展,是大成教育宗旨的体现,成为当前智慧课堂的终极目标和价值理念。

(二)为智慧课堂提供教学方式

大成智慧学强调把理、工、文结合起来,对受教育者进行全面系统的教育,同时提倡创新教育、创业教育,进而培养全面学习和发展的受教育者,以及具有创造力的智慧青年。其中蕴含的"五育融合"和"跨学科教学"的教学方式方法,为智慧课堂教学的开展提供了方向。

拓展阅读

用"大成智慧学"教育理念设计培养方案培育创新人才
——西安交通大学"钱学森实验班"人才培养模式的探索[①](节选)

一、钱学森实验班的教育理念

1.大成智慧学教育理念

著名科学家、教育家、交大校友钱学森学长提出"人类知识有一个科学技术的体系,这是系统化了的知识……"钱老提出的现代科学技术体系有11个部门:自然科学、社会科学、数学科学、系统科学、人体科学、行为科学、思维科学、军事科学、建筑科学、地理科学、文艺理论。每一个部门又有三个层次(文艺理论除外):基础科学、技术科学、工程技术。这11个部门通过对应的11座哲学桥梁:自然辩证法、唯物史观、数学哲学、系统论、人学、人天观、认识论、军事哲学、建筑哲学、地理哲学、美学,将科学提升到人类对客观世界认识的最高概括——马克思主义哲学,它的核心是辩证唯物主义。

---

① 邱捷,杨鹏,王槛鹏.用"大成智慧学"教育理念设计培养方案培育创新人才——西安交通大学"钱学森实验班"人才培养模式的探索[J].中国大学教学,2009(6):20-23.

钱学森提出的知识体系体现了其"集大成,得智慧"的教育理念。大成智慧的核心就是要打通各行各业各学科的界限,使整个知识体系涉及的各科学技术部门之间相互渗透、学科交融、互补促进、改革创新。"大成智慧学"强调以马克思主义的辩证唯物论为指导,在传统的教学模式中加入现代技术,充分利用计算机、信息技术、互联网技术,以人为本,人机结合,可以迅速有效地集古今中外有关信息、知识、智慧之大成,系统设计,团队协作,科学而创造性地去解决各种复杂性问题。这是大成智慧教育方式的一个显著特点,这种教学方式可以产生1+1>2的教学效果。

2. 新的"通才"教育观

钱老提出人才培养的目标定位是"通才"。通才教育是全面实施素质教育的有效途径和方法,尤其是培养学生的整体素质。

合理有效的知识结构应该由三个部分组成:核心知识、辅助性知识和常识性知识。因此,首先要解决"通"到什么程度,什么是最根本的基础。最根本的基础应该是支撑多门学科的知识,掌握了它,就能起到触类旁通、继续拓展的作用,这也是核心知识。其次,要解决如何通过教学过程发掘学生潜质、培养学生的能力。这需要仔细研究教学方法、学习方法、考核方法和教学效果评价,认真设计教学环节和教学方案等。再次,要解决如何教导学生首先学会做人。为人师表,教书育人将体现在整个教育教学过程中,同时开展一些有利于学生身心健康的教学活动和社团活动,培养学生的综合能力。

二、钱学森实验班培养方案要点

1. 实验班培养模式

钱学森实验班的学生来自工科各专业,实行六年学制:三年通识教育,一年专业教育,两年研究生教育。通识教育期间不分专业,独立设班,以集中授课为主,选修为辅。实验班引入竞争机制:淘汰制与分流制,如果学生没有达到学校要求,或自愿四年本科毕业,不再继续深造,学生可以在前四个学期中的任一学期转出钱学森实验班,进入专业普通班学习,四年本科毕业。其余学生四年本科毕业后直接进入研究生培养阶段。

2. 实验班培养目标

钱学森实验班将按照钱老的"大成智慧学"设计人才培养目标,注重培养学生理论分析和逻辑思维能力,注重培养学生应用现代技术辅助学习能力,注重培养学生初步的系统集成能力,注重培养学生实践能力和创新能力,注重培养学生守诚信和团队精神,使学生成为适应21世纪我国社会主义现代化建设,在各行各业起引领作用,知识面宽、基础扎实、有思想、有品位、守诚信,团结协作的学科拔尖人才。

3.用现代科学技术体系构建课程体系和设置课程

课程按照核心知识、辅助性知识、常识性知识设置。其中,核心知识由数学科学、自然科学、系统科学构成,是学生今后在学科领域发展所应具备的核心知识,是本科必修课程。辅助性知识由社会科学、人文艺术构成,课堂教学、社团活动、社会实践并重。它与核心知识唇齿相依,桴鼓相应,培养学生不同的思维方式,提高学生综合素质和文化品格,将人类优秀的文化成果内化为人的思想、人格、气质和修养。常识性知识由现代科学技术体系的其他部门构成,以拓展学生知识面,激发学生探索科学的兴趣为目的,以讲座为主,课程为辅,动态进行。课程设置遵循以下原则:(1)基础科学理论扎实,培养理论分析和逻辑思维的能力;(2)技术科学交叉宽厚,为系统综合处理问题打下坚实基础;(3)工程科学展现高新,实现"博的基础上的专";(4)综合教育方式多样,养成良好品格,发展兴趣爱好,拓展知识空间,积极探索创新。

三、人才培养改革的几点思考

课程设置不在于名,在于课程体系;课程学时不在于多,在于课程内容;课程考核不在于频,在于反映能力。因此,减少学时,改进教学与考核方法,改进学习方式等是开办实验班最重要的目的之一。

1.人脑与电脑有机结合的教学方法

科学技术发展至今,只发挥大脑作用已经落后了,钱学森实验班充分利用现代信息技术,在课堂教学、学生作业、课堂研讨、课外实践等教育教学环节中,充分发挥和利用计算机、网络、各类软件的作用,变单一渠道为多种途径传授知识和获取知识,使教师和学生在教与学的过程中享受信息时代带给人类的好处,提高教学质量与学习效率。

2.加强人文素质教育

加强人文素质教育是希望学生在多元文化、多样性思维方式的启迪下,具备更广阔的视野,超常规想象和典雅的品位,今后在本学科发展中能够脱颖而出。

3.改革学生的考核方式,加大平时综合考核

采取综合性实验、大作业、小型课题等多种形式考核学生平时学习成绩,严格考核平时纪律,加大平时考核成绩比例,使学生在整个学习过程中始终保持旺盛的学习积极性和自主学习的兴趣。考核课堂内容的同时考核大学生课外学习的内容,引导学生多查阅资料,有些作业(课题)必须通过查阅参考资料才能完成,有些作业(课题)需要团队合作才能完成,有些作业(课题)需要拓展知识才能完成等,锻炼和培养学生的学习能力。如理论力学课程成绩由平时成绩与期末成绩构成,分别占总成绩的45%和55%。平时成绩中常规的作业与实验所占比例为15%,课外研究课题占30%。课外研究课题分为三大类12个题目:第一类为解析性题目,学生必须通过查阅资料、自学、推演方能得到结果;第二类要借助计算机技术,通过对理论的理解和编程解决一个工程问题;第三类是选做综合性实验。学生自由结组,每组至少选择4个题目。教师跟踪过程的始终,完全掌握每个学生的学习情况。这种考核方式既能反映学生掌握知识的程度,也能反映学生的综合能力。

4.课外8学分

课外8学分是专门为学生第二课堂设置的学分,引导学生开展社会实践和科研活动。

第二节 实际推动:IBM"智慧地球"战略

钱学森的大成智慧学为智慧课堂的发展奠定了理论基础,但受限于技术的发展,在推进过程中依然没有打破传统课堂教学的桎梏。美国敏锐地觉察到信息技术发展在国家综合实力竞争中的重要地位,并率先提出了"信息高速公路"计划,随后又提出了"数字地球"的概念。在此基础上,IBM又提出了"智慧地球"的概念并得到了时任总统奥巴马的大力支持。从"数字地球"到"智慧地球"的发展,从实践层面上实际推动了"智慧课堂"的发展。

一、从"数字地球"到"智慧地球"

(一)"数字地球"的提出与发展

1."数字地球"概念的提出

20世纪中叶,信息技术的快速发展给人们的生活带来了翻天覆地的变化。美国敏锐地觉察到了信息技术在国家发展过程中的重要作用,并开始研究信息技术,提出了"信息高速公路"计划。20世纪60年代,东西方冷战的加剧更是促进了美国"全球信息高速公路"计划的诞生。为了避免美苏核战争导致美国通信网络的瘫痪,美国防部让兰德公司设计开发一种有中央控制系统的交互式电脑网络。1969年,国防部下属的高级研究项目局(ARPA)成功地研制出了这一网络,并首先在本部门内组建了名为"高研网"(ARPANET)的小范围军用实验网。此后,这种计算机网络的规模不断扩大,功能也不断增强。1990年,美国国家科学基金会(NSF)所组建的"国科网"(NSFNET)与美国国内当时较大的几家区域网络系统进行联网,成为美国国内最大的"广域网"(Wide Area Net)。至此,"信息高速公路"的主干道"国际互联网"(即Internet)的骨架正式建成[①]。

鉴于信息技术的快速发展,1993年,克林顿政府对国家科技发展战略进行了调整,暂停了包括"星球大战"计划在内的一系列军事项目,而把工作重点转向了"信息高速公路"计划下的与市场紧密结合的高科技。随后,1994年9月,美国副总统戈尔发表了题为《全球信息系统将促进发展》的讲话,再次明确了美国发展"信息高速公路"计划的决心。1998年1月,戈尔在加利福尼亚科学中心演讲时明确提出了"信息高速公路"的概念。他在演讲中说道:"我相信我们需要一个'数字地球',即一种可以嵌入海量地理数据的、多分辨率的和三维的地球的标识。"

2."数字地球"的特征及应用

数字地球是数字化、信息化的虚拟地球,是借用计算机技术、网络技术、虚拟现实技术等对全球海量数据进行综合分析、管理和应用的超级系统。它具

[①] 陈效卫,殷方.新世纪美国的"数字地球"计划[J].现代国际关系,2000(5):29.

有空间性与全球性、共享性与保密性、动态性与稳定性、可视性与虚拟性等特征[①]。

自美国提出"数字地球"的概念与计划,引起了世界各国的广泛关注,各国纷纷响应,并开始关注信息技术的发展,力图建立本国的数据信息库,并使之服务于本国的发展与人民的生活。有学者将数字地球的应用划分为全球、国家、区域等3个层次。全球层是指以整个地球为对象,主要包括全球气候变化、全球植被与土地利用、土地覆盖变化、生物多样性变化、全球海平面及海洋环境变化、全球地形变化及地壳运动监测、全球经济发展水平监测与评估等。而国家层则是指国家借助于数字地球技术对国家的生态、资源、人口、自然灾害以及人民生活进行实时监测,并利用这些信息来完善管理与决策。区域层面的应用则是以城市、集镇、农村、社区为对象,包括信息化带动传统产业改造和升级,经济社会发展态势、管理与服务等[②]。

除此之外,不少国家还针对"数字地球"下的数字城市展开了积极的研究,探索如何建立数字城市。与此同时,也有不少学者将数字地球与可持续发展相挂钩,探讨数字地球下的可持续发展战略,这里不再赘述。

(二)从"数字地球"到"智慧地球"的转变

随着传感器网络和物联网的出现及发展,信息技术在国际竞争中的地位的攀升,美国为确保其在国际竞争中的优势地位,在数字地球的基础上又提出了"智慧地球"的概念。2009年,奥巴马就任美国总统后,与美国工商业领袖举行了一次"圆桌会议"。作为代表的IBM首席执行官彭明盛首次提出"智慧地球"(Smart Earth)这一概念,建议新政府投资新一代的智慧型基础设施。IBM所提出的"智慧地球",实际上就是要把新一代的IT技术充分运用到各行各业,把感应器嵌入和装备到全球各个角落的电网、铁路、桥梁、隧道、公路等各种物体中,并且将它们普遍连接,形成所谓"物联网"。再将"物联网"整合起来,从而使人类能以更加精细和动态的方式管理生产和生活,实现全球"智慧"状态,形成"互联网+物联网=智慧的地球"[③]。相比于之前的数字地球,智慧地球更

---

① 黄解军,潘和平,万幼川.数字地球战略与数字城市建设[J].中国软科学,2002(7):86.
② 郭华东.数字地球:10年发展与前瞻[J].地球科学进展,2009(9):958.
③ 石军."感知中国"促进中国物联网加速发展[J].通信管理与技术,2009(5):2.

加智能化,地球成为自主、智能的信息网络。智慧地球面向应用和服务;智慧地球与物理世界融为一体;智慧地球能实现自主组网、自维护等[1]。

二、IBM"智慧地球"战略的实施

2009年圆桌会议后,奥巴马公开肯定了IBM的智慧地球战略。随后,美国总统奥巴马签署了总额为7870亿美元的《美国恢复和再投资法案》,指出将在智能电网、卫生医疗信息技术应用、教育信息技术等领域推动物联网的应用与发展。与此同时,在同年发布的《美国创新战略:推动可持续增长和高质量就业》中,也提出要发展先进的信息技术生态系统,以强化美国的创新基础架构建设[2]。

美国对于智慧地球战略的积极投入与重视,也引发了世界范围内众多国家对于信息技术的关注,纷纷在发展信息技术、物联网技术方面作出反应。欧盟2009年发布了《物联网战略研究路线图》文件,提出了研究物联网关键技术的战略和路径。2010年,日本发布《智能云研究会报告书》,制定了"智能云战略",其目标是要借助云服务,推动整体社会系统实现海量信息和知识的集成与共享。韩国于2009年发布了《物联网基础设施构建基本规划》,明确将物联网市场作为经济新增长的动力,提出到2012年实现"通过构建世界最先进的物联网基础设施,打造未来广播通信融合领域超一流的信息通信技术强国"的规划。

在世界各国积极响应的同时,IBM公司也利用自身技术优势积极拓展海外事务,力图占领海外市场。在此背景下,2009年8月,IBM公司发布了《智慧地球赢在中国》计划书,正式揭开IBM"智慧地球"战略在中国实施的序幕。在《智慧地球赢在中国》计划书中,IBM为中国量身打造了六大智慧解决方案。这六大智慧方案分别是"智慧电力""智慧医疗""智慧城市""智慧交通""智慧供应链"和"智慧银行"。随着我国发展物联网、云计算需求的推动以及我国国力和科研能力的提高,2009年以来,这些智慧解决方案,已经陆续在我国多个城市、

---

[1] 李德仁,龚健雅,邵振峰.从数字地球到智慧地球[J].武汉大学学报,2010(2):130-131.
[2] 许晔,郭铁成.IBM"智慧地球"战略的实施及对我国的影响[J].中国科技论坛,2014(3):149.

多个企业、多个领域内得到推进。例如:北京、上海、江苏等地纷纷发布了与"智慧地球"密切相关的物联网发展规划。2009年1月,长虹集团宣布引入IBM成为四川长虹的战略投资股东,IBM成为长虹的第二大股东,双方在信息家电和IT产品、技术开发、IT及咨询服务、资本运营等方面深入合作。此举动被看成IBM在中国推销其"智慧地球"概念的重要一步。北京大学、湖南大学等高校也与IBM合作研发物联网和云计算等项目。

三、IBM"智慧地球"战略给中国带来的机遇与挑战

IBM提出的"智慧地球"战略在一定程度上对于中国来说是一个很好的机遇。"智慧地球"战略的提出让全世界再次看到了"信息技术"在国家发展过程中的重要性,也让中国再次坚定了发展信息技术和物联网的决心。与此同时,美国针对中国实际情况所提出的《智慧地球赢在中国》计划书,也在一定程度上帮助了中国多个领域实现了发展,中国在与IBM公司的合作中也获得了启发。不仅如此,"智慧地球"这一战略提出后,各国都处于探索研究阶段,这对于中国来说是一次实现技术超越与领先的机会。

但是,IBM"智慧地球"战略在中国的实施也给中国带来了许多挑战。首先,IBM"智慧地球"战略的实施给中国IT产业的自主创新带来了挑战。因为如果接受"智慧地球",就意味着接受其技术、接受其产品、接受其管理方式和运行模式,这无疑将挤占我国IT产业自主创新的空间,侵占我国IT市场份额,令我国还不够强大的IT产业雪上加霜[1]。其次,IBM"智慧地球"战略的实施也可能带来某些信息安全问题。"智慧地球"意在利用互联网和物联网技术打造一个可感知的、更加紧密互通的网络信息数据库,这虽然能在很大程度上改变人们的生活,但是更加紧密互通从另一个角度来说就是信息更加透明与共享,且信息泄露与被盗取的风险也会增大,这些都会在一定程度上增加信息安全隐患。再次,IBM"智慧地球"战略的实施也会加大城市重复建设的问题。自"智慧地球"这一战略提出后,中国作出了积极响应,也鼓励各省市利用"智慧地球"战略所带来的契机努力建设智慧城市,实现自身发展。这本是好事,但是,许多城市出现了操之过急、资源浪

---

[1] 许晔,孟弘,程家瑜,等.IBM"智慧地球"战略与我国的对策[J].中国科技论坛,2010(4):22.

费等现象。许多城市由于未能找准自身建设智慧城市的位置就匆匆启动计划,最终造成了重复建设、浪费资源与人力的现象。有学者在调查中发现我国有上百个地区提出建设"智慧城市",30多个省市将物联网作为产业发展重点,80%以上城市将物联网列为主导产业,已经出现了明显过热的发展苗头[①]。

📖 拓展阅读 ○----------

伦敦智慧城市建设经验及其对上海的启示[②](节选)

1. 伦敦智慧城市规划和建设概况

伦敦在2013年3月推出第一个智慧城市规划《智慧伦敦规划——使用新技术的创造力去服务伦敦和改善伦敦人的生活》(以下简称《智慧伦敦规划》),2016年3月对该规划进行了评估和更新,2018年6月发布了第二个智慧城市规划《共建智慧城市——让伦敦向世界最智慧城市转型的市长路线图》(以下简称《共建智慧城市》)。《智慧伦敦规划》开宗明义,伦敦智慧城市建设的目标是"通过数字技术的应用,促进系统的整合,加强系统之间的联系,使伦敦作为一个整体,运作更高效,为居民和游客提供更好的服务",并明确提出了七条实施路径,即:以市民为核心;开放数据;充分利用伦敦的研究、技术和创新人才;通过网络优化伦敦创新生态系统;让伦敦在适应中成长;市政府更好地服务伦敦市民;为所有人提供一个更智慧的伦敦。《共建智慧城市》进一步将伦敦智慧城市建设的任务聚焦于五个方面:更加突出用户设计的服务、充分利用城市数据、世界级连接和更智慧的街道、加强数字领导力和技能、加强世界范围的联系。对比可知,2018年与2013年的伦敦智慧城市规划保持了高度一致,都强调用户导向、重视数据资源和数字技术、加强信息化基础设施、突出提高伦敦人的数字技术能力。

此外,《智慧伦敦规划》还提出了建设智慧伦敦的方法论,即:将人、技术与数据有效整合,以集成、创新的方式解决伦敦所面临的问题(图3-2)。

---

① 佟伟,黄以鞣.中国自动化与信息化未来之展望[J].办公自动化,2014(5):44.
② 楚天骄.伦敦智慧城市建设经验及其对上海的启示[J].世界地理研究,2019(4):76-83.

```
                开放数据与透明

  协作与          改善伦敦人的生活          技术
    参与                                   创新

              效率与资源管理
```

图 3-2　智慧伦敦规划建设的方法论示意图

2. 伦敦智慧城市建设的做法和经验

(1) 以人和企业为核心,积极鼓励和帮助"伦敦人"参与社会治理

《智慧伦敦规划》的第一项内容就是"以伦敦人为核心",强调"'智慧伦敦'必须将人和企业放在核心地位",认为创新和技术不仅能提升城市运行效率,而且能更好地满足伦敦人和企业的需要。按照这一指导思想,伦敦智慧城市规划从三个方面采取行动。

①智慧城市规划充分听取利益相关各方的意见,定期评估和公布规划设定的指标。制定智慧城市规划之前,会用半年时间广泛征求技术专家、公共服务机构和伦敦人对智慧城市建设的需求和意见。

②实施数字包容战略,不断提高市民使用数字技术的技能。《智慧伦敦规划》提出,"'智慧伦敦'具有包容性,应使用数字技术满足多样化需求"。为了实现这一目标,伦敦主要从"让伦敦人使用智慧技术,通过社区帮助解决伦敦面临的挑战""提高伦敦人数字技术能力"以及"利用数字技术手段帮助青少年就业"等方面采取行动。

③充分利用众筹平台,打造共建共治共享的社区治理格局。伦敦以政府承诺为保证,直接就城市民生项目向市民众筹。2012年创立的公司Space Hive是全球第一个专为民生项目进行在线众筹的平台。众筹小组通过该平台来策划项目、阐述筹资目标和需求,当地社团、居民、协会等都可以通过该平台来表达想法并支持认可的项目。

(2) 促进数据整合与共享,提高公共服务水平

伦敦认为数据开放是一个能够让所有伦敦人少花钱多办事的做法——把数据交给那些能够把事情做好的人,比城市直接提供服务更高效。所以伦敦政府通过建立城市网络数据中心,促进全市交通、安全、经济发展、旅游等跨部

门跨行政区数据的整合与共享，在此基础上，统一平台，构建独立一站式数据开放平台——"伦敦数据仓库"。

(3) 发展数字技术与人工智能，强化伦敦在这两大领域的枢纽地位

智慧城市建设生产和汇集了海量数据，这些数据为伦敦发展数字技术和人工智能提供了宝贵的资源。发现城市需求，使用数字技术和人工智能对数据资源加以开发利用，创新性地开拓出各种应用市场。

(4) 加强数字技术与城市基础设施的融合，提高城市精细化、智能化管理水平

在《智慧伦敦规划》中，时任伦敦市长鲍里斯·约翰逊开宗明义："我们需要利用伦敦的技术实力去帮助首都成为一个运营更高效的城市。"因此，伦敦智慧城市规划始终将利用数字技术提高城市管理水平作为重中之重。通过将数字技术应用于城市基础设施，城市管理精细化、智能化程度明显提高。

3. 对上海智慧城市建设的启示

(1) 适时优化建设路径，充分整合"自上而下"与"自下而上"两条路径的优势

智慧城市的建设路径可以分为两种。第一种是"自上而下"路径，主要由政府主导投资和建设，着重于建设完善的城市ICT基础设施和分部门、分领域的信息化应用项目，并致力于推动信息化应用的跨部门整合。第二种是"自下而上"路径，以城市需求为出发点，政府通过制定政策引导企业、研究机构和社会组织广泛参与，更容易调动企业的积极性，也更容易形成短期见效的应用。

(2) 突出数据在智慧城市建设中的核心地位，加大数据整合和开放力度

目前，数据是智慧城市的核心资源这一观点已成为人们的共识。长期以来，智慧城市在某种程度上被视为信息化在城市范围的扩展，将智慧城市建设视为大型信息化项目的集合，使智慧城市规划不可避免地以信息化供给为导向。智慧城市规划的制定主要是信息化主管部门牵头，在政府各部门征求意见，缺少行政体制之外的市民、中小企业和社会组织的参与，对城市的真实需求掌握得不够全面和深入，主要反映的是政府部门内部的信息化需求，并在客观上形成了新的"信息孤岛"和更高的"信息烟囱"。应抓住在政府部门推进"一网通办"和在市级层面成立"大数据中心"的契机，切实把数据作为城市的

基础设施加以重视,充分发挥上海的研究、技术和企业的力量,优化公共数据共享的政策框架,研究克服影响数据共享的法律和技术瓶颈,制定公共数据共享的原则和机制,积极推进数据开放和可视化,让数据共享和开放真正落到实处。

(3)应用数据技术和人工智能提高城市治理能力,探索和积累超大型城市管理经验

事实表明,单纯的信息通信设施硬件建设并不必然产生"智慧",产生"智慧"的关键在于,数字基础设施与传统城市基础设施是否互相融合,产生的数据是否能够在系统之间顺畅流动,具有公共属性的数据能否向公众开放,利用数据开发的应用能否得到商业部门和金融部门的支持得以有效转化,市民、企业和其他社会组织能否掌握数据技术从而参与城市治理。信息化技术的应用为市民参与城市治理提供了可能。通过城市管理信息化平台向市民开放和建立市民举报事件的处理情况反馈机制,可以大大提高市民参与城市治理的积极性,提高城市治理的效率和效果。此外,上海这样的超大型城市积累的海量数据,为数据技术和人工智能的发展创造了得天独厚的条件。

第三节 初步探索:"互联网+"教学实践

随着信息技术的快速发展,互联网已经深入到了人们生活的方方面面,而后更是出现了"互联网+"的概念。所谓"互联网+",通俗地讲就是"互联网+各个传统行业",但这并不是简单的两者相加,而是利用信息通信技术以及互联网平台,让互联网与传统行业进行深度融合,创造新的发展生态。在"互联网+"理念的影响之下,利用信息技术与互联网平台开展教育,推动教育信息化发展也越来越成为教育界的研究热点。其中最具代表性的要数对微课的探索,以及伴随微课而来的对慕课、翻转课堂等新的教学模式的探索。

一、微课

(一)微课的含义与特征

微课程(Micro-lecture)的雏形最早见于美国北爱荷华大学 LeRoy A.McGrew 教授提出的 60 秒课程(60-Second Course),以及英国纳皮尔大学 T.P.Kee 提出的一分钟演讲(The One Minute Lecture,简称 OML)[1]。而如今我们热议的微课程概念是 2008 年由美国新墨西哥州圣胡安学院的高级教学设计师、学院在线服务经理 David Penrose 提出的。在国内,微课这一概念最早是 2010 年由广东省佛山市教育局胡铁生提出。这一概念被提出后,受到了教育界人士的广泛关注。虽然目前对于微课这一概念学界并没有达成统一意见,但大家普遍认同的是:教育工作者对于"微课"这一概念的认识主要经历了三个阶段,即微资源认识阶段、微教学活动认识阶段、微网络课程认识阶段。

1.微资源认识阶段

在此阶段,人们普遍将微课理解为教学时可供借鉴与使用的一种视频资源。在此阶段最具代表性的概念解释要数佛山教育局最早提出的微课概念:"微课是指按照新课程标准及教学实践要求,以教学视频为主要载体,反映教师在课堂教学过程中针对某个知识点或教学环节而开展教与学活动的各种教学资源的有机组合。"这种概念侧重于把微课理解为新的资源建设的一种方式和教学资源类型,侧重于"教学资源的基本构成"上[2]。此种观念的优点是拓展了教学资源的内容与建设方式,但是仅仅将微课视为一种资源构成,忽视了微课中其余重要内容。

2.微教学活动认识阶段

2011年,国内只有少数几个地区和部分学校对微课进行探索性建设和应用,被称为微课发展的"星星之火"。2012年,随着微课理念的传播,各地相继举行了关于微课的比赛,例如:《中国教师报》组织的全国首届微课程大赛;教

---

[1] 梁乐明,曹俏俏,张宝辉.微课程设计模式研究——基于国内外微课程的对比分析[J].开放教育研究,2013,19(1):65.
[2] 胡铁生,黄明燕,李民.我国微课发展的三个阶段及其启示[J].远程教育杂志,2013(4):37.

育部教育管理信息中心组织的第四届全国中小学优秀教学案例评选活动暨中国微课大赛;教育部全国高校教师网络培训中心举办的首届全国高校微课教学比赛;等等。随着比赛的开展,人们在实践中深化了对于微课的认识。此阶段不再单纯地将微课视为一种教学资源,而是倾向于从微课的应用过程去理解微课,认为微课是基于知识点/环节的教学活动和应用过程。其中具有代表性的概念是由教育部全国高校教师网络培训中心于2012年提出的:"微课是指以视频为主要载体,记录教师围绕某个知识点或教学环节开展的简短、完整的教学活动。"相对于第一阶段的微课认识,此种认识提升了不少,且此阶段的微课除了具备微视频资源的特性外,还具备了动态生成的特点[1]。

3.微网络课程认识阶段

自2011年胡铁生在国内率先提出"微课"的概念后,教育工作者不断对"微课"进行探索。2013年,经过三年的实践与反思,胡铁生又提出了"微课"概念的3.0版本。他指出:微课又名微课程,它是以微型教学视频为主要载体,针对某个学科知识点(如重点、难点、疑点、考点等)或教学环节(如学习活动、主题、实验、任务等)而设计开发的一种情景化、支持多种学习方式的新型在线网络视频课程。此概念强调微课是视频型的在线网络课程,并支持多种学习方式(如移动学习、自主学习、合作学习等)。王觅等提出,微视频课程是学习者在特定学习情境中,根据自我学习的需求和目标,利用微视频所进行的网络学习活动的总和[2]。此类概念倾向于将微课理解为利用网络微视频资源开展教学的一种网络课程,得到了许多一线教育工作者的赞同。

(二)微课的核心及应用领域

微课的核心是微视频。微视频讲究主题明确、短小精悍,因此微视频的内容应该精练,时间控制在5—8分钟为宜。微课的应用领域范围很广。就微视频资源这个认识层次来说,由于微课的内容可以涵盖经济、文化、科技等各个领域,内容独立且方便获取。因此,从这个层面来说,微课适宜对社会公众进

---

[1] 汪滢.微课的内涵、特征与适用领域——基于首届全国高校微课教学比赛作品及其征文的分析[J].课程·教材·教法,2014(7):19.
[2] 王觅,贺斌,祝智庭.微视频课程:演变、定位与应用领域[J].中国电化教育,2013(4):90.

行科普教育、职业训练等。微课的受众面遍布各行各业、各年龄层,包括教师、学生、工人、农民、幼儿、老人等[1]。从微教学活动这个认识层面来说,微课更适宜运用于学校的正式教学活动。从微网络课程这个认识层面来说,微网络课程不受时间、空间限制的特点则适宜运用于成人利用碎片化的时间进行学习。

(三)学校微课的构成要素及分类

基于"微教学活动"层面的学校微课构成要素可以用"6+1"来概括:"1"是指微课的核心资源——微型教学视频片段,"6"是指与所教学的知识点或教学环节相配套的教学设计(微教案)、素材课件(微课件)、练习测试(微练习)、教学反思(微反思)、师生评论(微点评)、学习反馈(微反馈)等辅助性教学内容[2]。学校微课按照不同的分类标准可以分为不同的类型。按照课堂教学方法来分类,可以将"微课"划分为11类,分别为讲授类、问答类、启发类、讨论类、演示类、练习类、实验类、表演类、自主学习类、合作学习类、探究学习类。按课堂教学主要环节(进程)来分类,微课类型可分为课前复习类、新课导入类、知识理解类、练习巩固类、小结拓展类[3]。按教学内容性质划分"传道型"微课,对应新课程标准的"情感态度价值观"的课程目标;"授业型"微课,对应新课程标准的"知识与技能"的课程目标;"解惑型"微课,对应新课程标准的"过程与方法"的课程目标。按"微视频"的主要录制方法划分,可以分为:摄制型微课——通过摄像机、智能手机、网络摄像头等外部设备,对教师及讲解内容、学习过程等真实情境摄制下来的教学视频;录屏型微课——通过录屏软件(如 Camtasia Studio 6),录制通过 PPT、Word、画图工具软件、手写板输入软件等形式呈现的教学内容与过程,同步录制教师在电脑屏幕上的演示内容或讲解操作过程,或者通过交互电子白板、一体机等数字媒体的录制功能,同步录制讲解声音或旁白;软件合成式微课——运用图像、动画或视频制作软件(如 Flash、PPT、绘声绘影、Movie Maker、GIF Animator 等),通过微课脚本设计、技术合成后输出的教学视频短片;混合式微课——应用上述提及的多种方式,制作、编辑、合成的教学

---

[1] 汪滢.微课的内涵、特征与适用领域——基于首届全国高校微课教学比赛作品及其征文的分析[J].课程·教材·教法,2014(7):21.

[2] 胡铁生.中小学微课建设与应用难点问题透析[J].中小学信息技术教育,2013(4):16-17.

[3] 胡铁生."微课":区域教育信息资源发展的新趋势[J].电化教育研究,2011(10):63.

视频。值得注意的是,这些获取的视频素材都要经过一定的后期编辑制作后才可发布[①]。

(四)学校微课设计注意事项

数字教学资源的获取方式有三种:一是政府免费供给;二是向行业企业购买引进;三是学校教师自主开发[②]。《国家教育事业发展"十三五"规划》提出开展教师信息化教育教学培训,提高教师和管理人员信息技术应用能力。微课制作能力是新时期教师信息技术应用能力的一个重要体现[③]。学校在开展微课设计时要注意以下问题。

(1)微课设计必须紧扣一个"微"字:一节微课只讲一个知识点,体现微课的短小精悍的特点;同时要考虑到微课的完整性,要突出微教案、微课件、微练习等配套教学资源的设计与制作。

(2)微课设计要体现"任务驱动,问题导向,反馈互动"的原则,课程设计要引入有趣,逐步推进,层次分明,适当总结。

(3)微课设计不仅要注重资源的设计与制作,更要体现微学习环境的互动方式和学习方式的设计,如提供微课应用过程中的教师反思、用户评论和学习反馈等。

(4)微课设计时要充分考虑到微课的应用。

(5)教师要善于把"微教案"转化成拍摄与制作微视频的"微脚本",把好的微课设计变成主线清晰、目标明确、操作性强的视频拍摄与制作脚本,既便于理清自己的讲课思路和重点环节,也便于视频拍摄和编辑人员的后期加工。

(6)要注意微课的单元整体设计。

---

① 胡铁生.中小学微课建设与应用难点问题透析[J].中小学信息技术教育,2013(4):16-17.
② 谭永添.县级市校本资源库的建设模式探究——以开平市东河中学校本资源库建设为例[J].教育信息技术,2017(11):48.
③ 李勇.校本微课资源的建设、整合与运用[J].教学与管理,2018(9):38.

二、慕课

(一)慕课的含义与起源

慕课(MOOC),即"Massive Open Online Course",可直译为"大规模开放在线课程"。在由阿萨巴斯卡大学技术增强知识研究所副主任与国家研究委员会高级研究员设计和领导的一门在线课程中,为了响应号召,Dave Cormier 与 Bryan Alexander 提出了 MOOC 这个概念。George Siemens 与 Stephen Downes 设计和领导的这门课程名叫"连通注意与连通知识",这门课程有25位来自曼尼托巴大学的付费学生,还有2300多位来自世界各地的学生免费在线参与了这门课程的学习。所有的课程内容都可以通过 RSS feed 订阅,学习者可以用他们自己选择的工具来参与学习:用 Moodle 平台参加在线论坛讨论,发表博客文章,在"第二人生"平台中学习,以及参加同步在线会议。

此后,从2008年开始,一大批教育工作者,包括来自玛丽华盛顿大学的 Jim Groom 教授以及纽约城市大学约克学院的 Michael Branson Smith 教授都采用了"连通注意与连通知识"这种课程结构,并且在全球各国大学成功主办了他们自己的大规模网络开放课程。

(二)慕课的发展

1.全球的慕课发展

《纽约时报》把2012年称为"慕课元年"。2012年之所以被称为慕课元年,是因为"慕课"的三大供应商都在这一年应运而生。2012年1月,因网络课程而出名的斯坦福大学教授、计算机科学家特龙(Sebastian Thrun)宣布离开斯坦福大学,紧接着他和同样也辞去弗吉尼亚大学的终身教职的埃文斯(David Evans)教授等一道,组建了一个名为 Udacity 的私立教育机构,该机构号称"二十一世纪大学"。2月,"勇敢之城"推出了两门免费课程;4月之后,又推出了几门网络课程,都获得大众好评。

与此同时,2012年4月,斯坦福大学吴恩达(Andrew Ng)和科勒(DaPhne Koller)开始大力发展名为"课程时代"的教育科技公司。该公司与名校联手,非常受大众欢迎。最早参与其中的名校有斯坦福大学、宾夕法尼亚大学和普林斯顿大学，到后来加入的名校还有加州理工学院、杜克大学、约翰·霍普金斯大学、华盛顿大学等。除此之外，2012年5月2日，哈佛大学与麻省理工学院(MIT)宣布结成非营利性合作伙伴关系，联合发起了名为"教育在线"(edX)的网上课程系统，由两所名校联手提供免费的网上课程，搭建一个共同的教育平台。不久，加州大学伯克利分校、得克萨斯大学系统、威斯利学院和乔治城大学也都纷纷加入进来[1]。

到了2013年，慕课更是在全球遍地开花。无论在欧洲还是亚洲，还是拉丁美洲，都开始陆续出现各具特色的"慕课"公司与课程。例如：在欧洲，英国开放大学推出了英国自己的"慕课"公司——"未来学习"(Future Learn)；德国推出了"我的大学"(Iversity)公司。在亚洲，印度成立了"卡特教育"(Edukart)；日本则有"学校"(Schoo)。

2.中国的慕课发展

2012年是全球慕课发展的元年，2013年是中国慕课发展的元年。2013年5月23日，北大、清华不约而同地加入了edX平台，打响了中国慕课进程的信号枪[2]。随后，在这一年的10月10日，由清华大学打造的首个中文版"慕课"平台——"学堂在线"正式推出[3]。

(三)慕课——高等教育的发展之路

1.慕课带来的高等教育的变化

慕课的出现在一定程度上改变了高等教育的现状。线上上课的方式拓展了知识的获取渠道，扩大了知识的传播范围。"慕课"最大的时代意义就是它打破了优质教育资源的垄断性，使得人人都具有了接受优质教育的可能性和条件，这是一个优质教育资源普及化、民主化、平民化的过程，是时代发展进步的表现[4]。除此之外，慕课技术可以弥补班级制教学模式的缺陷，使教学能够真正实现"以学为中心"的教学模式，实现个别化、差异化教学。

---

[1] 郭英剑."慕课"在全球的现状、困境与未来[J].高校教育管理，2014(4)：41.
[2] 李晓明.中国慕课现象：六年实践与认识[J].中国大学教学，2019(11)：10.
[3] 郭英剑."慕课"与中国高等教育的未来[J].高校教育管理，2014(5)：30.
[4] 黄庆桥.理性看待"慕课"的时代意义与局限[J].科技导报，2014(11)：88.

2.慕课存在的问题及给高等教育带来的挑战

慕课虽然在一定程度上推动了高等教育的平民化、普遍化的发展,但是慕课并非完美无瑕,同时也存在许多问题。比如退课的问题。虽然参与慕课的人数越来越多,但是据美国学者的一项调查研究,真正能坚持下来的慕课学习者少之又少:慕课的退课率达到90%。在这些修完课的10%学生当中,你也无法确认有多少人自己独立完成了每项作业。与此同时,如何对慕课的学习成效进行有效考评,如何完善随慕课而产生的教学管理,是否应该互认慕课学分等也是人们热议和急需解决的问题。

慕课在高校的实施也给高等教育带来了许多挑战,尤其是对老师。首先,慕课的制作除了教师,还需要教学设计、摄影等多方面的配合,因此对于学校的资源配置以及教师的教学能力都有了新的要求。其次,慕课的形式打破了在校上课的传统模式,许多学生不用去学校也能学习,这使许多学校出现了学生不去上课的现象,在一定程度上打破了学校的权威,妨碍了学校的管理。最后,慕课平台上的资源丰富多彩,有许多名师的课程,让许多学生不再愿意上本学校教师的课,让一些教师威信面临挑战,甚至面临失业危机等。

自2012年慕课快速发展以来,世界的教育方式发生了巨大的改变。虽然慕课体系尚存在许多不足,但是随着教育信息化的发展,慕课是不可阻挡的发展趋势,如何趋利避害是值得思考的问题。

三、翻转课堂

(一)翻转课堂的含义与发展

"翻转课堂"(Flipped Classroom,也译为"颠倒课堂""反转课堂")是在信息化环境下,课程教师提供以教学视频为主要形式的学习资源,学生在上课前完成对教学视频等学习资源的观看和学习,师生在课堂上一起完成作业答疑、协作探究和互动交流等活动的一种新型的教学模式[1]。翻转课堂颠覆了传统教

---

[1] 钟晓流,宋述强,焦丽珍.信息化环境中基于翻转课堂理念的教学设计研究[J].开放教育研究,2013(1):58-64.

学组织形式,实现了基于"以学生为中心"的教学理念的转变,因此在全球范围内引起了热议,2011年,《环球邮报》将其评为影响课堂教学的重大技术变革。

翻转课堂的产生是信息技术发展、教育信息化的产物。美国物理学教授埃里克·马祖尔率先揭开了翻转课堂教学模式的序幕,他于20世纪90年代初在哈佛大学创立的同伴教学法,要求学生课下自学课程内容,课上则以"提问—思考—回答"等互动活动为主。其目的是引导学生参与教学过程并进行深入探究。紧接着,2007年美国高中化学教师乔纳森·伯尔曼和亚伦·萨姆斯针对当地有些学生生病或其他原因缺课而跟不上教学进度的状况,录制了PPT演示文稿和教师实时讲解的音频,以帮助缺课的学生补课[①]。没想到这种教学视频也被其他的学生所接受和喜爱,推动了翻转课堂教学模式的发展。除此之外,全球名校陆续推出的公开课、可汗学院的微视频等,都成为翻转课堂发展的推动力。

自从翻转课堂兴起以后,国内的教育工作者也进行了积极的实验。重庆市聚奎中学于2011年9月起在借鉴美国翻转课堂模式的同时,对本校实施的"541"高效课堂模式进行了改造,探索出了适合聚奎中学实际的"课前四步骤""课中五环节"的课堂教学模式,成为中国"翻转课堂"实施第一校。随后,2012年,深圳市南山实验学校进行了云计算环境下的"翻转课堂"实验研讨与"微视频"设计探索,开发了一流的"云管理"平台,实验取得了超预期效果,并在国内抢占了该项实验的制高点。紧接着,2013年,南京市九龙中学通过剖析翻转课堂这一教学模式的形式和本质,把翻转课堂界定为基于自主学习的问题解决模式,简化为"ALPS"(Autonomous Learning Problem Solving)。

(二)翻转课堂的理念

1.主张先学后教、自主学习

先学后教是指学生先在教师的指导下进行自主学习,然后教师再有针对性地进行教学。其基本思想是通过改变教学中的师生关系,使学生成为教学的主体、教师转变为指导者和辅助者,实现教学观念的转变,教学顺序改变为

[①] 纪德奎,郭炎华.翻转课堂"四问"——兼论没有微课也能实现课堂翻转[J].课程·教材·教法,2017(6):32.

学生"先学"而教师"后教",以保证教学在学生自主学习的基础上更具有针对性[①]。先学后教、自主学习的教学理念有利于人们改变传统的学习观和教学观,提升课堂教学的质量和效率,为学生的主动学习和全面发展奠定坚实的基础[②]。

2.注重课堂互动、探讨与合作

翻转课堂蕴含课堂互动、交往、合作与探究的理念。在翻转课堂的教学模式中,学生在课下通过学习视频的形式吸收知识,并且能与同学在平台上进行沟通互动;在课上提出疑问,并与教师同学再次进行探讨与合作。这样的教学方式能够在一定程度上节约教学时间,使师生之间、生生之间能够有更充分的时间用于交流、探讨。与此同时,由于这种交互能够在较大程度上发挥学生的主动性,因此,这种互动不是教师教、学生学的简单相加,而可以通过长时间的交互以形成一个真正意义上的"学习共同体"。在这一"学习共同体"中,人人都是学习的主人。师生之间、生生之间能够实现平等的互动与合作,从而促使课堂走向深入。与此同时,由于课堂的探讨与合作是基于学生已有的理解,因此这样的课堂有利于深度学习的发生,有助于学生思维品质的发展。

3.以学生为主体,教学要为主体服务

人的体验在人的生命存在、人的自我生命的升华、人的精神的解放中具有十分重要的意义[③]。因此,教学应该秉持以人为本的理念,关注学生的自我体验。翻转课堂改变了以教师讲授为中心,学生被动接受的传统上课方式,将学习的主动权由教师传递给了学生,学生成为学习的中心。教师通过微视频、课前检测等帮助学生"先学",引入课堂学习后留给学生更多的思考、发问和讨论的时间。此时,教师从单纯的知识传授者转变为导学者、助学者、促学者、评学者[④]。

---

① 刘家访.先学后教运行机制的重建[J].中国教育学刊,2011(11):40-44.
② 郭文良,和学新.翻转课堂:背景、理念与特征[J].教育理论与实践,2015(11):4.
③ 孙俊三.从经验的积累到生命的体验——论教学过程审美模式的构建[J].教育研究,2001(2):34-38.
④ 祝智庭,管珏琪,邱慧娴.翻转课堂国内应用实践与反思[J].电化教育研究,2015(6):69.

(三)翻转课堂实施面临的挑战

1.学生的学习主动性整体不高

有学者研究发现:虽然学生非常喜欢翻转课堂的教学形式,但受到传统被动学习文化的影响,学生参与学习的主动性还不够,不愿意主动回答问题,不愿意展示自己。课堂讨论的初期主要依靠教师推动,后期有所改善,但仍需要教师积极调动。课程拓展视频选修度较低,大部分学生仅完成基本课程任务[1]。因此,如何在实施翻转课堂教学模式的同时提高学生的学习主动性是值得思考的问题。

2.教师各项能力有待提高

翻转课堂与以往的课堂不同,对于教师的信息技术能力与教学能力都有了新的要求。在翻转课堂里,教学顺序颠倒。教师首先要课前录制视频,在没有学生现场互动的情况下授课。除此之外,教师需要在短短15分钟内将原本需要一两节课的内容讲授出来,需要精心设计。除此之外,在课堂上,教师要离开讲台,走到学生中间,把主要的时间用来与学生互动交流,满足学生个性化的学习需求,还要设计各种课堂活动,让学生成为课堂的中心,自己则变成学生学习的"脚手架"。这些对于擅长主导课堂的教师也是较大的挑战[2]。

3.翻转课堂需要资金和技术支持

翻转课堂利用微视频资源完成课前学习的特点也需要资金的支持。为了保障学生线上学习的质量,平台的建设至关重要,进行平台优化等都需要大量资金的投入。

4.应试教育的压力

虽然国家一直强调实施素质教育,但面对中考、高考的压力,大多数学校还是未能彻底摆脱应试教育模式。翻转课堂虽然在教学方式上进行了创新,但这种模式打破了传统的教学时间安排,改变了学生的学习方式和教师的授

---

[1] 张辉,马俊.MOOC背景下翻转课堂的构建与实践——以"现代教育技术"公共课为例[J].现代教育技术,2015(2):58.
[2] 秦建华,何高大.翻转课堂:理据、优势和挑战[J].现代中小学教育,2014(5):19.

课模式,且教学效果不是立竿见影的,所以多数学校都有顾虑。这也是翻转课堂面临的挑战之一。

第四节　升级发展:"智能化"教育革新

随着信息技术的快速发展,人工智能的出现深刻地改变着人类的生活,为各行各业带来了新的发展前景,也为教育带来了新的期望。人工智能与教育的融合已成为各国教育领域的研究热点。2019年,联合国教科文组织发布《教育中的人工智能:可持续发展的机遇和挑战》报告,提出以人工智能技术提高学习效果、促进教育公平、提高教育质量。陈宝生也在2019年国际人工智能与教育大会上强调:深入开展智能教育应用战略研究,探索智能教育的发展战略、标准规范以及推进路径。人工智能与教育的融合是教育信息化进一步发展的产物,也是迈向智慧教育的途径。

一、人工智能时代教育内涵的发展

人工智能(Artificial Intelligence, AI)这一概念最早由美国达特茅斯学院(Dartmouth College)于1956年提出。人工智能属于计算机科学研究领域,这门新科学主要是研究、模拟、延伸和扩展人的智能理论及相关方法与应用技术,通过计算机模拟人的智能,最终使之能像人一样思考、学习和认知,并能够有效地处理过去由人才能处理的问题。人工智能分为弱人工智能、强人工智能和超人工智能。弱人工智能只能完成某个特定的任务,它们通常被用于解决特定的具体类别的任务问题,例如,Facebook的人脸识别技术;强人工智能是指各方面都能和人类比肩的人工智能,它能够胜任人类的工作,比如进行思考和解决问题;超人工智能则是指在每一方面都比人类强大得多的智能。

人工智能的出现不仅推动了医疗、交通等各行业的发展,也带来了人们生活方式的不断变化。未来的社会,人工智能将会深入到人们生活的方方面面。为了培养能够适应未来社会的合格公民,教育内涵有了新的发展,以"智能"为核心的教育进入了人们的视线。关于"智能"教育,教育学界还没有统一的概念界定。但学者普遍认同智能教育是人工智能、大数据等智能技术与教育深度融合和创新发展形成的教育新模式,是智能时代教育信息化发展的新形态[1]。针对智能教育这一概念,张进宝等人提出了广义的智能教育的概念。他们认为狭义的智能教育定位于"以人工智能为内容的教育",目的是培养掌握机器智能技术的专业化人才,以满足技术发展需要。而广义的智能教育则定位于最终实现个体智能的提升,不仅掌握人工智能等技术,还能初步具备未来工作中实现人机合作的能力[2]。

二、人工智能时代学校教育的变化

广义的教育包含学校教育、社会教育和家庭教育,而狭义的教育则特指学校教育。人工智能的发展带来了学校教育的诸多变化,使学校教育呈现出崭新的面貌。

(一)教育环境的升级

人工智能是教育信息化的最新发展成果,将人工智能引入学校能够在一定程度上改变固有的教育环境,弥补已有教学环境的不足。

首先,在教学方面,学校可借助人工智能打破固有的封闭的教学环境,为学生提供生动的学习环境。众所周知,学校教学的重要特征之一是以传授间接经验为主,其优势在于可以让学生在较短时间内获知人类千百年积累的知识经验,而不足在于直接经验的获得受限,不仅影响到间接经验的习得,也削弱了学生对世界形成生动、完整的体验。而运用人工智能虚拟技术创设的虚拟情境,能够增强学生的直观感受,使其更好地认知和体验世界的多样性、复杂性[3]。与此同时,人工智能借助AR、VR等虚拟技术营造的情境空间,能够提

---

[1] 刘邦奇.智能教育的发展形态与实践路径——兼谈智能教育与智慧教育的关系[J].现代教育技术,2019(10):20.
[2] 张进宝,姬凌岩.是"智能化教育"还是"促进智能发展的教育"——AI时代智能教育的内涵分析与目标定位[J].现代远程教育研究,2018(2):15-16.
[3] 辛继湘.当教学遇上人工智能:机遇、挑战与应对[J].课程·教材·教法,2018(9):64.

供比现实情境多得多的虚拟教学资源素材,能够帮助教师创设变化而多样的课堂教学环境,能够为师生提供可视化的教学素材。这在一定程度上能够促进师生对于所学知识的深入探讨与理解,能够更好地促进学生不同情境之间的知识迁移。

其次,将人工智能引入学校也能够在一定程度上促进学校管理的智能化,能够在一定程度上减轻教师的工作强度,为师生节约学习时间。例如:基于人工智能,学校可以建设以学习者为中心,贯穿教师、学生和管理者之间的全生态圈的管理模式。这个生态圈包括学习生态圈、教学生态圈、管理和服务生态圈[1]。学习生态圈能够为学习者提供课件资源管理、电子课表推送、智能签到、课堂点评等服务;教学生态圈能够为教师提供常态录播、课表推送、教学资源管理、签到考勤、考试测验、师生互动等多种业务;管理和服务生态圈能够为管理者提供教学资源管理、电子课表管理、考勤管理、消息通知服务、教学评估、运行维护等服务。

最后,将人工智能运用于学校也能够营造智能化育人环境。环境的熏陶对于育人来说起着不可小觑的作用。与时俱进,学校在实施"校园文化建设工程"时,也不妨将人工智能纳入数字化校园文化建设中来。通过"一网、一屏、一台"来提高学生德智体等方面的素质,要让学生不仅成人,而且成才,成为品行端正、具有社会责任感和一定技能的合格的现代人[2]。

(二)教学过程的优化

如何优化教学过程,提高教学的效率是各位教育者一直孜孜不倦探索的问题。在以往的教学中,由于班级授课制的原因,教师无法在课堂上关注到所有学生的状态,也无法针对每个学生的特点提供精确的、个性化的教学。这就使得教学的效果在大多数时候都大打折扣,但是人工智能的出现和发展为解决此类问题提供了可能。

人工智能最大的优势是可以进行大数据分析。借助人工智能可以对学习者的日常学习行为进行大数据分析,帮助教师清楚地了解每位学习者的学习

---

[1] 牟萍.基于物联网、云技术和大数据的高校智能化教学环境构建[J].重庆师范大学学报(自然科学版),2017(5):83-84.

[2] 邱健筠.人工智能:学校教育智能化创建的探索[J].基础教育研究,2019(21):86.

状态与特点,把握学生对知识的掌握程度,有针对性地进行辅导,从而真正达到因材施教的目的,促使学生进行个性化的学习。与此同时,在课堂教学过程中,利用计算机视觉技术、体态识别、情绪识别等人工智能技术,教师可以做到对学生在课堂上的动作、行为表现进行分析,从而更好地了解学生情绪和学习状态,及时调整教学进程。除此之外,针对学生目前课业负担过重,作业重复但效率低下的情况,同样可以借助人工智能的大数据分析平台,根据每个学生的知识掌握与能力情况,推送相应的知识类题目,降低学习的重复性,提高学习效率。

与此同时,在此基础上,可以利用学校搭建的资源平台,为学生提供差异化的学习资源推送。平台管理端可以根据学习行为记录和学习诊断的形成性结果,从学习资源库中选取可以满足学习者需求的学习资源,并以合适的形式加以组织,生成一个有序的资源列表推送给学习者,并为学习者的学习提供全方位支持。

(三)师生关系的变化

人工智能时代,人们的学习方式将发生巨大转变,线上与线下的混合式学习方式将成为学习的主要模式。与此同时,由于平台学习资源的丰富以及网络的不断发展与壮大,知识变得触手可及,人们随时随地登录平台就可以获取知识和进行学习。这一切都大大削弱了学校教育的权威性,以及教师的地位。在此种学习环境之中,师生之间的关系发生了变化。

首先,师生关系变得更加多样化。人工智能时代课堂关系不再仅限于师—生、生—生两个维度,课堂教学中的关系将拓展为师—生关系、生—生关系、生—机—生关系、师—机—生关系等,即由人—人关系拓展至人—机—人关系[1]。

其次,师生关系中教师角色进一步发生转化。在人工智能时代,教师不再是知识的所有者,而更多的是学生学习的协助者和伙伴。教师不再拥有对学习资源和学生学习过程的掌控权,他们必须作为学生的伙伴,一起面临知识的高山和险滩,提供自己力所能及的建议和帮助[2]。在学生学习的过程中,教师

---

[1] 谷亚.人工智能时代教师的职责坚守与角色转换[J].教学与管理,2019(15):3.
[2] 于泽元,邹静华.人工智能视野下的教学重构[J].现代远程教育研究,2019(4):43.

要学会让步,把机械知识的传递更多地交给平台去完成,而在此过程中,教师要做人机混合式学习、协同学习等新型学习方式的引导者和陪伴者。

三、人工智能在教育过程中面临的挑战及对策

(一)教学价值的单一化

人工智能可以借助大数据对学生学习状态进行分析,帮助教师清楚地了解每位学习者的学习状态与特点,有针对性地进行辅导,从而真正达到因材施教的目的,促使学生进行个性化的学习。在教学过程中,教师还可以借用人工智能对学生的肢体行为、面部表情进行分析,以此帮助自己调整教学进程。从上述的人工智能的功能可以看出,人工智能主要侧重于对学生认知发展领域的关注。诚然,借助于人工智能可视化的特点,我们可以更清楚地了解学生的认知特点,提高学习效率。但是教育的目的不只在于促进学生的认知单方面的发展,更在于促进学生情感、品德、意志等多方面的发展,以最终达到立德树人的目的。

因此,在人工智能越来越发达的今天,教育者在看到人工智能的优势的同时也要保持清醒的头脑;要理性审视人工智能,不能偏离教育的宗旨。在教学中,教师要明确人工智能是辅助教学的工具,而非开展教学的主体。教师要依据课程标准与学生的学情合理地设计教学过程,并把人工智能纳入教学设计之中,充分运用人工智能的优势开展教学,适应时代发展,培养学生适应时代要求的关键能力与素养。

(二)"去学校化"的卷土重来

在教育发展史上,"去学校化""学校消亡"的观点并非第一次出现。早在20世纪70年代初,美国著名教育思想家伊万·伊利奇就提出,要建立一个去学校化的社会,还指出了当时学校作为制度化的教育形态所呈现出的一些弊端,引起了不小的轰动。伊利奇认为,未来的教育应该是以一个网络结构遍布世界各地,即去学校化的教育[1]。其旨在创造出"易为所有公众所用的新型网

---

[1] 傅蝶.人工智能时代学校教育何去何从[J].现代教育管理,2019(5):53.

络",也可以称为"机会互联网"。按照学者吴康宁的解读,它主要由四种"学习通道"(或称学习网络)构成:一是"教育物品查询服务"网,二是"技能交换"网,三是"伙伴选配"网,四是"广义教育者查询服务"网[1]。

诚然,随着人工智能的发展,人们只需借助网络就可以随时随地开展自主学习。泛在化学习、混合式学习将会逐渐成为人们学习的主要方式,学校的权威将会面临挑战。但是,这并不意味着学校失去了存在的理由。相反,学校更应该在这种极具挑战的环境中找到自我存在的价值。杜威曾提出学校具有四个特殊的功能需要注意[2]。第一,学校为学习者提供了一个简化的环境。人类文明浩瀚如海,要学的东西实在太多,往往不知从何入手。而学校则可以根据时代发展与学习者的特点,挑选并简化学习内容,为学习者提供一个简化了的学习环境。第二,学校为学习者提供了一个净化了的环境。社会环境中掺杂着五花八门的知识,既包含有糟粕也有精华。由于学生三观尚未形成,因此很容易被外在不良环境所影响。而学校可以为学生挑选有价值的学习内容,为学习者营造净化了的学习环境。第三,学校为学习者提供了一个平衡的环境。现代社会中存在很多松散的共同体,这不同的共同体之间,可能会有种族、宗教和不同风俗习惯之间的差异,不同的共同体混杂在一起,对社会将产生离心作用。如何抵制这些离心作用,则需要公共教育的力量,学校便发挥着这样的作用。第四,学校为学习者提供了一个整合的环境。每个个体所生长的环境不同,导致他们的处事原则不同。当这些个体聚集在一起往往容易发生矛盾和冲突。而学校能够很好地发挥协调作用,制定统一的标准,进行有益的协调,为学生提供一个整合而安定的学习环境。

除此之外,相比于人工智能的泛在化的、分散的学习,学校还有不可替代的培育学生社会性的作用。学校是一个小型的社会,学生在学校中的学习、与人交往都能够有效地培育学生的社会性,为成为一个合格的社会公民打下良好基础,这是人工智能所办不到的。

综上,在人工智能时代,学校要找到自己存在的价值,努力为学生提供简化、净化、平衡、整合的学习环境,为培养具有社会性的良好公民服务。与此同

---

[1] 吴康宁.破除学校神话 走向学习化社会——《去学校化社会》译者导读[J].教育学报,2017(5):121-128.
[2] (美)杜威.道德教育原理[M].王承绪,等译.杭州:浙江教育出版社,2003:26-28.

时,学校也要积极探索人工智能与学校发展的融合之路,利用人工智能为学校管理与发展服务。

(三)教师素养急需提高

人工智能的发展与运用,对教师的能力与素养提出了新的要求。不能正确认识和使用人工智能的教师将有可能被学校淘汰。鉴于目前许多教师缺乏对人工智能的了解,加强教师在人工智能教育应用方面的培训,提高教师的教学素养已经迫在眉睫。

提高教师的教学素养,学校是最主要的阵地。学校要有组织有计划地对教师开展培训,要让他们高效、正确应用人工智能技术因材施教,尽量避免"误区"和"禁区"的产生[1]。除此之外,有能力的学校也可以组织教师参与人工智能技术教学软件的开发和应用,提高他们对人工智能技术实际操作的能力。

(四)学习者的隐私保护有待加强

在人工智能时代,数据分析与共享时时刻刻都在发生,这为人们的生活带来便利的同时也会对个体的隐私造成威胁。因为分析与共享就意味着个体的信息能够轻易地被捕捉,这让个体的信息随时都有被泄露的风险。因此,在利用人工智能进行教学的同时也要采取合理的保护措施,对学习者的隐私信息进行保护。有关部门应该出台相关政策,并督促各个管理部门认真执行,共同为学习者的隐私信息保驾护航。

人工智能的出现改变了人们的学习方式以及学校的教学方式,给教育的发展带来机遇的同时也带来了挑战。我们要看到人工智能的优势与不足,合理利用其为教育发展服务,促进智慧教育的发展。

拓展阅读

人工智能如何推动教育革命[2](节选)

智慧教育的提出,是因人工智能、大数据、"互联网+"、AR、VR等技术的快

---

[1] 白书华,李素玲,丁良喜.人工智能在教育发展中的问题及对策[J].中国高校科技,2019(9):95.
[2] 钟绍春.人工智能如何推动教育革命[J].中国电化教育,2020(3):21-23.

速发展与普及应运而生的。智慧教育,一方面一定是与教育本身存在的问题密切相关,另一方面,一定是与能够为破解教育问题提供有效支撑的智能技术相关。基于以上分析,智慧教育应是指在人工智能、大数据、"互联网+"和虚拟仿真等信息技术的支持下所构建的,着重解决原有教育体系中由于没有更好的手段和环境,所导致的教育共性、本质问题的教育新体系。这种新的教育体系,在价值定位和取向层面,至少应着重关注品行修养、学业能力、强健体魄、阳光心态和沟通合作等方面的素养和能力。在解决教育问题新模式层面,应重点从VR、AR支持理解和探究知识,AI和大数据支持精准学习和教育调控,"互联网+"供给优质教育服务等方面建构。在智能支撑环境层面,应从云平台、智慧校园、智能教室、感知环境和智慧学习等方面建设必要的条件和环境。

在实施组织和保障体系层面,应从机制体制、政策保障、规划方案、行动安排和督导措施等方面建立。通过教育瓶颈性问题的解决,真正让教育发生革命性的改变。教育的革命,第一体现在立德树人方面,要培养德智体美劳全面发展的人,让学生有良好的品行修养、宽厚的学业能力、强健的体魄、阳光的心态、较强的沟通合作能力,特别是会发现、会思考、会创造等能力,即培养智慧的人。第二体现在教育方法创新方面,第三体现在手段和环境方面,第四体现在教育服务供给方式方面,即教育发生结构性改变。智慧教育所带来的这种革命,从学生视角看,应当让学生能够主动、按需要和合适方式找到合适环境和伙伴,从而得到最合适的教师帮助学习。从教师的视角看,应当让教师能够对教学全过程进行实时监测与分析,动态调控教学方式与方法等。

思考题

1. 智慧课堂发展的四个阶段分别有何特点?
2. 如何理解现代科学体系的基本内容?
3. 翻转课堂实施中面临哪些挑战?
4. 你如何看待人工智能时代下的"去学校化"?
5. 教育过程中人工智能会带来哪些挑战?该如何应对?

第四章 智慧课堂的生态体系

高效推动智慧课堂建设，应该把控智慧课堂课前、课中、课后三个教学阶段，并且在改革教学环境的同时使教学主体适应智慧教学环境，从而营造一个协同、共生、可持续发展的智慧课堂生态体系。

☆ 学习目标

1. 掌握智慧教室的概念,明确智慧教室的设计理念;
2. 了解智慧教室目前存在的问题以及智慧教室前景展望;
3. 熟悉智慧课堂的教学主体在智慧教育环境下的特点;
4. 把握智慧课堂教学活动的完整教学流程。

◯ 思维导图

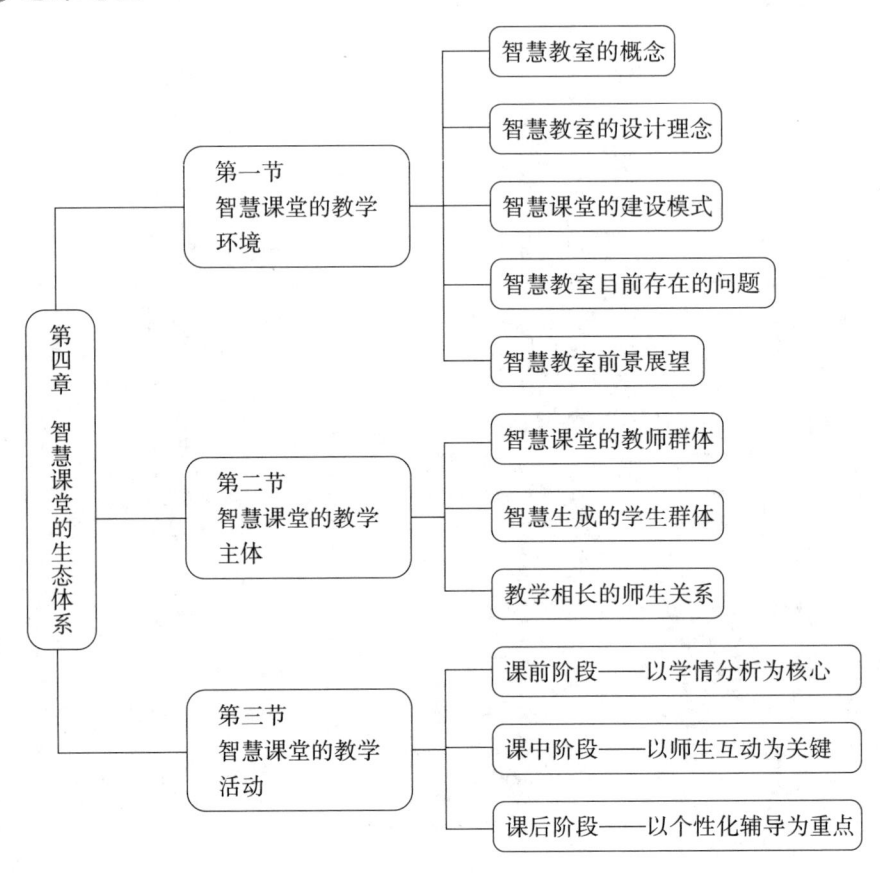

```
                                          ┌── 智慧教室的概念
                                          │
                                          ├── 智慧教室的设计理念
                         ┌── 第一节        │
                         │   智慧课堂的 ────┼── 智慧课堂的建设模式
                         │   教学环境      │
                         │                ├── 智慧教室目前存在的问题
                         │                │
                         │                └── 智慧教室前景展望
                         │
                         │                ┌── 智慧课堂的教师群体
         第四章          │                │
         智慧课堂 ───────┼── 第二节        │
         的生态          │   智慧课堂的 ────┼── 智慧生成的学生群体
         体系            │   教学主体      │
                         │                └── 教学相长的师生关系
                         │
                         │                ┌── 课前阶段——以学情分析为核心
                         │                │
                         └── 第三节        │
                             智慧课堂的 ────┼── 课中阶段——以师生互动为关键
                             教学活动      │
                                          └── 课后阶段——以个性化辅导为重点
```

第一节　智慧课堂的教学环境

随着信息技术的发展,教育者在课堂上更多地强调锻炼学生的思辨、创新能力,并要求学生学以致用,因此学生在课堂上能否充分参与、各抒己见显得尤为重要。然而,目前很多传统教室依然使用固定桌椅,学生与学生之间的互动因此受到很大的限制,多对多的交流难以展开;课堂上师生之间的即时互动也仅限于口头问答形式,不利于学生利用书写、演算、绘图等方式阐释自己的观点。课堂活动受制于教室环境和基础设施等现状无形中使得教师减少提问次数或简化互动方式,使得课堂成为教师的"一言堂"。然而,教学的最终目的是学生的"学"而非教师的"教",教师若接收不到来自学生的有效信息反馈,就无法根据学生"学"的效果及时调整"教"的手段,最终势必会影响教学效果。所以,传统的排排坐、一块黑板、一幅幕布、教师一人独掌整堂课的模式已经无法满足当前锻炼学生思辨、创新能力的需要,对教学环境、教学设施的改进势在必行。围绕"以学生为中心"的教育理念,学校应该致力于建设智能化、互动式、开放型、多样性的智慧课堂环境,努力实现教学空间与教育理念、教学模式的同步更新。

一、智慧教室的概念

在传感技术、网络技术、富媒体技术及人工智能技术充分发展的信息时代,教室环境应是一种"能优化教学内容呈现、便利学习资源获取、促进课堂交互开展,具有情境感知和环境管理功能的新型教室",这种教室被称为智慧教室[1]。

智慧教室的"智慧性"包含教学内容的优化呈现、学习资源的便利性获取、课堂教学的深度互动、情境感知与检测、教室布局等多个方面,可概括为:内容呈现(Showing)、环境管理(Manageable)、资源获取(Accessible)、即时互动(Real-time interactive)、情境感知(Testing)五个维度,构成 SMART 概念模型。目前,国外成熟的案例有加拿大 McGill 大学智慧教室、苹果明日教室 ACOT

---

[1] 黄荣怀,胡永斌,杨俊锋,等.智慧教室的概念及特征[J].开放教育研究,2012,18(2):22-27.

（Apple Classroom of Tomorrow）、美国 Northwestern 大学智慧教室、加利福尼亚大学欧文分校 UCI 智慧教室、DELL 智慧教室、日本 iJapan 智慧教室、加拿大 Toronto 大学智慧教室等。国内高校也有许多成熟的智慧教室案例。如北京中医药大学利用新建教学楼开展了大规模智能化建设，注重教室环境中信息的实时交互和课堂教学资源的自动生成；北京工业大学利用不同类型设备、桌椅和配套设施的组合，探索了多样化的课堂组织形式；江南大学制定了集大数据分析、云存储与管理、智能化设备设施于一体的智慧教室建设规划，建成了传统讲授型和互动探究型两类智慧教室；第二军医大学的沉浸式教室利用移动推车实现远程互动，预设了11种屏显模式，方便一键切换；北京师范大学成立了未来学习体验中心，设计了包含互动讨论、互动教学案例、分组互动学习、教师教育实训、国际远程协作、移动学习、未来学习探索实习以及录播控制室等8种不同功能定位的智慧教室。智慧教室的飞速发展，顺应了教育信息化的发展浪潮，构建了创新型的智慧化学习环境。

智慧教室基于学生的认知发展规律、环境心理学、人体工程学而设计，集数字化、智能化的教学设备与人性化、温馨舒适的物理环境于一体，旨在营造交互性强、便捷智能、开放灵活的教学环境，以深度激发师生教与学的潜力。在确保教学功能完备、智能的前提下，智慧教室以简洁、便利、快捷的操作为宗旨，致力于减轻教师操作设备的负担，让教师能将精力放在教学活动上。此外，智慧教室还应该打破传统教室的空间格局，通过环境改造与设备更新来转变以教师为主的传统课堂模式，为学生创造更多参与课堂活动的机会，以拉近师生距离，促进互动交流。

二、智慧教室的设计理念

在智慧教室的建设过程中，学校需要将国内外先进、成熟的教育信息化研究成果和信息技术手段与本校教学的实际需求相结合，从以下八个方面的设计理念来进行智慧教室的建设[1]，如图4-1所示。

---

[1] 贺占魁,黄涛.高校智慧教室的建设理念、模式与应用展望——以华中师范大学为例[J].现代教育技术,2018,28(11):54-60.

图 4-1　智慧教室的设计理念

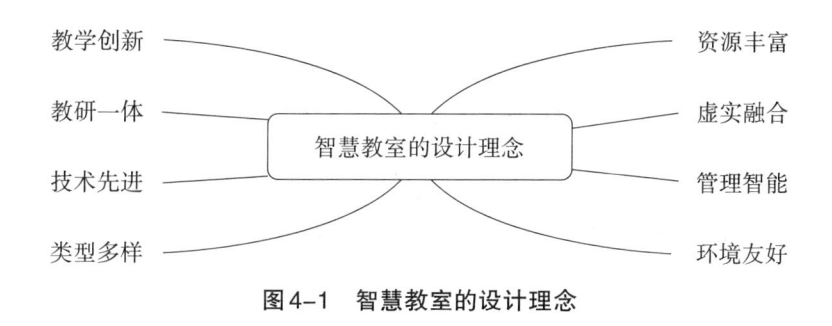

设计理念：教学创新、教研一体、技术先进、类型多样、资源丰富、虚实融合、管理智能、环境友好

1. 教学创新

以建构主义、情境认知理论等为指导,在教学过程方面,能够全面覆盖课前、课中、课后各环节;在教学模式方面,支持教学活动各相关主体之间的良好互动,并支持教学流程的重组与模式创新。

2. 资源丰富

提供多元化的数字资源,支持对不同学科资源的便捷利用,实现个性化推送和资源共享;提供丰富、智能的学科专用工具,增进学生对学科内容的深度认知加工。

3. 教研一体

为教学过程分析、教育监测评估和教育智能决策等提供数据支撑,提供平台和接口,便于教师开展相关的研究工作。

4. 虚实融合

在空间、资源、数据、教学活动等方面,物理课堂(智慧教室)与虚拟课堂(云课堂平台)融为一体,实现无缝对接。

5. 技术先进

根据人才培养需求,综合运用物联网、云计算、大数据、移动互联网、虚拟现实等先进技术手段,促进学生学习,提升教学效果。

6. 管理智能

实现教室布局管理、教学教务管理、数据与资源管理、设备管理、教学环境与安全管理、网络管理的智能化。

7.类型多样

充分考虑不同学科、课程、课型的教学需求,设计类型多样的智慧教室。

8.环境友好

在空间布局、装备放置、选材材质、色彩搭配等方面,力求美观舒适;在人机交互方面,力求简单、自然、友好,为学生提供高效的信息获取渠道,构建一个和谐平等、能促进师生、生生交流的教学环境。

三、智慧课堂的建设模式

(一)物理空间建设

1.多样化的空间环境

智慧教室基于学校现有的传统教室进行改造,其空间结构、面积各有不同。为满足各种正式、非正式教学要求和不同学科专业的学习需要,在整体设计充分体现科技化、信息化、人性化的原则下,智慧教室建设应该通过多样化的空间布局和灵活多变的桌椅组合,打造通用型、学科专用型、研究型等多种类型的教室,营造出简洁时尚、功能丰富、轻松友好的学习环境。

2.智能化的教学设施

根据教学和教研需求,智慧教室应该配备先进的教学设备设施。如具备强大电子白板功能的大尺寸多点触控液晶屏,它不仅可以提供常见的绘图工具,而且对任何文档教师都可进行批注,实现随处可写、随处可画,可以增强学生的学习兴趣与学习动机,提高学生在学习活动过程中的参与度,增加课程的交互性与创造性,使教师在教学过程中能为学生提供良好的情境支持、学习协作和交流的机会,从而帮助学生更好地完成知识的自我建构;高性能的音视频设备能构建出清晰、流畅、舒适的音视频环境;一体化自动录播设备能智能识别教师行为和学生行为,根据预设的跟踪分析逻辑触发跟踪信号,自动进行场景切换,生成教学视频资源使用影像,可供学生自学或复习时使用,同时,也可用作教师进行自我反思与提升的原始资料,并从中发现随堂教学的闪光点,将其发展为教学示范课;人脸识别系统用于课堂点名、学生个体学习状态及行为分析;视觉分析系统则对课堂学习人数、课堂抬头率、教师移动和板书行为等进行识别,生成课堂行为数据分析报告并予以可视化呈现。

3. 基于物联网的环境管理

应该对教室环境进行实时监测,根据状态数据智能控制相应的设备,以改善教室环境,营造舒适的学习氛围。如通过自动控制空调、加湿器、除湿机、空气净化器、照明设备、窗帘等调节教室的温湿度和光照度,提高空气质量(如降低 PM2.5、二氧化碳的含量)等。同时,配备控制面板及 App,根据不同教学场景的需求预设环境与教学设备的运行状态,进行组合联动控制,一键开启特定教学模式(如讲授模式、观影模式、小组讨论模式、自定义模式等)所需的设备,构建适宜的学习环境;远程集中监控所有教室,并提供教室环境和设备使用报告。

(二)资源空间建设

为了更好地发挥硬件设施的作用,加强教学资源积累,促进教学质量提升,并且为教师、学生和管理者提供多方面的应用和服务,可以基于数据中心提供的云中心平台作为技术支撑,通过可视化综合管理平台将全新的运行模式注入智慧教室的环境、服务、管理和资源等要素中,建立统一认证、统一接口、统一权限管理的软件环境,并对可视化综合管理平台进行层次化和模块化的结构设计,具体包含9个系统[①]。

1. 智能化管理系统

实现对各个教室中多媒体设备、互联教学设备、环境控制设备的网络群控、联动管理和可视化管理,并实现对设备的状态监测、故障预警、故障诊断、资产使用等情况的智能分析,从而达到教学过程的全方位"实时感知、动态控制和智慧管理",为创造良好的教学环境提供保障。

---

① 程敏.信息化环境中智慧教室的构建[J].现代教育技术,2016,26(2):101-107.

2. 桌面系统

在使用上，桌面系统不仅能实现操作系统的快速加载和数据信息的安全防护，而且还支持教师和学生无论在何时何地都可以使用任何终端设备，通过统一的身份账号访问个人的云桌面；在管理上，云桌面支持远程可视化管理和协助，提高计算机管理的能力，节约教室维护的成本。

3. 录播管理系统

利用录播管理系统，不仅能够完成全自动常态化高清视频的采集和录制，实现课堂教学多画面的轻课件录制功能，还可根据学校的自身教学特点展开资源共享、教学评估等工作，将资源、教学结合到一起，实现资源的高效利用。

4. 远程互动教学系统

信息技术手段打破了时空限制，充分利用高质量的教育资源，建立区域内的实时互动网络视频教学平台，可以为开展远程网络教学、教研和培训提供技术支撑，提高教育信息化的应用水平。

5. 教务支持系统

教务支持系统通过云中心平台与学校的教务系统、一卡通系统和身份认证系统的对接，创建一个智慧感知的、自决策化的教务管理和服务信息化体系，实现师生考勤的智慧感知、电子课表智能推送、多维教学评估、教务消息通知发布等教务工作的智能服务。

6. 学习资源系统

学习资源系统存储了多媒体课件、教学案例、试题试卷、媒体素材和电子文献资料等资源，无论教师、学生还是社会人员，只要在网络环境中，都可以共享这些优质的资源。

7. 数据存储系统

数据存储系统主要用于录播数据、软件服务系统数据、各类人员上传的数据（如学习、讨论、交流等）和基础业务管理数据（如维护管理、监控录像、教务数据等）的存储和管理。

8.MOOC 系统

MOOC 系统是通过互联网络拓展的学习场域,学习者可以进行自主学习,教师可以开展翻转课堂教学,同时 MOOC 系统记录的学习大数据及其分析有助于客观科学地评价教学过程。

9.教学辅助 App

教学辅助 App 满足多系统、多终端、多对象的使用。APP 在 Windows、Android、iOS 等主流操作系统,台式电脑、笔记本、平板电脑、智能手机等多种终端设备,均可以便捷地使用。通过 App,教师可以进行测验、互动、观摩和教学备课,学生可以点播、直播、互动和课后复习,管理者可以智能管控和维护,从而实现教、学、管之间的交互服务。

(三)交互空间建设

1.课堂教学智能交互

通过大尺寸多点触控液晶屏、专属平板和自带设备等,可灵活进行课堂组织,进行师生、生生之间的全方位互动,如学生终端控制、文件发送、随堂测试、手写板书、主客观题互动、图像互动、即时讨论、小组互动等。除直接操作触控液晶屏外,教师还可利用课堂助手,进行屏幕同步控制、课堂交互控制、课件展示控制和资源实时推送等。

2."1+N"形式互动

"1+N"形式是指"1 间主课堂,N 间辅课堂"。主课堂和辅课堂之间的教学内容、音视频流畅互动,可实现多课堂同上一节课或异地同上一节课,并可邀请课堂外专家通过互联网接入课堂。"1+N"形式互动提供了基于互联网思维的移动授课和师生互动的课堂形态,支持多形态的课堂教学,为以学生为中心的"翻转课堂""研讨课堂"提供了适宜的移动教学环境。

3.云平台虚拟社区交互

在线上虚拟学习社区空间——云平台虚拟社区中,学生以课程班级为单位,查询课程信息和资源,通过发帖或即时聊天的方式与课程成员交流、互动,在线提交课内外作业并得到教师的及时批改与反馈。通过云平台虚拟社区,学生可以在学习过程中随时随地提出问题,教师和其他学生都可以有针对性地进行解答,从而形成良好的学习氛围,实现学习资源的合理配置和学生之间的思维碰撞。

(四)多维度数据一体化采集与应用

1.系统整合与数据交换

为加强物理空间、资源空间、交互空间的一体化建设,构建面向个体和整体的教育教学全景视图,学校应该组织技术力量自行开展系统集成,开发数据接口,将已建成的云课堂平台、教务管理系统与新建智慧教室的录播系统、备授课系统、交互系统等进行无缝对接,以实现各种教学信息、学习资源、使用数据等在系统间的流转顺畅。在智慧教室的一体化架构下,用户的各种教学和学习需求得以"一站式"解决。

2.数据采集、挖掘与学习分析

应用眼动仪、人脸识别、动作捕捉、视觉分析、物联网监测等新技术和新设备,对教师和学生在线上、线下多环境,课前、课中、课后全阶段的教与学行为数据,智慧教室环境监测数据,教学仪器设备运行使用数据进行伴随式、全景化自动采集,生成智慧教室教学运行的大数据,并进行用户画像和用户行为分析,为教学管理、教学指导、教育监测评估和智能决策等提供支持。如实时获取学生的学习状态信息,形成应对策略,适当调整教学内容和教学节奏;基于整体和个体的学习过程统计分析,梳理学生的知识结构,发现学习盲点,设计个性化学习方案;对教学全流程数据进行深入挖掘,形成用户的个人数据中心,进行教学的智能诊断和资源的定向推送等。学校智慧教室大数据分析挖掘具有以下典型价值:一是基于分析、监控、预测和预警,使得学校管理更加精准高效,实现精准治理,改变管理的模糊性;二是可以更加准确地分析评价课堂教学质量,支持多样化数据采集和多维度数据分析;三是使得教和学更加智慧、更加有效,教师可以了解学生的进展和兴趣点、学习路径,对学习者进行精准分类;四是可以实现教学管理服务、学习绩效评价的个性化,从而提高了教学的效率和质量。

四、智慧教室目前存在的问题

智慧教室最显著的特点就是充分利用先进的信息技术,强调高度的交互性和人性化的设计,以此带动教学模式的变革与创新。目前智慧教室的建设虽然取得了一定成效,但也存在着一些不容忽视的问题[①]。

1. 便捷性不足

相较于传统教室,智慧教室的功能更为丰富,但用户能否运用自如还是个问题。在实际应用当中,不同专业、不同年龄的师生的信息技术能力参差不齐,如果不能将智慧教室的诸多新功能进行充分整合和优化,设计出便捷、友好的操作界面和使用流程,用户就难以理解和掌握,智慧教室的特色和优势也就无从发挥。

2. 融合度不高

智慧教室的整体解决方案涉及众多厂家的不同软件系统和硬件设备,如云教学平台、教务管理系统、自动录播系统、课堂交互系统、用户智能终端和自带设备等。不同平台、系统和终端各司其职,互相不能充分融合和有效对接的情况普遍存在,因而在备课、上课、教务管理、教学评价等环节,用户需经常在不同系统中反复切换,且数据获取不畅。

3. 稳定性不强

智慧教室许多新功能的背后,是市场检验尚不充分的新技术和新产品。大量新型设备、设施的调试是否充分,软件系统的整合和优化是否科学,信息安全管理与防范是否严密,技术保障和运维是否到位等问题,直接关系到智慧教室能否稳定运行——任一环节出现问题,都会破坏教学进程,影响教学效果。

4. 智慧性不够

内在的"智慧"如何充分体现,是智慧教室在发展进程中贯穿始终的问题。

[①] 贺占魁,黄涛.高校智慧教室的建设理念、模式与应用展望——以华中师范大学为例[J].现代教育技术,2018,28(11):55.

而就目前的情况来看，依托智慧教室及其所产生的教育大数据的相关教学研究不够深入，教学理念、模式与方法的更新还跟不上信息技术快速发展的步伐，相应的教学工具、数据分析和处理软件以及相关的技术标准也还较为缺乏，致使个性化学习、差异化教学难以高效实施。

五、智慧教室前景展望

智慧教室的建设理念和建设模式并非一成不变，而是一个动态发展、不断完善的过程。信息技术的不断进步、智慧学习空间的拓展、智慧学习环境下教学改革的不断深入，都将为智慧教室的应用与发展注入活力。

1. 从技术应用到技术引领

智慧是智慧教室的生命力之所在，而推动智慧升华的是技术的发展、创新与融合。《国家中长期教育改革和发展规划纲要（2010—2020年）》指出：信息技术对教育发展具有革命性影响，必须予以高度重视。当前的智慧教室建设以需求为导向，是通过引入先进、适用的信息技术，来解决传统教室无法解决的问题。而当技术发展到一定阶段，就能引领教育教学改革创新。如人工智能在计算机视觉、智能语音技术、自然语言处理等方面的不断发展，将有助于进一步深入理解学生的学习特征和思维模式，判断学生的实时状态、感受和情绪变化，从而为教师有针对性地改变教学路径、调整教学进度、加强教学关怀提供参考。教育大数据的深度应用就是通过对学生学习背景和过程相关的各种数据测量、收集和分析，精细刻画学生特点、洞察学生学习风格和学习需求、引导学生学习过程、诊断学生学习结果，从而提供个性化的学习支持。

2. 从智慧教室到智慧学习空间

智慧教室作为信息化背景下"施教之室"的新的发展形式，强调的是教与学环境的"智慧"属性，而智慧学习空间有着更为丰富的内涵——学习空间的概念意味着学习并不局限于教室等传统的教学空间，而是可以发生在任意物理场所和各种网络空间，因此从"智慧教室"到"智慧学习空间"代表着课堂边界的逐渐模糊、学习资源的有效拓展、物理学习空间和虚拟学习空间的全面衔接。在云端一体化的智慧学习空间架构下,智慧教室、智慧实验室、智慧图书馆等实体学习空间和MOOC平台、虚拟仿真实验平台、教学管理平台、网络学习社区等虚拟学习空间将融合打通,从而为教师教学和学生学习提供系统化的支持与服务。

3.从环境创新到教育教学全面改革

智慧教室是信息技术的载体,是教学环境的创新,但绝不是经费投入的竞赛和信息技术应用的比拼。能否卓有成效地使用、是否提升了学习效果和教学质量,是衡量智慧教室建设成功与否的关键。随着应用的不断深入,智慧教室的价值将从影响教学模式、内容、方法的浅层变革,逐渐发展为影响理念、文化的深层变革,进而加速学校变革、推动教育系统重构。在可预见的将来,围绕智慧教室的建设和应用,强调主体性、个性化的深度学习,注重以人为本、开放多元、全面发展的教育理念将进一步得到彰显;随着数字化教学资源所占比例日趋扩大,逐步从教学内容的辅助部分变为主体,以信息化为支撑的探究式、讨论式、参与式教学和混合式学习等更适合智慧教室的新型教学方法也将进一步得到普及。

智慧教室的出现被大部分学者寄予厚望,将智慧教室看成传统课堂教学实现根本性变革的载体,智慧课堂能够实现教师主导作用与学生主体地位的二元统一。有关智慧教室的设计与建构,不同的学者制定了多种模型。可以说智慧教室的创建已经成为大数据时代教学变革的必然趋势,智慧化的学习环境成为教育发展的必然追求。智慧教室作为新型智能化的教学环境,在大数据支撑下的教育变革中发展迅猛,在信息技术、智能技术等的推动下,智慧教室、智慧课堂全面发展,甚至被称为"实现教育信息化宏伟目标的根本途径"。然而,我国有关智慧教室的研究尚处于起步阶段,真正能够对智慧课堂教学结果进行实证评价的研究不足1%。对于智慧教室是否能实现有价值的自主学习,是否能够真正提高课堂教学有效性的研究不应该只停留在应然层面,还需更多跟踪性、全方位的实证研究。

第二节　智慧课堂的教学主体

一、智慧课堂的教师群体

智慧教育作为教育信息化发展的新目标已经得到了共识,并成为推动信息化新一轮创新发展的新浪潮。教师是教育体系中最为能动、最为活跃的因素,教师是教育改革的主力军,智慧教育环境下,教师是智慧教育理念的传播者、智慧环境的构建者、智慧教学法的实践者、智慧评估的参与者。无论是为了应对社会发展的外在要求,还是适应教育形态变化的内生趋向,教师都应该是实现智慧教育目标的关键。

(一)智慧教育背景下的教师素养

每一轮教育改革或教育环境的变化都对教师能力提出了新的要求,智慧教育的出现与发展同样为教师能力构成注入了新的要素。智慧教育形态中的教师,承载着培养思维品质较高、善于解决复杂问题、创新能力突出、社会适应性强的学生的任务。智慧教育背景下的教师需要具备以下多方面的素养[1]。

1.具备智慧教育的先进理念

智慧教育理念体现了教育中应用信息技术最为基本的价值追求和核心主张。智慧是一种高阶思维能力和复杂问题解决能力,智慧的精神内核是伦理道德和价值认同,智慧强调文化、认知、体验、行为的圆融统整,发展学习者的智慧是智慧教育的出发点和归宿。智慧教师需要充分认同和理解智慧教育所体现的"以学习者为中心"的思想,强调学习是一个充满张力和平衡的过程,通过具体实践揭示"教育要为学习者的智慧发展服务"的深刻内涵,并在教育环境的创设、智慧学习的实践中表达智慧教育的主张。

2.重视发展学生的思维品质

帮助学生善于思考和独立思考已成为教育的共识。社会的快速发展与持

---
[1] 祝智庭,魏非.面向智慧教育的教师发展创新路径[J].中国教育学刊,2017(9):21-28.

续进步呼唤具备复杂问题解决能力与创新创造能力的人才,因而,思维品质培养是教育的核心追求和核心任务,正如教育家约翰·杜威论述的:教育有重大责任为培养思维素质创造条件。

3.具有良好的数据素养

数据带给我们认识和理解教学的新视角,同时数据技术也成了我们改进教学的新手段。教学中的多样化数据能够帮助教师结合学习表现与学校环境完整而深入地理解学生,继而为形成合理、有效的决策提供科学的依据,并能实现精准干预、个性化支持。数据素养成了教育者必须在职业生涯期间掌握和发展的一项技能,美国的教育家培训认证协会、美国国家教师教育认证协会、专业教学标准委员会都号召和支持传播教师的数据素养,而《每个学生都成功法》法案也将教师推到了政策制定者们一直以来强调的基于证据以及数据驱动的专业发展路径上。

4.拥有出色的终身学习能力

发展学生终身学习能力是当代教育的一项重任,而教师作为人才培养者,具备良好的终身学习素养是基本要求。然而目前多数教师继续教育或培训的核心任务是培养和发展教师的专业技术,使教师能够成为一位合格的专业人士,当社会变化与发展成为常态之时,这种"合格"无疑是短暂和相对的。教师持续的专业发展应该是教师的终身学习能力的发展,帮助教师具有良好的职业适应性,使之适应不断发展的职业需求。

(二)教师应用智慧教室实现教学转型的现状

在"以教为主"的课堂教学中,教师处理教学内容的方式主要是理解教材;教师在教学活动安排上,主要通过呈现信息、解释内容、知识讲授、演示示范等教导活动,向学生传递教学内容;学生主要通过接收信息、理解知识等活动开展符号学习,师生之间偶尔有弱交互的问答行为;教师会通过课堂管理来维持课堂秩序,教学媒体主要承担信息呈现的功能;学生的学习结果一般属于低阶认知:记忆知识、理解知识、简单应用等。

"以学为主"的课堂教学在教学内容处理上,教师不是简单地向学生传授知识,而是在对教学内容进行精心处理的基础上,为学生提供优质学习资源,将学生自己能够学会的内容交给学生自学完成;在课堂管理上,为学生创设恰当的教学情境,充分调动学生的学习积极性,不断维持学生的学习注意力;在学习活动组织上,除了必要的讲授外,还应组织丰富多彩的学习活动,开展频繁的深层次互动,引导学生能动地参与到学习活动中来,促进学生对知识的自主内化和建构;教学媒体不仅仅承担信息呈现的角色,更多的是为学习者提供学习资源、认知工具、交互工具、评价工具等;学生的学习结果更偏向高阶认知:应用能力、分析能力、评价能力、创新能力、表达能力、交往能力、合作能力等。

经过研究分析可发现,智慧教室为师生开展丰富的教学活动提供了便利,对促进课堂教学从"以教为主"的讲授中心转向"以学为主"的学习中心具有一定的价值[1]。但是,研究发现智慧教室中的教学转型状况处于一般水平,并且呈现出两极分化现象,课堂教学转型不理想的主要原因包括:教师在教学上花费精力不足,课堂教学转型意愿不强;相当部分的教师尚不具备课堂转型的观念、教学转型的实施能力,只有少部分具有较强教学改革意愿和改革能力的教师在课堂转型上做得比较好;教师对智慧教室的功能、智慧教室的应用方法掌握不够,影响了智慧环境的功效发挥;智慧教室功能不够稳定成熟,配套软件不够丰富。当前智慧教室教学平台的兼容性、稳定性与友好性有待提高,教学资源的丰富性、适用性、可用性有待完善;学生缺乏必要的自主学习能力,很多学生习惯了教师讲授,不太适应以学生学习为中心的课堂。

(三)教师应用智慧教室实现教学转型的对策建议

1.优化升级系统,提供教学转型的智慧环境

系统成熟、设备稳定、体验友好的产品属性是教师愿意持续使用智慧教室的前提条件,也是智慧环境发挥应然价值的基础,离开这个基本条件谈智慧教室下的课堂教学转型是一句空话。现在不少教师把智慧教室当作普通教室来使用,影响了智慧教室的应然价值发挥。学校应该在充分吸取国内外智慧教

---

[1] 蒋立兵,毛齐明,卢子洲,等.高校教师应用智慧教室实现教学转型的现状及建议[J].中国远程教育,2019(3):77-83.

室建设先进经验的基础上对教师的教学需求进行系统调研,升级硬件设备、优化软件平台,力求提高整个智慧教室系统的可用性、友好性、便捷性、稳定性。另外,需委派专业技术人员对智慧教室进行产品维护。当智慧教室出现故障时,技术人员能尽快解决问题。同时,建立专门的反馈渠道和及时处理问题的问责机制,以确保智慧教室中教学的正常进行。目前,智慧教室建设和应用尚处于尝试阶段,学校可先进行小规模的试点,切勿大规模推进,否则很容易处于智慧教室"建而不用"的尴尬境地,造成资源浪费。

2.加强智慧教室应用理念和使用方法的持续培训

智慧教室集多种信息化功能于一身,使用起来较为复杂。尽管多数学校都会面向教师开展教育信息化的相关培训,但是在培训中多是理论讲解,缺乏实际操作的演练。鉴于此,学校可从以下三个方面加强对教师的持续培训。一是在培训内容方面,学校应对智慧教室的主要功能进行反复培训,保证教师能够熟练运用;同时,应全面介绍智慧教室的功能,扩大教师的使用范围。二是在培训形式方面,学校要注重提供实际操作的"用中学"式培训,给予每个教师操作的机会,保证教师在培训中试用过每一项功能。同时,提供简要的操作流程图和完备的操作手册,供教师随时查阅。三是在培训时间方面,学校要增加培训次数,尤其是在每个学期中适当提供补充性培训,帮助教师及时解决运用过程中存在的问题。

3.通过教师培训引导教师树立生本教学理念

要实现课堂教学转型,仅仅具有优质的教学环境显然是不够的,更重要的是教师要具有以学生学习为中心的教学理念,掌握学习中心课堂的教学活动设计技巧,具备学习中心课堂的教学实施能力。学习中心课堂的教学组织要尽可能让学生自主学习成为课堂教学的基本状态,并让其占据主要的教学时空;教师的教导活动则成为引发、促进学生有效学习的手段。但是,目前绝大多数教师的教学理念比较陈旧,未掌握学习中心课堂的教学活动设计与教学组织能力,也无法熟练使用智慧教室。因此,需要为教师开展智慧环境下学习中心课堂的系列培训,内容主要包括课堂教学转型的基本取向、智慧环境下学习中心课堂的教学活动设计、智慧环境下学习中心课堂的教学过程组织等。

4.开展优秀案例研修,提升教师教学转型能力

智慧教室对教师来说属于新生事物,不少教师在智慧教室中授课有些不知所措,需要为教师提供优秀的教学案例。另外,不同学科课程应用信息技术的类型、方式存在较大差异,智慧教室在不同学科课程中的应用方式、应用模式也会有所不同。因此,学校可以定期开展智慧教室中学科优秀案例研修活动,以提高教师应用智慧教室开展课堂转型的能力。一是学校通过教研课题鼓励教师探索智慧环境下的教学创新,同时为教师提供相互交流、共同进步的机会;二是学校通过优秀案例示范、观摩、研讨等方式,引导教师开展实践性反思,提高教师基于智慧教室的教学设计能力和实施能力;三是为不同学科教师提供基于智慧教室的学习中心课堂教学模式,以解决不同学科在应用智慧教室的功能、方式等方面的差异。

二、智慧生成的学生群体

传统的学习行为一般在教室发生,由教师主导,教师对学生进行知识传授、教学安排、课堂监管,学生在预期的学习目标下学习被划定好的静态知识,学生的自主性较差。自进入互联网时代以来,随着移动设备等的发展,学生可以随时随地通过网络了解各种知识资讯,掌握各类教学资源,可以自主选择网上课程,开展自主学习,甚至自主评价。智慧课堂为学生营造了智慧化教学情境,使学生明确了学习任务,激发学习兴趣,引导学生开展更充分的自主探究、合作探究,帮助有相同学习需求和兴趣的学生组成学习共同体,就某个问题开展深入的互动交流和探索,促进了知识的内化,学生会有更多自主学习的时间,有利于学生对知识形成过程的了解、熟悉,加深对知识的理解,培养动手能力、实践能力,学生成为学习过程中真正的主体。

(一)智慧环境下学生素养培养

1.关注实际获得

学生获得感是自身基于需求的一种认识与体验,感知可用、实际可得和期

望确认是其鲜明的三个特点[①]。其他的教育形态注重实际发生,即为学生的成长与发展提供学习资源、认知工具、技术支持服务等。这种实际发生的评价导向只关注"感知可用"。智慧教育注重实际获得,即:既关注教育系统为学生的成长与发展提供了什么,又关注学生本身获得了什么,获得了多少。即在学生感知可用的基础上,更加关注学生的实际可得以及期望确认,让学生对教育资源与服务的认识与体验完全以自身需求的满足为判断标准。

2. 尊重个性化发展

其他教育形态认为的个性化发展是在已经设定好的考试框架中让学生按照已有的学习路径和轨迹成长。学生成长到哪个时间节点,就会呈现出某种适应考试的能力和特征。如果这种能力特征达不到或不显著,就需要再次学习,最终完成设定框架体系内的考核要求。而智慧教育中的个性化发展对学生健康成长和发展不设定框架,赋予学生更多的选择权和自主权。学生可以自由选择考试科目、考试内容、学科内容、学习进度,课余时间可以根据自己的兴趣爱好发展自己的特长。支持学生走出教室,走进社会,把学生、教师都从分数的海洋中解放出来。在学习过程中,把学生的兴趣、质疑、探究等精神保护起来,让学生真正认识自己,把自己的优势和特点挖掘出来,丰富学习历程,扩展社会经验。

3. 有尊严地学习

2015年11月联合国教科文组织发布的一份新的研究报告《反思教育:向"全球共同利益"的理念转变》指出,教育要尊重生命,尊重公正、平等,使人们过上有尊严和幸福的生活[②]。桑新民认为学习的目的和结果是使个体身心获得发展,使个体和人类整体不断实现自我意识与自我超越,这不仅是人类学习活动最本质的特征,也是人类创造力之最根本的源泉[③]。这里的自我意识和自我超越,其实就暗含着人们在学习过程中追求的一种权利和对人的一种尊重。学生学习的过程,不仅仅是知识掌握、能力提升的过程,同时也是逐步认识自

---

① 李奕.以移动互联促进基础教育课程及考试评价改革[J].开放学习研究,2016(2):30-34.
② 顾明远:对教育本质的新认识[J].基础教育论坛,2016(9):59-60.
③ 桑新民.学习究竟是什么?——多学科视野中的学习研究论纲[J].开放教育研究,2005(1):8-17.

我、完善自我的过程,即自我超越的过程。无论是社会,还是学校,都应该执着于发现学生的擅长之处以及帮助学生发现自己的擅长之处,以便将个性需求和社会需求更好地结合起来,这也就是智慧教育所倡导的。这里值得注意的是,对学生学习的尊重,并不仅仅是高中、大学阶段的事情,每一个教育阶段都应该关注。学校的真正价值和成果质量,体现在对每个孩子发展的支持和增值上,而不是对学科成绩的加工和增值上。

(二)增强学生学习体验的途径

"学习体验"一词借鉴用户体验的界定,主要指学生在学习过程中的主观感受,可以指在正式的学习场景中的感受,也可以指在非正式和非正规的学习场景中的感受。"学习体验"一词在传统的教育文献中很难见到,但是学生的学习体验却实实在在存在,而且随着技术与学习逐渐融合的趋势,显得愈来愈重要。增强学生的学习体验可以从以下五个方面着手[1]。

(1)在课堂上,结构化的学习体验包含四个要素,即学习者、教师、知识和学习环境,体验良好的课堂应该是以学习者为中心、教师为学习提供指导、学习者能够获得各种学习资源,并能在课堂环境中愉快、轻松、投入地学习有用的知识。

(2)学习体验和课堂环境密不可分。任何学习都发生在环境之中,在课堂学习环境中,学习者与学习内容、知识、技能和专家进行交互,交互的范围和交互的层次都是课堂环境中需要考虑的重要因素。

(3)设计学生的学习体验需要牢记——人设计和制造了技术(工具),同时技术(工具)也塑造我们。在计算机和互联网没有进入教室之前,教师用黑板讲授,学生用笔记本做笔记,此时的学习过程在技术并不丰富的学习环境中展开;20世纪90年代中期PC进入课堂,随后20世纪末笔记本电脑进入课堂,如今的移动手持设备进入课堂,课堂的技术工具发生了变化。在每个学生人手一台PC机的时代、每个学生人手一台笔记本电脑的时代、每个学生人手一个移动手持设备的时代,教师的教学体验和学生的学习体验无疑都在发生着重大的变化。同时,随着移动互联网时代的来临,学生们都体验到了社交网络的魅

---

[1] 杨俊锋.技术促进学习的课堂环境评测与优化[J].电化教育研究,2016,37(12):99-105.

力,博客、播客、QQ等社交软件正在改变着师生之间以及学生之间的交互方式及其关系。

(4)教师是学习体验的指引者,也是学生课堂学习体验的重要设计者,教师需要根据新一代学习者偏好的学习方式,设计和实施适合新一代学习者的教学方式。

(5)学习者必然会把他们自己的知识、技能和态度融入自己的学习体验中,因此,设计学习体验必须考虑学习者之间的社会性交互,强调在课堂上发挥学生的主动性。

三、教学相长的师生关系

智慧教育的兴起,对传统教学过程的知识存储、传播和提取方式产生极大冲击,甚至颠覆了原有的课堂教学结构。自班级授课制产生之日起,教师与学生之间建立起来的是相对不平等、稳固的单向知识输出与接受关系。顺应潮流的智慧教室有助于打破这种不平等师生关系,解构知识输出与接受单向关系,师生关系在这样的环境中面临重建。智慧教学环境下,学生是教学过程主体的意义更能得到彰显。"教师要由课堂教学的主宰和知识的灌输者,转变为课堂教学的组织者指导者、学生建构意义的帮助者促进者、学生良好情操的培育者;学生要由知识灌输的对象和外部刺激的被动接受者,转变为信息加工的主体、知识意义的主动建构者和情感体验与培育的主体。"[1]

(一)智慧教育环境下师生关系的改变[2]

在智慧教育背景下,传统的师生关系受到冲击,师生关系随之发生改变。

1.教师的权威地位面临挑战

随着教育信息化的不断发展,特别是在智慧教育背景下,教师的权威地位面临挑战,教师的角色职能、教学形式一定会产生相应的变动,教学从加强知

---

[1] 何克抗.智慧教室+课堂教学结构变革——实现教育信息化宏伟目标的根本途径[J].教育研究,2015,36(11):76-81.
[2] 李艳.现代信息技术对构建新型师生关系的影响研究[J].科教导刊(下旬),2015(7):83-84.

识传授朝着加强学生发展改变,从重视结论转变为重视过程,师生关系从服从权威变成民主平等。

2.学生主体意识随之建立

在传统教学当中,学生只是被动地接受知识,过于依赖老师。而智慧教育教学过程重视以学生为核心,学生的学习从被动向主动转变,自主化学习变成了学生学习的主要特点。学生能够通过自身的实际状况,自主选择学习目标、制定学习规划、挑选学习内容和各类教学媒体,选择符合自身特色的学习形式,随时调整学习策略,积极完成学习任务。

3.学习氛围更为开放

在智慧教育背景下,学习氛围已经呈现出更为开放的形式,不但能够满足学生获取不同信息的要求,拓展学生的思维与视野,而且有利于持续提升学生的学习技能,师生关系变得和谐融洽。

(二)智慧教育环境下师生关系的构建途径[①]

在智慧教育环境下,可以从以下几个途径来构建新型师生关系。

1.教师要自觉提高自身的职业素质和职业道德

当今时代,信息就像一股浪潮。教师通过抓住信息资源来开阔视野,是一项紧迫的任务。这就要求教师不能一成不变,要不断更新自己的知识结构,接受新的教学方法,树立终身学习的理念。只有这样,才能确保教师的教学方法和教学内容能够跟上时代发展的要求,使学生能够更加积极地进行教学活动。同时,教师要充分掌握和利用网络等现代教育技术,扩大自己的教学空间,提升教学效果,使教学方法发生革命性的变化。

人格是人类道德和心理素质的结合。教师的社会人格是教师道德素质和心理素质的主要内容,它直接影响学生社会人格的发展。因此,教师要自觉提高自身的职业素质和职业道德,用自己的人格魅力去感染和影响学生。使其亲其师而信其道、乐其学。在智慧教育背景下,教师不仅是知识的传播者,也

---

① 糜莉,余乐.互联网时代新型师生关系的构建探讨[J].创新创业理论研究与实践,2019,2(12):159-160.

是学生学习兴趣的激发者、学习方法的指导者、获取信息的导航者、系统思考的引领者,教师肩负着培养学生的思维能力、提升学生的道德品质等重要责任。所以说教师的职业素养将会直接影响师生关系的形成。

2.教师的角色要由单一知识权威向多重身份发生转变

在传统课堂的教学模式当中,课堂由教师来主导,教师代表知识和信息来源的权威,学生只是知识的接受者,由于教师拥有知识量的优势并拥有课堂的主导权,所以不容易接受学生的质疑和不同的观点。互联网时代,在知识全球化的作用下,全球性的知识库快速形成,优质的教育资源不断被完善和丰富,当代大学生获取知识的途径变得多样化,并且远比请教教师来得快捷,教师在课堂上教授学生的知识远远比不上学生从互联网中所获取的。

互联网强大的信息传递能力在很大程度上瓦解了教师的知识权威的地位。然而学生对于在互联网上获得的大量碎片化知识和信息难以进行系统的整理与思考,他们很难将所获得的知识建立起联系,就无法形成有效的知识网络。虽然教师在学生知识构成方面的地位大大降低,但这并不意味着教师的职能将会消弭。相反,去中心化、去权威化的新局面将会为全新师生关系的构成和发展提供动力,应全面推进以学生为教育主体,以创新能力为培养重点,促进师生关系平等、学术自由民主氛围为特质的新教学模式改革。依托于这一时代背景和趋势,教师的角色要由单一知识权威向多重身份转变。

3.教师要尊重学生的个性发展

在智慧教育的浪潮下,学生可以在网上自主选择学习的知识、自主安排学习的进度、自由发表自己的看法。众所周知,素质教育就是要发挥学生的主动性和创造性,而智慧教育为学生的主动学习、独立研究、能力提升提供了条件,从而为学生个性化的人格发展奠定了基础。教育工作者只有适应互联网时代个性化学习的方式,充分利用互联网开展互动教育活动,在了解学生总体特征这个大前提下,再仔细分析每个学生的个性特点,发掘每个学生的闪光点,让每个学生都发挥出自己的优势与特长,才能使每个学生都在现实世界中对自己充满自信,从而构建起和谐的师生关系。

(三)智慧教育环境下构建新型师生关系的意义

在网络信息时代,师生之间的角色界限不再明显,师生的沟通打破了以教师为中心的阶层式传递,展现出更具灵活性与即时性的双向沟通。同时,网络提供的开放言论表达平台和公共话语空间,降低了信息分享和意见表达门槛,使得每个学生成为信息源。信息主体的"去中心化"导致教育过程中绝对话语主体以及绝对话语权的消失,进而产生价值多元化的导向,学生的主体地位和话语权得到空前强化。然而,虚拟信息传播效应往往会导致群体极化现象的发生,其表现为群体中的意见倾向随着群体意见的相互作用而得以加强,甚至朝着极端的方向发展,出现网络暴力和非理性的冲动行为。在智慧教育环境下,如果不采取相应的措施,这些趋势会表现得更加明显。智慧教育环境下师生双方可以高效沟通和互动,加强彼此之间的信息互动及情感联系。师生之间的情感联系是师生沟通的内在驱动力,直接影响着教学活动的效果。在新媒体时代,从信息的接受者转变为话语的制造者和意见的传播者,师生关系体现为一种对话关系。在理想的师生关系中,学生的主体地位和话语表达权利得到尊重,师生双方在平等的对话机制中彼此理解,共同发展。

第三节　智慧课堂的教学活动

智慧课堂为"教"与"学"的融合和统一提供了有利的条件。智慧课堂信息技术平台可以增进师生互动和协作交流,使"教"与"学"相互渗透、融为一体。在教学活动中,我们应该把"教"与"学"作为一个统一的系统整体来考虑,将智慧课堂看作由"课前、课中、课后"组成的三段式课堂教学闭环[①]。

一、课前阶段——以学情分析为核心

当前绝大多数智慧学习环境下的课堂教学还是原有的教学思路,在教学

---

① 刘邦奇."互联网+"时代智慧课堂教学设计与实施策略研究[J].中国电化教育,2016(10):51-56.

目标、教学内容、教学设计和教学方法上没有根本变化,没有达到教育教学改革的预期目的和本质要求。现在的技术往往只是提高效率,将黑板上的知识和书本上的知识平移到多媒体环境中。这就要求教育工作者科学制定教学策略和重构教学过程。

(一)教学目标的确定

智慧教育的目的是有效提升学生发现问题、思考问题和创造性地解决问题的智慧能力,促进学生智慧成长。具体指的是:教师发挥组织者、帮助者、引导者、启发者的作用,用简易实用的办法让学生进行元认知学习,使学习者学会认知,学会思考,学会提问,学会创造。

(二)学习活动的设计

学习活动是学习者及学习群体(同伴、老师和家长等)基于具体的学习目标和学习群体中的游戏规则,利用学习工具实施的相关学习程序的集合。学习活动中,教师以多种方式收集数据与信息进行学情分析。学情指的是学生的起点能力(认知结构、认知能力和学习态度)、学习风格、学习动机、信息素养和学习问题等几个方面,学情分析可以为教师制定切实可行的、个性化的干预措施和学习方案提供帮助,它是智慧课堂教学设计的起点,也是教学策略重构的依据。在课前阶段,传统课堂教学的任务就是教师备课和学生预习,教师备课主要是研究教材、撰写教案,对学生的分析主要是基于经验和平时的直观感受,缺少对学情的深入调查分析,而学生的预习就是自学教师布置的教材内容,无法与教师或同学进行课前的讨论交流。智慧课堂的课前教学准备从根本上改变了这一点,以学情分析为基础优化教学设计,实现以学定教。首先,利用智慧课堂信息技术平台,提供历史成绩查询统计和作业分析,精确地掌握学情基本信息,便于教师进行教学目标预设,并可通过平台向学生推送微课视频、学习课件、预习测试题等预习内容。其次,学生可以在课前学习教师推送的预习材料,完成预习测试题并提交到平台上,还可以通过平台记录在预习过程中遇到的问题,在平台上进行相关讨论。最后,教师基于教学目标预设、学生预习测试统计分析和讨论的情况等,可以进行综合学情分析,从而拟制合适的教学设计方案。

(三)学习资源的组织

智慧课堂中的学习资源包括教师上传的资源和学习空间自带资源。其中教师上传的教学资源是教师通过分析学习者特征,结合自身的信息素养和技术水平获取或开发的相关教学资源。教学资源可以从"国家教育资源公共服务平台"的课程网站和 App 中获取,也可以自主研发微课、交互性课件和教学软件等。传统大班教学中开展个性化学习、分层学习需要花费大量时间,而且实施效果不佳。而在智慧课堂环境下,教师可以采集学生的学习特征和学习状态数据,诊断与构建学习者特征模型,动态地组织适合学习者的学习资源,可以有效解决资源多、难以查找、不同学生学习需求不同等问题。这些数据和模型可以为教师的针对性讲解和个性化指导提供重要依据,更加有利于学习者提升学习效果。

二、课中阶段——以师生互动为关键

课堂教学是一个教与学融合、动态交互的过程,智慧课堂的核心是立体化的交互。在交互中,学生是主体,教师是指导者、帮助者、促进者。

(一)创设学习情境

教师应结合专业特色和学生特征,利用丰富的媒体资源创设学习情境,比如教师可以通过智能工具创设学习情境来支持学生进行一定程度的探究。同时,利用系统资源分层共享功能,教师可以把教学资源分层分类,通过系统终端向不同学生推送,让学生获得学习资源、学习背景知识,解决部分疑问,进入学习情境。

(二)协作互动学习

封闭的课堂从来只是灌输和论述,而开放互动的课堂必然不断涌现出点子和创意。智慧课堂中,教师结合学生课前预习、分层练习、互动讨论模块分享学习成果,应用协作交互及时反馈等进行评价与组织调整交互学习活动。比如:课堂答题、竞赛、讨论与游戏式练习等。教师组织同学互助学习、自主分析学习、任务分层式学习。根据学生不同的能力,不同的知识点,教师帮助学生找到适合自己的学习方法,特别注意学习过程中的疑难困惑点、碰撞争论点、偏差错误点和思维闪光点,为学生提供多样化的学习路径和个性化指导,从而提升学生的深度学习和思维扩展能力。

(三)阶段分析学习

教师在实施教学中要做到学练一致、量度合适,有针对性地设计适合不同程度学生的练习,帮助他们提高学习能力。在练习过程中,教师可以设置进阶规则,利用智能学习分析技术,自动反馈练习完成情况分析,自动判断学生是否可以进入下一阶段学习。此外,教师还应向不同程度的学生推送个性化学习资料。

(四)建立学习共同体

根据学科特点,教师提供共享资源,创设合作小组,建立互助、竞争规则,采用同桌对话、小组讨论、合作探究等多种形式,促进师生之间、生生之间互相交流、互相帮助,快乐体验团队协作并获得成就感。也可以通过智能录播与交互技术,打破课堂的时空限制,实时为学生提供帮助。教师对学生的学习进行实时监测,密切关注学生提出的问题、观点和争论等生成性信息,及时给予反馈和引导,并根据具体情况灵活调整教学行为、提供学习支架,最终建立一个有利于师生、生生之间和谐的、互助的、民主的、自信的、有归属感的环境与氛围,形成学习共同体。学习共同体的建立有利于促进师生之间以及生生之间相互交融、彼此期待、循环发展,促进学生自主建构知识体系,进入协作学习和深度学习。

(五)评价反馈

评价,简而言之,就是借助智能信息处理技术与工具,采用相应的评价方法,对智慧课堂中的教与学的过程及结果进行测量,并做出科学精准的价值判断的过程。教师应通过学生学习日志和教师教学日志等个人空间进行教学反思评价,并结合学科特点,通过平台梳理和分析学生在学习过程的数据,建立符合学科特点和满足个性需求的个性化或者差异化的评价模型,全面把握学生是否掌握学习内容;是否做到学以致用;是否真正弄懂了不易理解的知识点;是否学会了举一反三;是否会灵活运用知识;是否培养了团队精神以及适应性、独创性和冒险精神;是否养成了良好的思维习惯、诚实的品德;等等。这就要求教师采用多元化的评价方法,合理、科学地检测目标的达成度和发展性。教师应重视个性化评价,强化个性拓展,培养学生解决问题的能力,激发学习创新。在评价结果反馈时要以鼓励为主,同时,通过评价反馈,教师可以反思、优化教学过程,增强学习资源的分层性和针对性,提升学生的学习兴趣。

三、课后阶段——以个性化辅导为重点

(一)双向评价

双向评价及反馈是智慧课堂的重要组成部分,评价课堂教学中新旧知识是否进行了联结,是否将知识由点成线到面,最后建立知识体系。在评价中要重点关注教学是否实现了学生的知识生成、方法生成、能力生成和情感生成,最终是否实现了教学目标,是否创生附加价值。

(二)加工重构知识

加工重构知识是把陈述性、程序性知识按照一定思路重新组织、梳理、整理、总结、分析与比较,同时对相同的、相似的、相关的、不同的知识分别予以归纳、迁移、联系、重组等。通过对知识体系的梳理,教师指导学生将所学知识的认知结构进行重组性迁移、调整与组合,构建新的知识体系,再通过分析、综合、应用、同化对知识进行加工、建构、生成和创造,从而实现深度学习。

(三)分享学习成果

智慧课堂鼓励学生不拘泥于预设的固定框架和程序,鼓励师生在不断的交互中即兴创造。一方面,学生可以接收教师推送的学习资源和建议,完成教师推送的测验,通过平台进行互动,共同建构并形成新的信息和资源。另一方

面,学生可以向教师和学习伙伴进行汇报展示,共享学习成果。在共享过程中,学生经常能收获既定目标以外的学习效果。

(四)资源推送

智慧课堂中,学生登录空间学习,平台记录并分析学生行为数据,平台搜集相关资源,将资源推送到学生个人空间,实现资源的精准推送、个性推送和动态推送。课后,学生根据自身实际需要选择学习资源和学习方式来巩固内化知识,教师给学有余力的学生实时推送相关主题的拓展资源,拓展他们的思维空间,同时可以有选择性地推送一些稍有难度的问题,有效促进学生的思维能力的形成与发展,最终让学生能够根据自身的学情进行学习方向和学习状态的调整。

思考题

1. 智慧教室的含义是什么?智慧教室的智慧性可概括为哪几个维度?
2. 智慧教室的建设模式可体现为哪几个方面?
3. 对教师应用智慧教室实现教学转型有哪些对策和建议?
4. 在智慧教育环境下,可以从哪些途径来构建新型师生关系?
5. 智慧课堂的教学活动可以分为哪几个教学阶段?

第五章 智慧课堂的教学设计

智慧课堂是"互联网+"时代基于物联网、大数据、云计算等新一代信息技术诞生的新型课堂，较之传统课堂体现出信息技术与教学深度融合的特点。教学设计是有效开展教学活动的前提，本章根据智慧课堂的特点，结合教学设计的理论与方法，对智慧课堂教学设计的理论进行概述，并按课前、课中、课后三个阶段对智慧课堂教学设计各环节及要素进行具体的阐述。

☆ 学习目标

1. 理解智慧课堂教学设计的含义、特征和依据；
2. 明确智慧课堂教学目标设计的方法；
3. 掌握智慧课堂不同阶段教学设计的方法。

◐ 思维导图

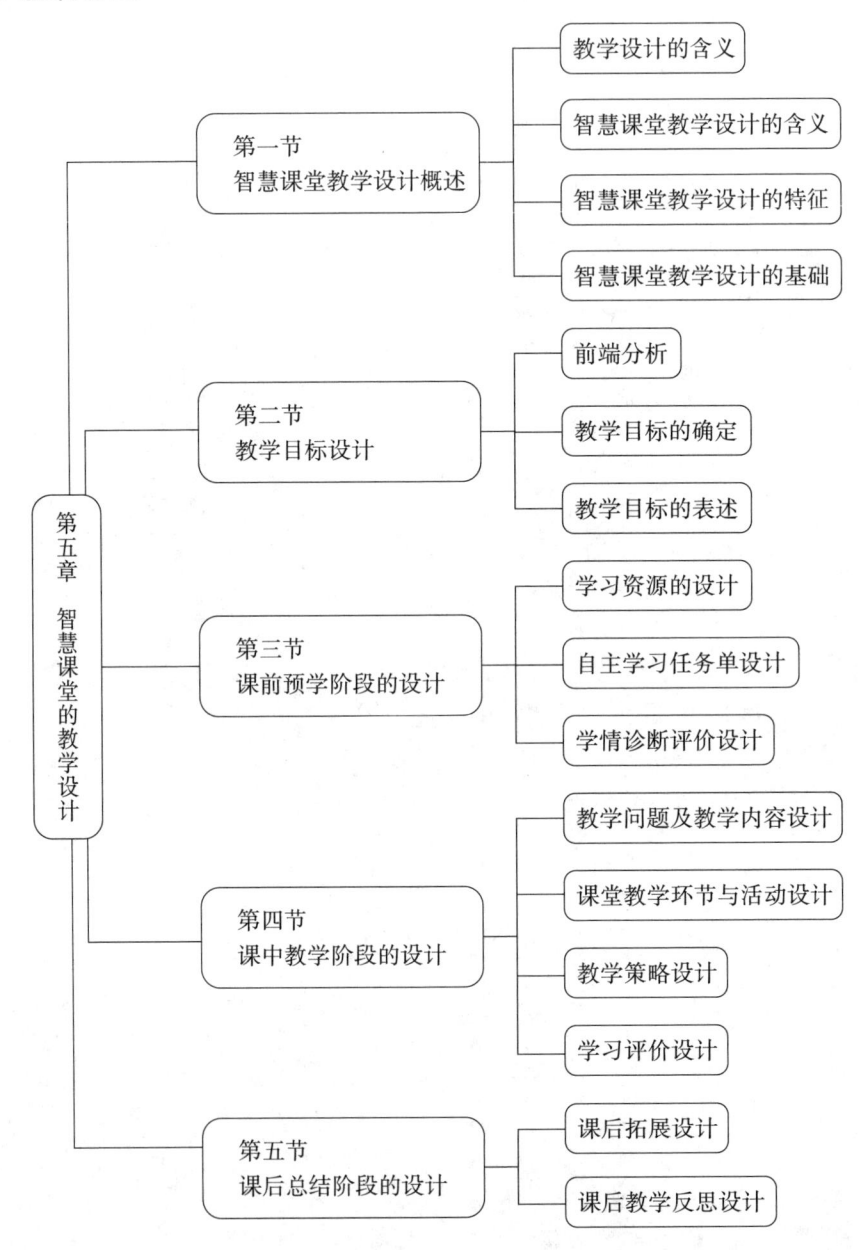

第五章 智慧课堂的教学设计
- 第一节 智慧课堂教学设计概述
  - 教学设计的含义
  - 智慧课堂教学设计的含义
  - 智慧课堂教学设计的特征
  - 智慧课堂教学设计的基础
- 第二节 教学目标设计
  - 前端分析
  - 教学目标的确定
  - 教学目标的表述
- 第三节 课前预学阶段的设计
  - 学习资源的设计
  - 自主学习任务单设计
  - 学情诊断评价设计
- 第四节 课中教学阶段的设计
  - 教学问题及教学内容设计
  - 课堂教学环节与活动设计
  - 教学策略设计
  - 学习评价设计
- 第五节 课后总结阶段的设计
  - 课后拓展设计
  - 课后教学反思设计

第一节　智慧课堂教学设计概述

智慧课堂是"互联网+教育"思想对传统课堂的改革和创新，强调信息技术与课堂教学的深度融合，不管是智慧课堂理论研究还是智慧课堂教学实践，出发点和落脚点都在于强化行之有效的智慧课堂教学实践，以促进学生在教学过程中的智慧生成。教学设计是连接智慧课堂理论和教学实践的纽带，通过科学系统的教学设计能为智慧课堂教学活动的高效实施提供科学合理的行动纲领。

一、教学设计的含义

对教学设计的最初构想来源于美国哲学家、教育家杜威，他于1900年提出应建立一门所谓的"桥梁科学"，以便使学习理论与教学实践连接起来。具体来说是建立一套系统的与教学活动有关的理论知识体系，以实现教学的优化设计[1]。20世纪60年代末70年代初，在经历了理论与实践的验证后，教学设计以其独特的理论知识体系和结构屹立于教学研究之林。对教学设计内涵的理解，学界从不同的角度出发主要秉持以下三种观点[2]。

（1）教学设计是教学系统化的途径和过程。持这种观点的有加涅、肯普、乌美娜、斯密斯、何克抗等。他们认为教学设计是系统化规划教学系统的过程，教学系统本身是对资源和程序做出有利于学习的安排，强调教学设计的系统方法和各部分相互联系的最优化，包括分析教学问题、解决教学问题、优化教学过程以及最终的教学评价。

（2）教学设计是一门技术。代表人物梅瑞尔认为"教学设计的目的是创设和开发促进学生掌握知识技能的学习经验和学习环境"，强调教学设计应侧重于对学生经验和学习环境的设计和开发，以创设一种高效率的、具有强烈吸引力的教学模式。

（3）教学设计是一门设计科学。代表人物帕顿认为"教学设计是一门设计

---

[1] 邱婧玲，吴秀君.教学设计理论体系综述[J].河西学院学报，2008(5):100-104.
[2] 皮连生.教学设计：心理学的理论与技术[M].北京：高等教育出版社，2000:5.

科学,是对学业业绩问题的解决措施进行策划的过程",强调教学设计作为规划过程的"设计"本质,指向利用科学原理及应用来满足学生学习的需要。

三种观点分别立足系统科学、技术科学和设计科学取向对教学设计的概念进行了界定,从不同侧面丰富了教学设计的内涵。通过归纳概括,我们认为,教学设计具有三层核心要义。一是教学设计是系统规划教学系统要素的过程,因此需要遵循教学的基本原理和规律,据此对教学系统各要素及其互动过程做出有利于学生学习和发展的部署与安排;二是它具有设计学科的一般性质,强调教师在师生互动中对教学问题与师生个性化教学需求的洞察与理解;三是它从属于教育技术学,不同于发现教学规律的理论范畴,其最终落脚点在于有效运用信息技术形成解决教学实际问题、达到教学目的、促进学习者发展的最优化实践方案。

二、智慧课堂教学设计的含义

智慧课堂教学设计归属于教学设计这一大范畴,因此遵循教学设计的基本原理和一般规律,但同时它又是在信息技术新发展、教育改革新时代中诞生的面向新型课堂场域中教与学而开展的教学设计,因此具有较之传统教学设计更加丰富的内涵。

基于教学设计的内涵和智慧课堂的特征,我们认为,智慧课堂教学设计是在智能化教学环境中,为培养具有核心素养和高阶思维能力的创新型人才,教师以智慧教育理念为指导,基于一定的教学理论和信息技术支撑,为实现具体教学目标,对教学活动的各个环节和要素进行预设与规划,是保障智慧课堂教学活动顺利实施必不可少的环节。

三、智慧课堂教学设计的特征

智慧课堂教学设计首先具有传统教学设计的一般属性,除此之外,还具有区别于传统教学设计的独有特征。

(一)教学设计的一般特征

一般来说,教学设计的主要特征包括系统性、科学性和灵活性。

1.系统性

正如加涅所说,"教学设计是一个系统化规划教学系统的过程,教学系统本身是对资源和程序作出有利于学习的安排"[①]。一方面教学设计通常包含"目标—策略—评价"三个环节,本身是一个环环相扣的具有一定逻辑的设计过程,因此教学设计过程具有系统性;另一方面教学设计的对象,是由教师、学生、教学目标、教学内容、教学评价等因素有机组成的教学系统,因此教学设计要素具有系统性。

2.科学性

帕顿在《什么是教学设计》一文中指出:"教学设计是设计科学大家庭的一员,设计科学各成员的共同特征是用科学的原理及应用来满足人的需要。"教学设计的科学性主要体现在,教学设计将教与学的理论、原理等应用于计划教学资源和规划教学活动之中,科学理论结合具体实际,从而有效解决教学中出现的问题,提高教学活动的效果和效率。教学设计的科学性还体现在教学设计过程遵循一定的科学逻辑,突出表现在一般教学设计都具有的共性要素和设计阶段的通用流程模式。

3.灵活性

虽然教学设计具有一定的模式和既定的组成要素,但具体的教学设计并不是千篇一律的,而是灵活多变的。教师自身的个性化特征、学习者的需求、所在地区的社会环境、学校的教学条件等方方面面都将影响着教学设计。根据不同的情况和要求,确定怎样的具体教学目标,选择哪部分作为教学内容的重难点,选取怎样的教学资源,采用何种适宜的教学方式,是否开展以及如何开展具体的教学环节,都是因人而异的。

---

① 皮连生.教学设计:心理学的理论与技术[M].北京:高等教育出版社,2000:5.

(二)智慧课堂教学设计的特征

智慧课堂是智能化时代随着物联网、大数据、移动互联等技术的高速发展而产生的深度融合信息技术的新的课堂教学形态。教育理念的升级、课堂生态的改变、技术工具的更新,使得智慧课堂教学设计具有区别于传统课堂教学设计的特征。

1.精准性

智慧课堂以学校搭建的信息技术平台为支撑,基于动态学习数据的收集和分析技术,能够将传统教学过程中并未重视的或无法搜集的教学信息、教学现象和效果进行数据化呈现。学习行为记录、学习诊断成绩等海量教育数据的量化分析为教师掌握师生特征和分析教学事件提供了科学的依据。基于数据统计分析反映的学生个人及班集体的学习进展、学习成果和学习掌握情况,教师能够更准确地制定教学目标、组织教学内容、选择教学策略、安排教学环节、开展教学活动。教学设计过程不再是泛化笼统的主观判断,而是教师主观经验与客观数据有机结合的精准的科学决策过程。

2.创生性

一方面,从教学设计过程来看,体现在智慧课堂教学设计过程不是静态的固定模式,而是在弹性预设基础上,通过师生课堂上的深度交互,根据实时获取的学生学习状态信息和交互过程中生成的"不确定性"课堂资源,不断动态调整预设的教学策略和思路,共同构建并创生新的教学内容、教学资源的动态过程。另一方面,从教学设计主体来看,教学设计不再是教师个人决策的结果,而是师生在教学过程中协同创生的智慧结晶。教师充分发挥教育机智,以教学过程中人、事、物的交互活动及随机生成性资源为教学内容,根据学生的表现灵活调整教学方式和教学策略,因势利导激发学生思考、探究、表达,进而促进学生发展智慧。同时,学生可以根据个人兴趣和能力水平,基于线上学习平台自主选择学习目标、制定学习规划、挑选学习内容和各类教学媒体,学生成为自适应学习的设计者。

3.泛技术性

泛技术性一方面表现为大数据分析技术、人工智能技术驱动智慧课堂精准化教学设计,上文已详细阐述,这里不再赘述;另一方面,智慧课堂教学活动依托信息技术,在线下智慧教室和线上网络学习空间同时展开。有效利用云教学平台、教务管理系统、自动录播系统、课堂交互系统、用户智能终端和自带设备的应用赋能教学,是实施优质高效的智慧课堂教学必不可少的内容,因此,个性化、深度交互的智慧学习环境设计、与教学深度融合的技术应用设计成为智慧课堂教学设计的新的关注点。

四、智慧课堂教学设计的基础

智慧课堂最显著的变化就是教育理念的更新以及信息技术与教学的深度融合,因此科学而有效的智慧课堂教学设计,依托信息时代新的教学理论为指导,同时也离不开信息技术的支撑。

(一)理论基础

1.智慧教育理论

智慧教育是教育信息化的新境界、新诉求。祝智庭教授在2012年对智慧教育理论进行了深刻阐释,认为信息时代智慧教育可以借助智能化技术构建智能化环境,让师生施展灵巧的教与学方法,促进学习者进行智慧学习,使其由不能变为可能,由小能变为大能,从而培养具有良好价值取向、较高思维品质和较强思维能力的人才。强调智慧教育以智慧学习环境为技术支撑、以智慧学习为根本基石、以智慧教学法为催化促导[①]。智慧教育理论为智慧课堂教学设计指明了方向,即设计的宗旨是"以学生为中心",目的是培养智慧型人才;同时还提供了方法路径,即以智慧学习环境、智慧学习和智慧教学法的设计为重点。

---

① 祝智庭,贺斌.智慧教育:教育信息化的新境界[J].电化教育研究,2012,33(12):5-13.

2.建构主义学习理论

建构主义学习理论是在行为主义、认知主义的基础上发展起来的"当代学习理论的革命",是互联网时代的核心教育理论,网络环境下教育教学设计的核心理念[①]。建构主义认为知识并不是对现实的准确表征,需要针对具体情境进行再创造;学生不是被动的信息吸收者,而是基于已有经验的主动意义建构者;教师不是简单的知识呈现者,而是教学情境的创设者、学生学习的促进者和引导者;学习是学生基于先前经验和新信息在一定的情境即社会文化背景下,通过与学习共同体信息共享、协商和讨论,建构自己个性化知识的过程。由此可知,智慧课堂教学设计应关注学习的主动建构性、学习的社会交互性和学习的情境性,秉持"以学生为中心"的设计理念,尊重学生的个体差异,突出学生在学习中的主体地位,注重调动学生的已有经验,关注为学生个性化自主学习与深度合作探究学习提供情景、方法、手段等教学支架和积极营造轻松开放充分交互的合作学习环境。

3.联通主义学习理论

数字时代的联通主义由行为主义的联结主义、认知主义的新联结主义发展而来,打破了以往学习理论"学习发生在学习者个体内部"的中心法则,认为学习存在于混沌、复杂、动态和碎片化的网络中,学习不再是内化的个体过程,而是基于大规模的网络化和社会化的交互过程,是连接建立和网络形成的过程[②]。在联通主义看来,学习的发生即网络的形成,这里的网络包括人际网络、知识网络和概念网络。在智慧课堂中,学习就是在网络中不断寻径和意会的过程。学习的起点是个人,个人的知识组成了一个网络,这一网络被编入各种组织与机构,反过来各组织与机构的知识又反馈给个人网络,提供个人的继续学习[③]。联通主义学习理论对智慧课堂教学设计的启示是,应兼顾线上线下教学交互的设计。教师设计基于移动信息设备、网络学习空间的线上交流互动,和线下课堂面对面教学活动,可以为学生提供一种真正高度参与的个性化学习体验,促进学习者的深层次交互和意会,进而实现学习的创生。

---

① 沈小碚,樊晓燕.智慧教育下的课堂、教师及教学研究[M].哈尔滨:黑龙江教育出版社:40.
② 冯晓英,孙雨薇,曹洁婷."互联网+"时代的混合式学习:学习理论与教法学基础[J].中国远程教育,2019,(2):7-16.
③ 王佑镁,祝智庭.从联结主义到联通主义:学习理论的新取向[J].中国电化教育,2006(3):5-9.

4.多元智能理论

美国哈佛大学心理学家霍华德·加德纳(Howard Gardner)1983年提出"多元智能理论",该理论强调人的智能不是由语言智能和数理逻辑智能简单整合成的一种智能,而是包含多种智能,每种智能相对独立的,同时又以相互结合的方式作用于特定的文化环境。多元智能理论为教师观察和培养学生提供了多维度的视角,在多元智能理论的指导下,教师能够更加关注学生的个性化特征和全面发展。信息技术支撑下的智慧课堂为差异性教学和个性化学习创造了条件,因此教学设计要注重以"多元智能理论"为指导,尊重学生的个性差异,从学生不同的学习需求和兴趣出发,运用灵活多样的教学方法,使学生的多元智能和特长得到充分的发展。

(二)信息技术支撑

智慧课堂是在物联网、大数据、云计算、移动互联、人工智能等信息技术崛起后出现的新的课堂形态,其典型的特征就是信息技术与教学的深度融合,信息技术为高效开展智慧课堂教学提供了支撑,智慧课堂教学设计要充分利用信息技术为教学赋能。

1.智慧课堂智能化服务平台

智慧课堂的"云—台—端"智能化服务平台是基于大数据、云计算、物联网等智能信息技术而打造的智能化教学服务平台,是开展智慧课堂的重要载体。"云"即智能云服务,为智慧课堂提供资源管理、微课管理、网络教研、在线学习、学习空间等服务;"台"即教室智能平台,设有智能教室通信中枢、数据中心、能力中心、控制中心;"端"即智能终端,包括各类教学与管理智能终端(如教师智能端、学生智能端、管理智能端、家长智能端)和环境智能终端(包括智能硬件设施、智能软件设备等)[①]。

---

① 刘邦奇.智慧课堂的发展、平台架构与应用设计——从智慧课堂1.0到智慧课堂3.0[J].现代教育技术,2019,29(3):18-24.

2.基于大数据应用技术的学情分析系统平台[①]

基于大数据应用技术的学情分析系统平台架构分为大数据处理与分析平台、数据挖掘并行算法分析平台。其中大数据处理与分析平台主要对数据源进行采集、存储、管理和分析,满足一部分的数据查询需求,以及图形化展示需求;数据挖掘并行算法分析平台主要从经过大数据处理后的数据中挖掘出有潜在价值的信息,为学生的学习、生活等方面提供个性化的推荐和意见等。学情分析系统平台具有风险预警和个性化资源推送的功能,可以帮助教师进一步改善教学的方式与方法,有针对性地为每一位受教育者创设量身定制的学习环境,从而激发学生的学习动机,真正实现个性化学习。

第二节 教学目标设计

教学目标设计是智慧课堂教学设计的首要环节,也是引导课前、课中、课后各阶段教学设计的线索。

一、前端分析

社会需求、课题、学习者特征是影响教学目标设计的三个主要因素,对三者的分析是确定教学设计目标的依据。

(一)社会需求分析

2016年9月中国学生发展核心素养总体框架正式发布,该框架以培养"全面发展的人"为核心,从文化基础、自主发展、社会参与三个方面提出人文底蕴、科学精神、学会学习、健康生活、责任担当、实践创新六大学生核心素养,引发社会广泛关注,并逐渐走进中小学课程教学改革。教育部《关于全面深化课程改革落实立德树人根本任务的意见》明确把核心素养的内涵界定为"学生应

[①] 李强,赵晨杰,罗先录.基于大数据应用技术的学情分析系统架构分析与设计[J].软件工程,2018,21(5):34-37.

具备的适应终身发展和社会发展需要的必备品格和关键能力"。因此,教学目标的设计,应当与当前社会对人才的需求相联系,以培养具有核心素养的智慧型人才为根本宗旨。

(二)课题分析

课题分析即对课程标准、教材和教学内容的分析。分析学科课程标准和学科教学指导意见,旨在明确该科目在认知、技能、情感、学习策略、实施建议等方面的规定和要求[①];分析教材与教学内容,是在整体把握课程内容的基本结构的基础上,找出教学内容中的基本概念、基本原理和基本方法[②],并结合学科课程标准和教学大纲要求确定教学的重点,结合学生学情分析找出教学内容的难点。在横向上联系生活实际、结合时代背景、地域特色解读教学内容的意义,拉近教材与学生的距离;纵向上将教学内容与其他学段的教学内容建立联系,承接上一阶段的内容,为进阶的学习打好基础。

(三)学习者分析

学习者作为学习活动的主体,其个人认知、情感、社会关系等特征都将对学习过程和效果产生重要影响,学习者分析的目的是了解学生的知识准备和心理准备(包括对技术应用的心理准备)[③]。一般来说,学习者分析主要包括掌握学习者的个人特征、学习者认知发展特征、学习者的学习起点水平、学习动机与态度、学习风格、信息素养以及学习自我效能感等[④]。传统的学习者分析方法包括观察法、调查法和作业分析法。

智慧课堂视域下的学习者分析依托智能教学平台和大数据动态学情分析技术,能够对诸如登录网站时间、模块使用时长、访问次数、答题情况、资源共享情况、得分情况等在内的学生历史学习记录和学习结果数据进行自动采集、统计和分析。海量的学情数据是判断学生知识掌握程度、学习态度、学习投入度、学习参与度和学习效果的重要依据。但需要注意的是,一方面,基于学生

---

① 沈小碚.参与式教学的理论与实践[M].北京:科学出版社,2018:79.
② 南国农,李运林.电化教育学[M].2版.北京:高等教育出版社,1998:241.
③ (美)泰勒.课程与教学的基本原理:英汉对照版[M].罗康,张阅,译.北京:中国轻工业出版社,2014:48.
④ 李祎,王伟,钟绍春,等.智慧课堂中的智慧生成策略研究[J].电化教育研究,2017,38(1):108-114.

自主开展的线上学习行为及其取得的学习成效并不见得完全真实；另一方面，数据即便真实，但系统所能提供的数据统计和智能诊断仍存在着标准化和模式化等问题。因此这就需要教师在进行学习者分析时，充分发挥教育智慧，主观能动地筛选有价值和有意义的数据，并结合日常师生交往中对学生的观察和了解，对相关数据进行深度挖掘分析，进而形成对学生群体和学生个体全面、深入、精准的认识。

二、教学目标的确定

教学目标是教学活动的出发点和最终归宿，不仅引导着教学系统设计的前进方向，还决定着教学内容和教学策略的选择，更是实施教学评价的依据。

(一)教学目标的分层

大数据学情分析为制定个性化的教学目标提供了支撑，智慧课堂教学目标系统呈现出层次性。

从对象层面看，包括全体学生所要达到的共同教学目标，以及在此总目标的统领下设计的学生个体所应达到的个性化学习目标两个层次。

从形式上看，表现为课程目标、单元目标和课时目标由大到小三个层次。

从内容上看，体现在包括以培育学生的核心素养、促进学生生成智慧为统领的宏观目标，以及知识与技能、过程与方法、情感态度与价值观等新课程标准提出的微观三维目标两个层次。

(二)教学目标的分类

教育部《基础教育课程改革纲要》将教学目标分为知识与技能、过程与方法、情感态度与价值观三个方面，构建了课程的"三维目标"体系，强调对基础知识、基本技能的掌握，以及关注过程与方法、情感态度与价值观对人发展的促进作用。

2016年中国学生发展核心素养总体框架正式发布，框架提出六大学生核心素养，并具体细化为十八个基本要点。

通过分析归纳可知,构成核心素养的关键能力和必备品格,实际上是对三维目标的提炼和整合,即把知识、技能和过程、方法提炼成能力,把情感态度与价值观提炼成品格[①]。有机统一的三维目标的实现即能力和品格的形成。由此可知,核心素养是对三维目标的传承与超越,智慧课堂教学目标应是核心素养与三维目标的深度融合。这里,我们引用学者刘邦奇[②]的界定对智慧课堂三维教学目标进行分类。

1. 知识与技能目标

知识是指通过学习,学生知道、理解、掌握了什么,包括事实性知识、概念性知识、程序性知识和元认知知识。技能是指读、写、算、画等基本能力,获取、收集、处理、运用信息的能力,以及自主学习、创新思维、解决实际问题、自我评价的能力。

2. 过程与方法目标

过程是指以学生认知为基础的知、情、意、行的培养和发展过程,涉及学生的兴趣、能力、性格、气质等个性品质。方法是指学生在基于智慧课堂信息化环境的学习过程中采用并学会的方法,如问题探究、问题观察、归纳提炼、合作交流等。

3. 情感态度与价值观目标

情感态度目标指通过智慧课堂信息化环境下的学习所形成的良好表现,如端正的学习态度、好的学习习惯、宽容忍耐的态度。价值观指学生对教学中问题的价值取向或看法,强调个人价值与社会价值、科学价值与人文价值、人类价值与自然价值的统一,从而使学生从内心确立起对真、善、美的价值追求及人与自然和谐共生、可持续发展的理念。

---

① 余文森.从三维目标走向核心素养[J].华东师范大学学报(教育科学版),2016,34(1):11-13.
② 刘邦奇.智慧课堂[M].2版.北京:北京师范大学出版社,2019:92.

> **拓展阅读**
>
> 高中政治《从整体上把握事物的联系》教学目标设计[①]
>
> 知识与技能目标：掌握《世界是普遍联系的》课文的知识框架；理解整体和部分的含义；理解、分析整体和部分的辩证关系原理及其方法论；全面掌握整体性的观点。
>
> 过程与方法目标：通过电子书包录课宝录制微视频，进行课前学习；通过电子书包"智慧课堂"这一平台，进行课堂知识梳理、问题探究、课堂小辩论、课堂小练习，积极参与课堂学习和提问，及时统计、分析、归纳交流成果，培养归纳、概括、思辨、分析运用能力。
>
> 情感态度与价值观目标：树立整体意识，培养全局观念和合作精神，努力提高个人素养。

三、教学目标的表述

泰勒认为，任何对教育目标的表述都应该是对学生应发生的改变的表述。表述教育目标最有用的形式，是既指出应培养学生的哪种行为，又指出该行为可运用于哪些生活领域或内容中[②]。教学目标指向的是学生行为的变化，为了方便对学生学习结果进行测量与评价，帮助学生将知识、行为在具体的生活领域中得以运用，对教学目标的表述需要具体明确到行为目标的表述上来。但过往传统课堂由于技术和教师精力、能力的限制，无法对教学现象和行为数据进行有效的收集，导致教学目标的表述通常都较为笼统且浮于表面。智慧课堂依托信息技术的数据采集功能，规避了传统课堂教学目标表述模糊和由于难以衡量而流于形式的问题，趋于清晰和明确。

对于行为目标的表述，ABCD方法是一种较好的方式，四个字母分别指向教学目标中应包含的四个要素，ABCD是四个要素的英文单词首字母。A即audience，意指"学习者"，即教学目标要有明确的学习者，是目标表述句中的主语。B即behavior，意为"行为"，要说明通过学习后，学习者应能做什么，是目标

[①] 周莺.《从整体上把握事物的联系》教学设计[J].中国信息技术教育,2015(4):46-47.

[②] (美)泰勒.课程与教学的基本原理:英汉对照版[M].罗康,张阅,译.北京:中国轻工业出版社,2014:48.

表述句中的谓语。C即conditions,意为"条件",要说明上述行为在什么条件下产生,是目标表述句中的状语。D即degree,意为"程度",即明确上述行为的标准,是目标表述句中的补语。比如,英语智慧课堂的教学目标之一可以表述为:通过电子书包提供的虚拟超市环境,学生能够将食材和单词相对应,并用"What do we need?"句型进行对话,并正确"购买"5种指定食材。

第三节　课前预学阶段的设计

智慧课堂的实质是通过构建"云—台—端"整体架构,创设网络化、数据化、交互化、智能化学习环境,支持线上线下一体化、课内课外一体化、虚拟现实一体化的全场景教学[①]。智慧课堂教学设计与传统课堂教学设计的一大区别就在于课前预学阶段对学生自主学习的设计。

预学阶段的设计主要遵循"教师为主导,学生为主体"的原则,突出教师对学生自主学习的引导、监督和评价作用,包括学习资源设计、自主学习任务单设计与学情诊断评价设计三个方面。

一、学习资源设计

学习资源设计包括学习资料内容的设计和学习资料推送形式的设计,具体资源包括微课资源、富媒体资源和预习测试题。

(一)微课设计

2008年美国学者戴维·彭罗斯(David Penrose)正式提出"微课"这一概念,是指针对某一主题所设计的60秒课程。之后随着新型学习方式的不断增多,微课的应用形式、应用目的不断呈现出多样化的态势,但总的来说具有形式上

[①] 刘邦奇.智慧课堂的发展、平台架构与应用设计——从智慧课堂1.0到智慧课堂3.0[J].现代教育技术,2019,29(3):18-24.

短小精悍、内容上强调针对某一特定知识点的讲解、应用上灵活方便等特征[①]，是学生课前实施个性化学习、自主学习、移动学习、碎片化学习的重要载体。

微课的来源主要有两种：(1)直接运用现有资源(如国家教育资源公共服务平台、国家中小学智慧教育平台上的精品资源共享课和视频公开课等)，或结合实际对现有资源进行二次开发；(2)创造性开发全新资源，教师围绕主题收集信息、素材，通过录制工具自行制作微课。

(二)富媒体教学资源选择

富媒体是多种媒体的融合，涵盖了文字、语音、动画、数字视频、虚拟数字场景、立体图像、游戏、VR、虚拟直播、流媒体等多种形式[②]。富媒体教学资源是指富媒体平台上具有教学意义和价值、可用来辅助学生自学的数字化学习资料。从形式上看包括文本教学资源、图片教学资源、音频教学资源和视频教学资源等；从内容上看包括电子课件和教案、视频课程等。信息时代是"资源共享"的时代，网上丰富的富媒体资源并不是都能为教学所用，教师要结合教学目标和实际情况善于从浩如烟海的资源中检索搜寻到能辅助教学、有助于达成教学目标的资源。

(三)预习测试题设计

预习测试题要围绕教学目标、紧扣预习内容进行设计。题型可以是选择、判断等客观题，也可以是简答、论述等主观题。呈现形式可以是借助电子书包平台的电子试卷，也可以是需要学生具体动手实践的任务。预习测试题可以在微课学习过程中进行实时检验，也可以在整个预习任务完成之后进行综合测试。

二、自主学习任务单设计

自主学习任务单是学生课前自主预习的支架，它不同于以往作业单或练

[①] 庞敬文,张宇航,王梦雪,等.基于微课的初中数学智慧课堂构建及案例研究[J].中国电化教育,2016(5):65-71.

[②] 赵慧.富媒体平台支持下未来教学发展研究[J].中国管理信息化,2017,20(13):226-227.

习单局限于巩固知识和检测知识掌握水平,还起着展示知识的逻辑、提供认知策略和自主学习思路、促进学生反思等功能。我们借鉴学者金陵的分类,认为自学任务单是教师设计的指导学生自主学习的方案,包括学习指南、学习任务、困惑与建议三个部分[①]。

(一)学习指南

学习指南包括学习主题、达成目标、学习方法建议、课堂学习形式预告四个子项。学习指南主要是给学生自主学习以认知上的指导,这部分设计的内容涉及自主学习的主题、目标与要求,内容、途径、方法与建议、课堂教学环节预告等。

(二)学习任务

学习任务是自主学习任务单的主体,相当于课前作业。融合了教师对教学目标、内容、学生、技术的分析,具体化为学生在自学过程中需要实施的学习行为与完成的相关自学活动项目。这一部分设计需注意三点。一是要设计具体有序的学习任务。教师基于教材和学生学习特点,将自学目标和自学重点转化为具有可操作性、层次性、差异性、趣味性的前后联系且数量适当的小任务。二是要提供丰富的配套学习资源。教师应提供帮助学生完成自学任务的、可供自主选择、形式多样的富媒体学习资源,包括微课、文本、图像、音频等。三是要调动学生的主观能动性。在学习任务设计过程中,应针对不同学生的能力水平提供不同层次的学习任务,同时还应鼓励和引导学生运用信息技术和网络平台自主检索和收集学习资源。学习任务的设计一定程度上体现了教师的专业能力,理想的学习任务不仅能让学生掌握知识,还能达到提升能力、生成智慧的效果。

(三)困惑与建议

这个部分是为学生反馈自主学习过程中产生的困惑,或者有什么建议而设置的。对教师而言,能够通过学生的反馈把握教学的难点,进而对即将开展

[①] 金陵.话说"自主学习任务单"[J].中国信息技术教育,2014(11):22.

的课堂教学进行灵活设计、调整和优化,增强课堂教学的针对性和有效性;对学生而言,能够锻炼自身独立思考、发现问题、提出问题等智慧思维及能力。

> 拓展阅读

Unit 7 Learning Strategies 课前学习任务单[①]

一、学习指南

1.课题名称

大学体验英语综合教程第三版第一册 Unit 7 Learning Strategies(Module1 Listen and Talk)。

2.达成目标

知识目标:通过观看教学视频和阅读材料,掌握各种英语学习的技巧和策略。

能力目标:会用英语分析各种策略的利与弊并总结出适合自己的学习策略。

3.学习方法建议

自己独立学习并思考,在此基础上与小组成员讨论。

4.课堂学习形式预告

自主学习、效果反馈→讨论答疑→课堂展示→学生互评→学习经验、交流总结。

二、学习任务

通过观看教学录像和阅读材料自学,完成下列学习任务:

1.观看英文教学录像,了解英语学习中听、说、读、写、译方面的学习策略,并在观看的过程中完成配套的听力习题。

2.在此基础上,利用所学阅读方面的学习策略读一篇英文材料并完成习题。

3.基于前面对于英语学习技巧的了解和应用,按照分配好的学习小组,分析并评价各种英语学习策略的特点和利弊,并提出适合自己的学习策略,形成英文口头报告,供课堂上展示。

[①] 柳桂媛.翻转课堂课前学习任务单设计研究[J].内蒙古财经大学学报,2016,14(3):109-112.

三、困惑与建议

_____

_____

三、学情诊断评价设计

智慧课堂教学设计要注意将评价贯穿于教学的全过程,课前预学阶段的评价主要是对学生在预习中的学习状态、学习行为及学习成果的诊断评价,有以下两点需要注意。

(一)学情诊断评价是量化统计与质性分析的结合

通过智能化教学平台管理系统,可得到包括学生在平台停留的时长、点击次数、学生交流互动与提问次数、测试完成时间与客观题测试的分数等在内的客观学习数据,这是量化统计的部分;除此之外,教师还应发挥主观能动性,结合日常交往中对学生的了解、学生的学习任务单的"困惑与建议"部分反馈情况与上述客观数据进行综合质性分析。测试的分数能够反映学生的预习效果和对知识的掌握程度;在平台停留的时长、点击次数、学生间的交流互动及提问能够反映学生预习的状态;讨论得多的部分是学生普遍关注的教学重点;错误率高的测试题所在板块是教学的难点。这样,通过客观的平台数据统计与主体性的数据分析评价,教师能较为精准地掌握学生的起点水平。

(二)诊断评价要同时关注学生个人的情况与班级总体的情况

智慧课堂较之传统课堂的一大优势,在于教师能够真正做到有针对性地关注到班级里的每一位学生。智慧课堂教学管理平台将学生个体与班级学生全体的学习数据生成智能化、可视化的图表,教师可以看到全班的学习情况,提取出学生集体在学习中存在的共性问题,同时又可以看到某个学生在整个班级中的学习情况中处于什么样的水平,以此确定其个性问题。兼顾学生个体与班级学生群体,有助于课堂上的精准施教,为学生的个性化学习提供服务。

第四节　课中教学阶段的设计

智慧课堂教学将知识传授的部分交由学生在课前预学阶段自主完成,因此课内教学应把重心放在学生知识内化运用、能力的培养和智慧生成上面。结合课前预学阶段的学情诊断,在明确教学重难点问题的基础上,对教学内容、教学结构、教学策略、学习评价等进行设计。

一、教学问题及教学内容设计

明确教学问题是智慧课堂教学设计的前提,组织教学内容是智慧课堂教学设计的基础。

(一)明确教学问题

教学活动的开展,以解决教学问题为核心。明确教学问题的途径有以下几种。

1.依托电子书包平台间接获得预习反馈情况[①]

使用电子书包平台可以使教师方便快捷地获取学生课前自主学习的情况。教师利用"学习分析"技术和"数据建模"技术记录、统计、分析学生课前的学习数据,了解学生在课前学习过程中存在的问题。

2.学生自主学习任务单的反馈

学生自主学习任务单中"困惑与建议"部分的反馈是学生在课前预习阶段自主学习过程中所遇到的问题的最直接反馈,教师要注意通过比较归纳,总结出教学内容的重难点。

3.课上通过教学交互获取信息

前两种方式都是教师通过学生的单方面反馈获得的信息,依据的是技术上的数据分析和学生对自己的主观认知。除此之外,教师还需要在课堂教学

[①] 宋灵青,谢幼如,王芹磊,等.走进翻转课堂[M].北京:北京师范大学出版社,2019:96.

中,通过采用提问、讨论等交互活动,观察学生的行为、表现及反应,从而判断需要解决的教学问题。

(二)组织教学内容

有研究表明,课堂教学存在的一个问题是学生对学习缺乏认同感,没有学习兴趣,不知道自己为什么要学习相关知识,以及不知道所学知识有何用[①]。因此,教师在组织教学内容时,一方面要考虑到社会需要和课程标准的要求,另一方面要从学生的需求出发,找到教学内容与学生已有经验的关联,以此拉近学生与教材、教学内容的距离,让学生对所学内容产生认同和共鸣,以此激发学生的学习动机,使其更加积极主动地投入学习活动,更准确地把握和理解所学知识,更灵活地将所学内容学以致用。

1. 纵向上

教师应结合学科课程标准和教学大纲确定教学重点,基于对学生群体和个体的认知发展规律和水平的认识以及课前自学阶段学生的反馈和学情诊断确定教学的难点。并按照由易到难、由浅入深、由已知向未知、由旧知到新知再联系旧知的原则进行组织,将知识与技能具体化为各种教学任务和活动。既要体现出本课知识本身的内部结构,又要与其他学段的教学内容产生联系,既要承接上一阶段的内容,又要为进阶的学习打好基础,并且还应考虑到教学内容的层次性和可选择性,照顾到不同学生的兴趣和差异。

2. 横向上

一方面应结合时代背景、联系生活实际、地域特色、校本资源等解读教学内容的意义,创设的情境和提供的学习资源应缩短教材与学生之间的距离,让学生能够将知识学以致用。另一方面应关注跨学科融合,万事万物之间都有关联,解决问题通常需要调动多学科的知识,在学科教学中对相关的跨学科知识进行选择性融入与整合,充实教学内容的同时,能够拓宽学生的视野,锻炼其多维度看待问题、分析问题、解决问题的高阶思维能力。

[①] 庞敬文,张宇航,王梦雪,等.基于微课的初中数学智慧课堂构建及案例研究[J].中国电化教育,2016(5):65-71.

二、课堂教学环节与活动设计

(一)课堂教学环节安排

智慧课堂变革了传统的学习方式,呈现出问题学习、项目学习等多样化的学习形态,针对不同的学习类型,教学环节设计也有各自不同的侧重点。

指向问题学习的智慧课堂是研究型教学,教学环节由"描述问题""建立假设""规划调研""开展调研""分析结果"和"展示分享"六环节组成。指向项目学习的智慧课堂是实操型教学,由"理解目标""规划设计""研讨交流""建构测试""分析说明""展示分享"六环节组成[1]。指向生成性学习的智慧课堂是探究型教学,由"创设情境,激趣导入""协作建构,奠定生成""小组实践,实现生成""总结反思,深化生成""迁移拓展,升维生成"五个环节组成[2]。各环节之间并不是简单的线性关系,可以根据实际情况进行灵活调整,也可以就某个环节多次开展。

📖 拓展阅读 ○----------

智慧课堂的理想教学环节[3]

(1)课题导入

教师采取多种方法导入新课内容,主要通过预习反馈(对学生提交的预习检测统计分析)、测评练习和创设情境等方式导入新课,提示或精讲预习中存在的问题。

(2)展示与分享

学生展示课前自学成果,围绕新课导入进行演讲展示、观点分享,并重点听取在预习中理解不透的知识,积极参与课堂教学。

(3)新任务下达

教师下达新的学习探究任务和成果要求,并布置任务完成后的随堂测验题目,推送到每个学生终端上。

---

[1] 祝智庭.智慧教育新发展:从翻转课堂到智慧课堂及智慧学习空间[J].开放教育研究,2016,22(1):18-26.

[2] 谢幼如,邱艺.走进智慧课堂[M].北京:北京师范大学出版社,2019:101.

[3] 刘邦奇.智慧课堂[M].2版.北京:北京师范大学出版社,2019:58.

(4)合作探究

学生开展协作学习,主要包括分组合作探究、游戏学习等方式,教师设计活动,为学生分组,组织或指导互动讨论,学生开展小组协作后提交成果并展示。

(5)随堂检测

学生课上完成课题导入和新任务后,进行学习诊断,完成随堂测验练习并及时提交,得到实时反馈。

(6)精讲与点评

基于数据分析,教师根据测评反馈结果对知识点难点进行精讲,对薄弱环节补充讲解,重点进行问题辨析,通过多样化的互动交流解决学生在新任务中遇到的问题。

(7)巩固提升

学生针对教师布置的弹性分层作业和任务,对所学习的新内容进行巩固运用,拓展提升。

(二)主要教学活动的组织

教学是教师与学生的双边活动,从不同主体和他们在课堂教学中的行为来看,教学活动可以分为教师"教"的活动和学生"学"的活动[①]。

1.教师"教"的活动

本着"以学生为中心""以学定教"的智慧课堂教学理念,教师主要是作为学生学习的辅助者和引导者,其"教"的活动作为引发、促进学生能动、有效学习的手段,主要体现在对学生学习的引导上。学者谢幼如等认为,指向"教"的活动主要有创设情境、激发动机、提出问题、资源推送、引导思考、总结归纳、评价分析、解答疑问、强化记忆、促进迁移等作用。

2.学生"学"的活动

智慧课堂的核心目标是促进学生智慧的生成,因此学生"学"的活动成为课堂教学的基本状态,并让学生的自主学习占据主要的教学时空。"学"的活动

[①] 谢幼如,邱艺.走进智慧课堂[M].北京:北京师范大学出版社,2019:68.

以促进学生创造能力、问题解决能力等高阶思维能力的培养为目的,主要包括注意观察、实际操作、讨论争辩、动作模仿、练习巩固、创作提升、积极思考(如判断、辨别、比较、分析、综合)、生成作品、成果展示等。

智慧课堂教学具有生成性,没有一以贯之的固定模式,但通过分析,我们可以发现智慧课堂教学环节和活动设计体现了"以学生为中心",突出了对学生的问题发现能力、解决能力、探究能力、合作能力等的培养,并且形式上也从学生单打独斗式学习逐渐走向学习共同体的合作学习。因此,在具体的教学过程中,教师应在把握此理念的基础上,根据教学目标结合实际教学中学生的学习情况和课堂表现对教学活动进行灵活的设计。

拓展阅读

课堂教学活动设计案例[①]

教学环节	教师活动	学生活动
情境导入 确定项目	1.课前利用调查问卷调查学生最喜爱的神话故事,完成数据分析 2.导入精彩视频进入本课话题,提出驱动问题:如果有一天,神话故事中的人物来到你身边,你打算跟他(她)怎样度过 3.布置项目任务,指导分组 4.指导学生上网搜索中外神话故事、电影、视频	1.小组合作完成问卷调查表 2.了解项目任务,分小组完成计划书 3.小组上网搜索观看中外神话故事、电影、视频
小组分工 合作探究	1.指导学生会写本单元课文《12 盘古开天地》《13 精卫填海》《14 普罗米修斯》《15 女娲补天》中32个生字,会认33个生字,学习《语文园地八》。拓展阅读推荐书籍《中国神话传说》《世界经典神话与传说故事》 2.指导学生借助思维导图软件理清课文脉络,把握课文主要内容 3.教师查看学生上传的思维导图,组织学生讨论,做出修改完善	1.小组合作学习课文中的生字词 2.小组交流合作:抓课文关键信息、绘制思维导图、理清课文脉络、概括课文大意 3.阅读相关拓展书籍

[①] 陈少静.基于智慧课堂环境下的小学语文项目式学习设计——以统编教材小学语文四年级上册第四单元教学为例[J].教育信息技术,2020(Z1):145-147.

续表

教学环节	教师活动	学生活动
完成作品 交流完善	1.教师在平台发布任务：假如你是一位作家，你选哪一位神话故事中的人物和你共同度过一天？把你们的经历编写成一篇故事。指导学生完成习作（我和_____过一天） 2.假如你是一位画家，请你来设计一份神话故事海报、一份神话故事绘本	1.学生完成习作 2.小组合作完成海报、绘本 3.学生把作品上传到网络学习平台
展示作品 互评交流	1.上网推送优秀习作、优秀海报、优秀绘本 2.在网络学习平台师生、生生互相点评作品 3.录制学生讲故事视频 4.教师即时在网络学习平台评价学生作品，同时指导学生互相评价交流	1.学生在线发送作品 2.在网络学习平台小组互动评价交流 3.线上线下开展丰富多彩的中外神话故事会的活动
汇报总结 作品评价	1.组织学生完成各小组习作、海报、绘本的自评、互评以及最佳习作、最佳海报和最佳绘本的评选 2.根据学生项目活动过程中的表现完成对学生的过程性评价 3.指导学生进行学习小结以及反思	1.学生展示个人以及小组作品 2.生生互动交流评价 3.分享学习收获

三、教学策略设计

这里所说的教学策略，不单指教学方法，还包括开展教学活动时涉及的各要素的选择和安排。

(一)教学媒体资源和工具的选择

当前，各种数字教育资源十分丰富，内容覆盖各个领域，通过图、文、声、像、动画等媒体形式对学习者进行多感官刺激。因此，教师可以从国家教育资源公共服务平台等处搜寻、获取、整理有助于教学的现成资源；对于某些有特殊的、个性化需求的资源，需要教师根据实际情况对现存资料进行二次开发，创造性地自建新的教学资源。

智能化教学平台为智慧课堂的教学提供了促进学生知识体系构建、交流互动和促进学习的数字化辅助学习工具。主要可以分为三类：思维可视化工具、学科工具、交流与协作工具。其中,思维可视化工具是运用一系列图示技术把不可视的思维(思考方法、路径、过程等)呈现出来,使其清晰化的工具,例如 MindManager、韦恩图、鱼骨图、PMI 表格等。这些工具将思维可视化,提高了信息整理、加工、传递的效能。学科工具则指某一类特殊的计算机软件程序,专门为解决特定学科、专业和领域的某些问题而设计开发,具有专业性(专门性)、功能性、探究性等特性。例如,化学学科的 ChemSketch,数学学科的 MathCAD、几何画板等。交流与协作工具包括实时聊天室等,可以支持学习者围绕学习主体或小组活动开展实时或非实时的交流、同步与异步的协作[1]。

> **拓展阅读**
>
> 教学媒体选择应遵循的八项原则[2]
> (1)要根据教学媒体的特征和功能来选择;
> (2)坚持始终如一地根据教学目标类型和学生特征来选择教学媒体;
> (3)没有一种"万能媒体",即没有一种媒体对所有的教育目标都是最佳的;
> (4)在选择媒体时,应该考虑媒体的易获取性;
> (5)应考虑媒体的成本效益;
> (6)教师必须熟悉所选择的教学媒体的内容、技术操作和特性;
> (7)多种媒体优化组合使用比只用一种媒体的教学效果好;
> (8)不要因为媒体容易得到而简单化地使用。

(二)教学组织形式选择

智慧课堂中常用的教学组织形式有集体教学、小组教学、个别指导。

1.集体教学

集体教学时教师通过自己的讲授,把教学内容同时传递给课堂的每一个学生。其优点是教学效率高,接受面广,具有规模效应。不足在于集体教学一般照顾大多数学生,难以顾及学生的个别差异,会出现学生学习比较被动,先进生"吃不饱"和后进生"跟不上"的问题。

---

[1] 郑云翔.新建构主义视角下大学生个性化学习的教学模式探究[J].远程教育杂志,2015,33(4):48-58.
[2] 沈亚强,蔡铁权,程燕平,等.现代教育技术基础[M].杭州:浙江大学出版社,2000:357-358.

2.小组教学

小组教学是指将全班学生分成若干个学习小组而进行教学[①]。基于大数据统计分析和人工智能诊断的智慧教学系统,实现了根据教学需求和学生实际情况,将有相同学习需求、学习兴趣、学习能力的学生智能分层分组,形成若干个具有针对性的学习共同体的功能。教师利用系统资源分层共享功能,通过系统终端把教学资源分层分类推送给不同的学生,学生采用小组合作的方式,对学习内容进行探究讨论,教师在此过程中以辅助者的角色进行实时引导,最后小组将学习成果共享到智慧课堂教学平台,教师和学生对其成果进行评价反馈。其优点是可以增强学生学习的主动性,促进学生合作学习能力、沟通能力、分析判断能力等多方面综合能力的提升,但是对教师的组织能力要求较高。

3.个别指导

个别指导主要是学生按照自己的进度学习,自主完成学习活动,教师通过系统生成的学生行为数据进行分析,根据学生的学习进度、学习效果、学习风格,为学生动态推送针对性学习内容,提供具体化学习路径,并根据学生需要适时给予指导。其优点是顾及了学生的个别差异,学生的自主性较强,不足在于学生间学习进度不一,可能耽误全班的教学进程。

(三)智慧教学方法运用

教学方法体现教师的教学风格与智慧。智慧课堂中常用的教学方法有弹幕教学、问题导向教学、任务驱动教学和情境化教学等。

1.弹幕教学[②]

弹幕教学法是信息技术背景下传统讲授法的升级版。弹幕教学是指在教学过程中,学生手持平板电脑或智能手机,随时可以通过智能终端提出问题,发表看法,其内容将即时显示在教师终端上,教师根据学生的问题,及时交流

---

① 李森.现代教学论[M].北京:人民教育出版社.2011:408.
② 曾明星,黄伟."互联网+"背景下创客教育与专业教育融合的路径探索[J].现代远程教育研究,2017(3):67-75.

答疑解惑,并根据需要随时调整授课内容和授课方式。这种教学方法可以极大提高学生学习的兴趣与效果。

2. 问题导向教学

从知识掌握走向能力形成是存在鸿沟的,问题解决的过程正是从知识掌握走向能力形成的过程。问题可以来源于学生预习阶段的疑惑或教师对薄弱知识点的提问,也可以源于与教学内容相关的课外的现实问题。设计问题时要注意:一是问题要难度适中,让学生能够"跳一跳摘果子";二是问题要具有一定的开放性,解决问题的方式要有多种选择;三是问题的设计是要有意义,最好还能有一点争议,引起学生的讨论,进而促进批判性思维的生成。

3. 任务驱动教学

任务驱动教学法是指教师将学习内容进行任务化设计,目的是让学生通过学习任务的驱动深度参与课堂学习过程,发展思维能力[1]。一个任务设计得好不好,将影响学生的学习效果。学习任务包括发现类、构想抉择类、归纳类和评价类,教师要基于不同的学科,选择不同的任务类型[2]。首先,教师需要挖掘具体知识所蕴含的思维取向和应用价值,并结合学生的兴趣确定任务的主题。其次,创设贴近真实生活的情境或直接采用现实生活的情境呈现主题任务。再次,任务要具有一定的复杂性,理想的任务能够引起小组学生激烈的讨论,并需要小组同学发挥各自的优势,在探究中共同完成。最后,学生在参与任务的过程中实现知识的学以致用。

4. 情境化教学

研究表明,课堂教学存在的一个问题是学生对学习缺乏认同感,没有学习兴趣,不知道自己为什么要学习相关知识,以及不知道所学知识有何用[3]。因此,"设境激趣"的情境化教学方法在智慧课堂教学中具有重要意义。情境化

---

[1] 高琳琳,解月光."互联网+"背景下智慧课堂教学设计研究[J]. 教育理论与实践,2019,39(20):10-12.
[2] 马勋雕,解月光,庞敬文. 智慧课堂中学习任务的构成要素及设计过程模型研究[J]. 中国电化教育,2019(4):29-35.
[3] 庞敬文,张宇航,王梦雪,等. 基于微课的初中数学智慧课堂构建及案例研究[J]. 中国电化教育,2016(5):65-71.

教学是指教师创设学生熟悉、感兴趣的与学生已有经验一致的情境,甚至以信息技术创建的智慧学习环境和模拟现实技术为载体再现真实情境,拉近学生与所学知识的距离,激发学习主体性,并在活动、情境中建构知识,领会知识,应用知识。

四、学习评价设计

依托于智慧课堂智能服务平台实时推送及大数据分析等技术,智慧课堂教学设计相较于传统教学评价具有了实时测评、即时反馈、贯穿课堂教学全过程的特征,因此课堂教学过程中的学习评价设计要考虑到过程性评价与总结性评价两个方面。

(一)过程性评价

过程性评价的目的在于判断学生是否能够适应教学进度,为教师调整教学策略和教学节奏提供依据,是一种课堂实时测评。在设计时要注意以下几个方面。

1.评价时间

教学评价穿插在课堂教学的全过程,在重难点或易错知识点的关键节点,依据学生的学习状态进行实时测试。

2.评价对象与内容可以是面向全体学生的统一测试,也可以是根据学生的学习需求、状态和进展,分难度对不同学生进行针对性测试。

3.评价主体与方式

教师通过智慧课堂智能服务平台教师终端智能推送测试题,学生通过平台学生终端完成测试并提交答案。教师根据学生小组交流情况和学生个人学习行为表现,再结合学生的答题情况判断学生与预期目标的差距,及时发现学生学习过程中遇到的困难,进而调整教学策略与进度,通过讲解、演示等方式进行针对性指导。

(二)总结性评价

总结性评价是对课堂教学活动全过程中学生的整体表现进行综合评价,在设计时需注意以下几个方面。

1.评价时间

总结性评价是课堂教学的最后一个环节,可以在课上最后总结阶段,也可以是在课下整个教学活动结束之后。

2.评价对象与内容

围绕知识掌握、能力提高、交流协作、作业质量、知识创新等进行多元评价[1]。既要评价全班学生的整体情况,又要对学生个体进行个性化评价;既要评价学习速度、持续时间、任务完成比例等行为进展,也要评价包括投入程度、努力程度、学习策略应用等行为表现,还要评价包括认知目标、思维发展、能力提升等行为结果[2];既要评价学生的知识掌握与技能形成,也要评价学生的学习过程与学习方法,还要评价学生情感态度与价值观等人格方面的发展。

3.评价主体与方式

相较于传统课堂,智慧课堂的评价主体呈现多元化的特点,可以教师评,可以学生评,还可以系统自动评价。同时,可以充分发挥学生在评价中的主体性,可以自评,也可以互评;可以个人评,也可以小组评。教师在设计总结性评价时,要将基于智慧课堂智能服务平台的数据挖掘、分析、建模等技术的系统自动分析与教师和学生的主观判断结合起来。

第五节 课后总结阶段的设计

课后总结阶段是课堂教学的延伸,侧重于对学生个性化的辅导和拓展设计,以及教师对整个教学过程的反思总结。

---

[1] 郑云翔.新建构主义视角下大学生个性化学习的教学模式探究[J].远程教育杂志,2015,33(4):48-58.
[2] 李祎,王伟,钟绍春,等.智慧课堂中的智慧生成策略研究[J].电化教育研究,2017,38(1):108-114.

一、课后拓展设计

布置课后作业与习题的目的是对课堂上的内容进行进一步的巩固,属于"查漏",而拓展资源的发布则是为了针对性解决学生在教学过程中未解决的问题,属于"补缺"。

(一)作业习题和拓展资源设计

作业习题的设计主要立足学生对知识的掌握与巩固,让学生在做题的过程找到自己的知识漏洞。所以教师设计的课后习题要做到习题内容围绕教学目标,尽可能包含需要掌握的全部知识点;多样化设置题型,客观、主观题都要有所涉及;难度搭配要适宜,既符合学生认知发展水平又要具有区分度;同时根据学生的精力和注意力集中程度安排合适的题量。

拓展资源的设计是帮助学生查漏补缺,因此拓展资源的设计与发布要具体学生具体分析,基于课前诊断和课堂学习评价,根据学生的薄弱点(一般为教学的重难点和易错点)与兴趣点,选择具有教育性、科学性、艺术性的拓展资源[1]。

(二)多样化交流反馈方式

基于智慧课堂网络学习空间,学生将作业和学习成果及时上传,作业提交给教师,学习成果、感受与疑问则分享至互动平台。作业客观题由平台自动批改和反馈,主观题由教师批改,针对不同的作业情况,采取文字交流、语音辅导、视频对话、录制微课等方式,及时推送给学生,进行个性化辅导;学习成果、感受与疑问则基于网络学习空间,教师与学生共同参与讨论交流等。

二、课后教学反思设计

课后反思是教学的重要环节,目的是对教师的教学情况进行评价,找出优势和不足,指导下一阶段的教学。

---

[1] 宋灵青,谢幼如,王芹磊,等. 走进翻转课堂[M]. 北京:北京师范大学出版社,2019:96.

(一)教学反思的内容

教学反思的主要内容是对教师自身的教学能力及课堂教学有效性进行评价。

1. 对自身教学能力的反思

教师的教学能力包括对教学内容的处理能力、运用教学方法和手段的能力、教学组织和管理能力、语言表达能力、教学科研能力、教育机智、与学生交往的能力等。具体来说,可从讲述的内容方面判断教师的专业水平;从教材解读上判断教师吸取、处理和传递知识的能力;从教学资源的选取上判断教师获取知识、收集知识、整理知识的素养;从讲授的准确程度和严谨程度判断教师的逻辑思维能力;从对信息技术和智慧课堂智能服务平台的运用判断教师的信息技术与学科教学的融合能力;从课堂纪律状况判断教师的课堂管理能力。

2. 对课堂教学有效性的反思

包括对教学目标设定、教学内容和教学活动组织、教学方法和教学环境安排、教学媒体与技术工具选择、教学评价等要素进行反思与总结。有效的课堂教学具体体现为明确的教学目标定位、全面的教学方案设计、清晰的教学语言表达、适宜的教学内容呈现、互动的教学实践样态、多样的教学策略运用、恰当的教学技术介入、高超的教学艺术体现与及时的教学信息反馈等。

📖 拓展阅读 ○┄┄┄┄┄

课堂教学的评价指标[1]

评价指标	评价内容
目的内容	教学目的明确、教学目标具体、可行、可测;教学内容充实、清楚、无误,重点、难点处理得当;结合学科特点,渗透思想教育,发挥学生的创造潜能
教学方法	教学结构流程合理;教学方法新颖、灵活、深入浅出,具有可操作性和可移植性,符合学生的年龄特点,能激起学生的学习兴趣和动机;反馈及时,掌握得当

---

[1] 张祖忻,章伟民,刘美凤,等.教学设计:原理与应用[M].北京:高等教育出版社,2011:258.

续表

评价指标	评价内容
教学媒体	选择的媒体质量上符合科学性、教育性、技术性、艺术性的要求,数量上能满足教学需要;使用有针对性和启发性,使用时机和作用点与教学目标吻合;多种媒体组合能取长补短,相辅相成
教师素养	教态亲切、自然;语言标准、生动;衣冠整洁、大方;课堂应变能力强;演示操作熟练、正确、规范、效果好;板书工整、繁简适宜
教学效果	学生注意力集中、学习积极主动,反应面广;达到教学目标,按时完成教学任务;形成性练习完成正确、按时

(二)教学反思的方式

教师对教学情况的反思,分为他评和自评两种方式。

1.他评

他评包括学生、同侪教师、专家以及家长的评价。一方面,沿袭传统评价方式,可以通过观察学生的行为表现、平台发放问卷、教师线上线下沟通交流等方式获得学生的评价;通过在教研活动、公开课、竞赛、家校开放日中,邀请同事、专家、家长现场观课,获得同侪的课后点评。另一方面,发挥信息技术赋能的优势,依托智慧教室智能录播系统与网络教研系统,打破时空限制,进行多元参与、群智评析的智慧点评。以基于醍摩豆智慧教育系统的智慧课堂为例,教师在授课前点击醍摩豆AI教研中心智能主机显示的苏格拉底教研图标,获取课程二维码,将二维码展示给现场参与教研活动的人员,或通过社交媒介(如QQ、钉钉、微信)发布给不在场的其他目标群体,参与评价的主体通过手机扫描二维码进入苏格拉底课程界面,登录醍摩豆账号或用访客身份进入,即可对课堂教学进行实时观摩,并随时根据课堂情况,采用文本、照片的方式实时记录心得,并对教学进行即时的标记和点评(通过选择焦点维度,输入议课内容的方式),整个授课过程都全程直播与录制,同时系统同步采集观议课信息和教学行为数据特征,并在授课结束后自动生成苏格拉底教学行为数据报告、包含标注议课焦点和评论的苏格拉底影片(教师课堂教学实录)以及议课报表。

2. 自评

自评是最常见的反思方式。随着信息技术的发展,智慧课堂教学环境设施也逐渐智能化。基于上述智能录播设备的支撑,整个授课过程全程直播与录制,过程中系统同步采集观议课信息和教学行为数据特征,为教师进行教学反思提供了资源和依据。

思考题

1. 智慧课堂教学设计的内涵是什么?它具有哪些特征?
2. 智慧课堂教学目标设计的方法是什么?
3. 智慧课堂教学设计分几个阶段?每个阶段教学设计的重点是什么?

第六章 智慧课堂的教学模式

教学模式在不同历史时期有不同的表现形式。在古代生产力比较落后的特定历史条件下，教学模式不固定且完全凭借教师的主观意愿，所有的教授通过言传身教完成；近代大工业发展伴随资本的扩张，需要大量具备一定文化水平的工人投入生产线中，一对多的规模教学应运而生。后随着人本主义、行为主义、认知主义、建构主义、后现代主义等理论流派的出现，基于各自利益诉求，各具特色的价值主张被提出，要求改变传统的僵化的教学模式。现代信息网络技术与社会各行各业的深度结合，依托物联网、云计算、大数据、无线通信的智慧课堂也随之出现。

☆ 学习目标

1. 了解教学模式的历史演变；
2. 掌握智慧课堂教学模式的基本特点；
3. 熟悉智慧课堂教学模式的体系架构；
4. 掌握几种重要的智慧课堂教学模式。

思维导图

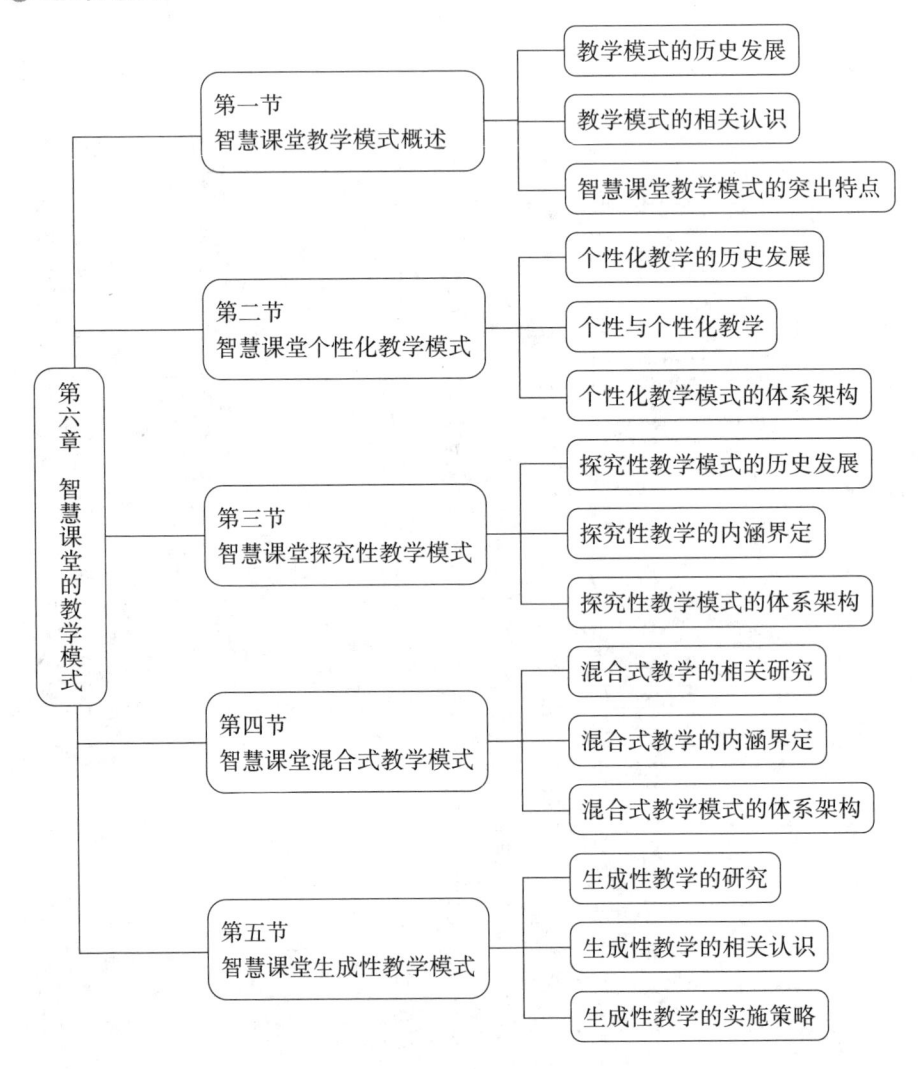

第六章 智慧课堂的教学模式
- 第一节 智慧课堂教学模式概述
  - 教学模式的历史发展
  - 教学模式的相关认识
  - 智慧课堂教学模式的突出特点
- 第二节 智慧课堂个性化教学模式
  - 个性化教学的历史发展
  - 个性与个性化教学
  - 个性化教学模式的体系架构
- 第三节 智慧课堂探究性教学模式
  - 探究性教学模式的历史发展
  - 探究性教学的内涵界定
  - 探究性教学模式的体系架构
- 第四节 智慧课堂混合式教学模式
  - 混合式教学的相关研究
  - 混合式教学的内涵界定
  - 混合式教学模式的体系架构
- 第五节 智慧课堂生成性教学模式
  - 生成性教学的研究
  - 生成性教学的相关认识
  - 生成性教学的实施策略

第一节　智慧课堂教学模式概述

数字时代学习者的认知、态度及行为习惯发生了改变,他们更偏好快速接收信息,多任务和平行处理,喜欢图片、声音、影像和超链接资源。我们需要了解智慧课堂教学模式的历史发展、概念诠释、体系架构及其突出特点。

一、教学模式的历史发展

以教师为中心的教学模式在中国存在几千年,自有学校(含私塾)以来就不自觉地存在着。在17世纪30年代,捷克夸美纽斯发表《大教学论》,提出建立班级授课制度。从此,这种以教师为绝对主导,学生处于从属地位的教学形式作为一种模式被固定下来。此后,世界各国有许多教育学家和心理学家研究出支持这种模式的多种理论,如19世纪德国赫尔巴特的"五段教学"理论,苏联赞可夫的"发展观"理论、巴班斯基的"最优化"理论,以及美国布鲁纳的"学科结构论"和奥苏贝尔的"学与教"理论等。这些理论又以奥苏贝尔的"学与教"理论最受推崇[1]。

另一种教学模式是以学生为主体的教学模式,它与以教师为主体的教学模式截然不同,是随多媒体技术、网络技术在全球大环境中的推广和普及逐步建立起来的。这种教学模式的支持理论是建构主义学习理论。建构主义的教学理论要求教师由知识的传授者、灌输者转变为学生主动建构意义的帮助者、促进者,要求教师在教学过程中采用全新的教育思想与教学模式、教学方法和教学设计。

1972年,美国课程论学者乔伊斯等人在《教学模式》一书中,将"模式"这一概念引入教学研究领域,认为教学模式是在对许多教师教学实践的研究与改进的基础上,形成的提升教师教学效能的各种模式。20世纪80年代,我国开始引进教学模式这一概念。我国教学模式研究大致经历了三个阶段:一是教学模式的引介与移植阶段(1981—1988年),二是教学模式的理论探讨阶段(1989—1994年),三是教学模式的本土建构阶段(1995年至今)。经过前两个阶段的研

---

[1] 黄秋生.e-环境下的教育教学模式思考[J].电化教育研究,2001(11):28-32.

究积淀,学界在教学模式的本质内涵、功能定位、分类标准、选择运用等方面取得了丰硕成果。到第三阶段,研究动向逐渐从理论研究转为学校层面的教学模式建构研究。在此期间,我国教学一线出现了许多本土的、优秀的教学模式,如李吉林的情景教学模式、邱学华的尝试教学模式、卢仲衡的自学辅导教学模式等。

二、教学模式的相关认识

关于教学模式的相关认识,主要从教育学和信息化两大视角来解读。传统对教学模式的界定是对教育系统中的各个要素进行排列重组,最终形成对教育教学、教学管理的指导文件。信息化视角下的教学模式因为有了新一代智能技术的支撑,着重强调将技术融入课堂教学、教学管理,突出人工智能技术对班级教学、课堂管理、教学评价的重要意义。

(一)关于教学模式的概念界定

我国对教学模式的研究是从20世纪80年代开始的,这一研究源于对美国学者乔伊斯和韦尔1972年出版的《教学模式》(Models of Teaching)的介绍。乔伊斯和韦尔认为:教学模式是构成课程(长时间的学习课程)、选择教材、指导在教室和其他环境中教学活动的一种计划或范型。大量的专家学者从教育学视角进行了多方面的阐述,主要有如下观点:

(1)教学模式"是在一定教学思想指导下和丰富的教学实践经验基础上,为完成特定的教学目标和内容而围绕某一主题形成的稳定而简明的教学结构理论模型及其具体操作的实践活动方式。"[①]这种观点将教学模式看作是指导教学实践的具体结构模型,兼顾思想与经验、理论与实践、内容与目标。

(2)教学模式是指在一定教学思想或教学理论指导下建立起来的各种教学活动的基本结构或框架。[②]这种观点概括性地将教学模式界定为教学结构和框架,突出理论的重要性。

---

① 李森.现代教学论[M].北京:人民教育出版社,2011:342.
② 张志勇.对教学模式的若干理论思考[J].中国教育学刊,1996(4):35-38.

（3）教学模式是指在教学规律和一定的教学思想指导下进行教学的策略体系或方法论体系。[①]这种观点侧重于强调教学模式在教学中的具体操作，突出了教学模式的实践性。

（4）教学模式是以简化形式表达出来的教学理论。这种观点将教学模式看成教学理论，是对教学模式的平面化。

（5）教学模式是在一定教学理念指导下，围绕某一教学主题，形成相对稳定的、系统化和理论化的教学范型和活动程序。这种观点将教学模式看作既有一个合理的结构，又内隐着运作的程序。

在国家大力促进教育现代化的时代背景下，教育信息化水平不断提高，朝着更高的智慧化方向发展。基于智慧课堂的教学模式将新一代人工智能技术应用于教学，为完成教学目标而对教育系统中各个要素的优化调整，以便更好落实到实际教学以产生最佳效果。

（1）信息化视角下的教学模式是指智能技术被引入课堂教学，通过构建"云—台—端"整体架构，创设网络化、数据化、交互化、智能化学习环境，支持线上线下一体化、课内课外一体化、虚拟现实一体化的全场景教学应用；推动学科智慧教学模式创新，实现个性化学习和因材施教，促进学习者转识为智，智慧发展[②]。

（2）智慧教学模式是在智慧课堂环境下，教师创设学习环境和空间，深度融合和创新应用教学资源和教学技术，重构课堂教学组织和生态，为学生开展体验式学习、混合式学习和个性化学习提供精准指导的解决方案与流程[③]。

根据以上观点并结合智慧课堂背景，本书将教学模式界定为依托新一代互联网技术，为完成特定任务和目标而创设智能教授空间和智慧学习空间，以临场感充分激发学生学习动机，重构课堂生态系统以缓解线性僵化的师生关系所引发的课堂危机，旨在促进学生智慧生成的体系架构。

[①] 甄德山.教学模式及其管理浅议[J].天津师大学报，1984(5)：35-40.
[②] 刘邦奇，李新义，袁婷婷，等.基于智慧课堂的学科教学模式创新与应用研究[J].电化教育研究，2019，40(4)：85-91.
[③] 蔡宝来.教育信息化2.0时代的智慧教学：理念、特质及模式[J].中国教育学刊，2019(11)：56-61.

(二)几种重要的智慧课堂下的教学模式

信息技术的迅猛发展,借助于互联网技术和网络平台的教学模式为教与学提供了极大的便利。慕课、微课、翻转课堂等新兴教学模式的发展,增进了师生间、生生间的立体化沟通交流,有利于开展协作、对话和探究,帮助学习者进行知识意义的建构,服务和帮助学习者的学习发展[①]。建构主义学习理论作为互联网时代的核心教育理论,在互联网时代能够依托技术更好地实现建构主义的教育理念。本书主要介绍的与智慧课堂结合的个性化教学模式、探究性教学模式、混合式教学模式以及生成性教学模式,也均以此作为理论支撑。

个性化教学相对于规模化教学,是对规模教学弊病的革除。在信息技术和人工智能技术迅猛发展的今天,智慧课堂从1.0发展到3.0阶段,其所依托的大数据技术能够对教师的教学行为和学生学习信息进行全方位记录并整理,而人工智能技术则可以对收集到的海量数据资料进行分析、分类、汇总,从而及时准确地反馈和干预教师教学,并为学生推送个性化学习资源和学习途径。

探究性教学是将知识学问的获得看作一个科学研究的过程,教师与学生的关系是"主导—主体"型。教师提出引发学生思考的命题,只提供必要性资料,而其他佐证资料都需学生自发收集和记录,同时教师启发学生时应尽量避免过于详细和具体,恰当地以"是"或"否"解决学生提问。教师真正成为辅助者,知识的获得并非最终目的,重要的是教会学生形成科学态度、探究思维的同时掌握科学研究方法和发展复杂问题解决能力。

混合式教学是指将传统"面对面"教学与线上学习结合起来,在线学习主要通过慕课、微课等进行,线上教学将完成传统课堂主要的教学任务。因此,我们需要正确处理两者的关系。微课、慕课、翻转课堂等教学模式无法完全取代传统课堂教学,而且它们之间也不是"你死我活"的对立关系,完全可以融合它们的优点,兼容并包,在"互联网+"的大背景下,充分利用网络教学平台和课堂教学平台,整合各种教学资源,探索基于"互联网+"智慧教学的新型教学模式,更好地服务普通高等教育和高等职业教育[②]。

生成性教学是一种相对于预设教学而言的教学模式,两种教学模式的区

[①] 刘邦奇.为学习服务:"互联网+"时代的教育观念、模式及实现途径[J].中国电化教育,2017(8):39-45.
[②] 黄家琴.基于"互联网+"智慧教学的新型教学模式研究与实践[J].才智,2019(14):51.

别体现在:其一,生成性教学强调学生的自主建构,预设式教学强调学生被动接受;其二,预设式教学是一种静态程序,生成性教学则是一种动态生成。从这个方面来讲,预设是生成的基础,生成是预设的升华。

(四)教学模式的体系架构

教学模式有以下六个构成要素:主题、理论依据、功能目标、操作程序、实现条件和评价[①]。

1. 主题

主题是某一事物的中心和概括性总结,贯穿该事物产生发展的全程。有了主题,其他与之相关的研究范畴才衍生出来。如个性化教学模式的主题是个性,探究性教学模式的主题是探究,生成性教学模式的主题是生成。

2. 理论依据

理论依据是教学模式赖以建立的理论或思想,是支撑教学模式这座大厦的基石。教学模式的构建必须有一定的理论做指导,在不同的教学理念指导下会形成不同的教学模式。关于理论基础,智慧课堂教学模式不仅要强调经典的教学理论,而且还要重视随着信息技术浪潮发展起来的智能技术理念,将经典性的理论依据和现实性的技术依据结合起来,进而深化对信息化视角下教学模式的认识。

3. 功能目标

任何一种教学模式的诞生,都存在着明确的目的指向,都是为了达成一定的教学计划,完成一定的教学目的。智慧课堂下的教学模式要求将追求知识与技能、过程与方法、情感态度与价值观的三维目标转向培养学生的智慧能力,即更加强调学生的高阶思维能力、创造性问题解决能力。

4. 操作程序

操作程序关系到教学模式如何落地,是实施教学的具体步骤。在智慧课堂背景下,新兴教学技术被运用于课堂,教学过程的交互性被空前强化。在智

---

① 李森.现代教学论纲要[M].北京:人民教育出版社,2005:225-227.

慧课堂教学模式中，教师可以借助虚拟现实、人工智能、大数据等智能化技术，创设真实问题情境，使学生投入到真实问题的解决中。教师可在问题解决的关键环节，预先或实时向学生推送精心设计的个性化学习资源（如专题学习材料、问题支架等），帮助学生建构知识、发展思维。学生则可充分利用智慧学习资源，通过个人探究、学习共同体互动与协作，寻求问题解决的方法。同时，教师可以借助实时收集的学生过程性数据，真正实现精准评价，为做出科学的教学决策提供依据。

5.实现条件

实现条件即支持教学模式顺利进行的有利因素。传统观点认为教学模式的实现条件包括教师、学生、教学内容、教学方法、教学时间、教学空间等。随着教育信息化的发展，智能技术对教学模式的支持作用在其他实现条件相对稳定的情况下越发凸显出来。技术作为一种支撑条件主要表现在两个方面。一方面是技术的发展带来工具的便捷性和多样化。技术的发展使得学科软件、建模工具、可视化思维工具、交互工具等认知工具与情感识别工具在交互型智慧课堂教学模式中得以内嵌，即以平台集成方式提供支持，其便捷性和有效性都得以大幅提升[1]。另一方面，工具的进阶式发展带来教学理念和信息素养的革新。教学工具功能越发复杂，要求教师具备相应的能力适应其发展。

6.评价

评价是对教师教学目标、教学任务完成情况和学生学习情况以一定的标准和方法进行评估的过程。智慧课堂教学评价应对评价取向、评价方式进行革新。一方面，传统考试模式下的教学评价是对学生的知识掌握情况的评判，考查学生三维目标的达成情况。在新的教学理念下，要求评价的取向转向学生智慧能力的发展水平、高阶思维能力的形成情况以及问题解决能力的发展情况。另一方面，评价方式上，总结性评价、过程性评价、主体互评应结合起来。总结性评价强调对最终达成情况的评判，过程性评价强调教学过程的表现，主体互评是指教师、学生之间，以及生生之间互相进行评价，从而能对教师的教学和学生的学习做出一个较为全面的评价。

---

[1] 于颖,陈文文.智慧课堂教学模式的进阶式发展探析[J].中国电化教育,2018(11):126-132.

三、智慧课堂教学模式的突出特点

(一)硬件设备智能化

智慧课堂的教学软硬件都较传统的教学工具有了质的飞跃。智能技术被引进课堂,通过集成学习终端、无线网络、多屏互动、自然交互、3D打印等技术,为学习者提供智能化互动学习空间,从而改变了传统教室非流动性的缺点,变革了固化的师生角色。

(二)教学环境虚拟化

智慧课堂凭借智能技术的支持,理科中抽象事物可通过计算机构建模型具体化,文科类晦涩概念可通过增强现实技术创设情景使学生产生临场感,从而从技术上解决教学中的难题。同时,因为这种创设的情境是虚拟的,某些具有危险性的实验也能通过模拟安全地进行,学生能感受真实的实验过程,从而提高学习的兴趣,更直观地理解实验原理。

(三)教学场域开放化

智慧课堂改变了传统教室非流动性、封闭的缺点。传统课堂中,学生被固定到指定位置,教师在讲台授课。智慧课堂的教学场域被扩大到世界上的任何一个角落,不同地点、同一时间、学习同一学习内容的学习者都能成为这个场域中的主体。智慧学习环境不仅包括学校学习环境,也涵盖家庭学习、社区学习、职场学习和场馆学习环境。智慧教育也应超越学校范围,保持开放,将城市图书馆、科技馆等学习空间的建设纳入其中[1]。智慧课堂让学生能够无限扩展课堂空间,根据自己的学习需求选择合适的学习群体,随时进入不同的学习场域进行交流合作。这使得生生关系变得异常活跃与多元[2]。

---

[1] 黄荣怀,刘德建,闫伟,等.雄安新区发展智慧教育的基线调研与政策建议[J].中国远程教育,2019(11):1-14.

[2] 王天平,闫君子.智慧课堂的概念诠释与本质属性[J].电化教育研究,2019,40(11):21-27.

(四)学生学习泛在化

学习的泛在化是对传统班级授课制教学的突破。传统教学组织形式要求学生只能在固定的时间、地点接受指定的学习内容,在网络大数据以及教育资源公共服务平台的支持下,要求创新学习模式,新的学习理念要求学生课上学习与课后学习相结合,正式学习与非正式学习相结合,智慧课堂是一种高内容适配性和高教学效率的教学模式[①]。同时,在时代要求下引进探究式学习、做中学等科学教育理念,可以利用移动技术实现移动学习和泛在学习,提升学习体验。

(五)教师教授个性化

一是个性化学习环境创设和教学方式重构。个性化学习要求网络化、数字化、智能化的智慧课堂环境,以智慧教学化解传统教学中开展个性化学习长期受限的时空难题和困境,为学生个性化学习搭建多维空间,提供自由、交互、多元、共享、个性化的成长环境和平台。二是自主学习基础上的学习进度计划、学习内容和学习策略的个性化定制。个性化学习首先是自主学习,基于兴趣与潜能的学习进度、学习内容的个性化定制,可以给自主学习确定目标、分配任务、匹配时间和进度、推送学习内容和资源,为个性化学习提供科学的实施方案和进度计划。三是大数据支持的精准学习策略指导和深度学习。智慧课堂的课程教学平台,将完整记录和保存直播课堂、笔记、作业、单元测验、情感认知等学习过程大数据,教师在深度挖掘和分析数据后,针对学生的个体差异、学习困难和问题,给予个性化答疑解惑和改进策略指导。在明确自己的进度进展和下一个学习目标后,根据教师的指导和建议,学生将进入拓展学习和高阶学习阶段[②]。

[①] 黄荣怀,刘德建,闫伟,等.雄安新区发展智慧教育的基线调研与政策建议[J].中国远程教育,2019(11):1-14.

[②] 蔡宝来.教育信息化2.0时代的智慧教学:理念、特质及模式[J].中国教育学刊,2019(11):56-61.

第二节 智慧课堂个性化教学模式

《国家教育事业发展"十三五"规划》指出:当今世界教育正在发生革命性变化,教育与经济社会发展的结合更加紧密,以学习者为中心,注重能力培养,促进人的全面发展,全民学习、终身学习、个性化学习的理念日益深入人心。新一轮科技革命和产业变革蓄势待发,互联网、云计算、大数据、智能机器人、3D打印等现代技术深刻改变着人类的思维、生产、生活和学习方式,国际竞争日趋激烈,人才培养与争夺成为焦点。

一、个性化教学的历史发展

个性化教学的理念和实践历经了漫长的发展过程,从孔子的"因材施教",到布鲁姆的教育目标分类,再到凯勒提出的个性化教学系统理论,个性化教学一直以来就是被积极倡导的一种教育思想和理念[1]。在智慧课堂环境下,大数据和智能技术为个性化教学提供了更好的物质基础和技术支持,成为解决传统教育困境的新思路和新方法。个性化教学尊重学生个体存在的差异性,在教学中根据学生的个性学习特征选择恰当的教学内容、教学方法、教学策略、教学情境等,从而促进学生个性的最大化发展。下面将从信息技术角度,探讨基于技术辅助的个性化教学模式的发展历程,将技术辅助的个性化教学模式分为四种:程序教学、视听教学、计算机辅助教学和智慧教学[2]。

(一)程序教学

程序教学由行为主义教学理念的代表人物斯金纳提出,建立在其创立的操作性条件作用学说和强化理论基础之上,并据此设计了教学机器。教学机器是一种台式机械装置,放进机器的教学程序是印在纸带上的按一门学科内容分成一系列有逻辑联系的知识项目,编制成一套渐次加深的问题框架。程序教学需

---

[1] 林胜强.智慧课堂环境下个性化教学模式探究——以高职英语口语课程为例[J].宁波教育学院学报,2019,21(4):17-20.

[2] 刘名卓,张琴珠.信息技术与个性化教学模式探讨[J].现代教育技术,2005(1):11-14.

要合理地设计教材,按照教材内部的逻辑顺序,在操作中将预先安排的教材分成许多小的单元,并按照严格的逻辑顺序编制程序,将教学信息转换成一系列的问题与答案,在学生进入一个新的单元学习前,必须先回答一些关于前一单元的问题。这种程序设计使得学生学习进度不再按照统一步调,而是根据自己的情况安排学习进度和速度进行个别化学习,一定程度上提高了学生的学习积极性,但同时也会局限于预设的学习程序。

(二)视听教学

视听教学是在20世纪60年代随着教学机等在教学上的应用而发展起来的,是一种使用幻灯片、影片、收音机、电视机、录像机、模型等视觉和听觉手段说明解释教材,从而提高教学效率的方法。运用多媒体技术的视听教学是我国当前主流的教学方式,教师通过收集资料制作幻灯片提供给学生观看,很大程度上降低了教师教学负担,提高了教学质量和效率。这就要求教师不仅要熟练掌握所教学科知识,而且要具备一定的计算机和互联网操作能力。基于视听教学的个性化教学在于教师为学生制作个性化的课件和学习内容,在一定程度上增加了教师额外的教学负担。

(三)计算机辅助教学

计算机辅助教学是教师将计算机作为教学媒体,使用计算机帮助教师进行教学或用计算机进行教学,为学生提供个性化的学习环境,学生通过与计算机的交互作用进行学习的一种教学形式。学生通过与计算机的"人机交互"实现自主学习,进而实现个性化学习。我国的计算机辅助教学的发展大致分为三个阶段:第一阶段为起步阶段(20世纪80年代),是我国引入国外计算机辅助教学经验的时期。信息技术以及硬件设备落后,国内的计算机辅助教学尚未得到发展,而国外的计算机辅助教学已经发挥了实际效用,因而选择引进国外的相关理论,为我国的计算机辅助教学发展奠定了理论基础。第二阶段是落实阶段(20世纪80年代到90年代),这一时期更加注重硬件设备。在前一时期引入国外的教育理论,国内教育研究者对计算机教育有了一定的理解后,这一时期更加注重研究计算机的配置、维护等方面的内容。第三阶段是发展阶段

(20世纪90年代中期以后),这一时期主要关注的是软件的设计与开发,进入计算机辅助教学发展的高潮。

(四)智慧教学

智慧教学是在"互联网+"时代、教育信息化时代涌现的应用大数据、智能技术、物联网、泛在网络等新兴技术的智能教学方式。当前经济社会各行各业信息化进程不断加快,党中央、国务院对信息化工作高度重视。智慧教学模式是教育信息化发展过程中的更高发展阶段,是对教学内容、教学模式、教学空间、教学策略等方面的全方位革新。线性的教师教学任务被打破,指导性教学地位被着重强调。智慧教学所体现的个性化教学主要表现在学习目标和任务的分级推送,课后作业的个性化分配,学习结果的多元化评价,教师将学生差异可视化,学生将学习任务泛在化。

二、个性与个性化教学

(一)个性

《现代汉语词典》对于"个性"一词的定义为:在一定的社会条件和教育影响下形成的一个人的比较固定的特性;事物的特性,即矛盾的特殊性。个性源于拉丁语,对其界定有多种角度,包括心理学、哲学以及教育学三方面。

心理学视角关于个性的定义尚无统一的界定,比较为学界接受的是米谢尔的定义。米谢尔将个性界定为个体的外显行为和内隐行为并区别于他人的综合心理特征。史爱荣、孙宏碧认为,个性既代表了一个人在信息意识上的倾向性,如个体的兴趣、爱好、需要、动机、意志、信念等不同,又体现了个体的个性特征,如能力、气质、品德、性格等方面存在的差异[①]。

17世纪德国哲学家莱布尼茨说过:"世界上没有两片相同的树叶。"哲学意义上的个性指一事物与其他事物个性与共性、特殊性与普遍性的辩证关系。

教育学视角的个性主要是从心理学和哲学引申过来的。有学者结合教育

---

① 史爱荣,孙宏碧.教育个性化和教学策略[M].济南:山东教育出版社,2001:4-5.

学和心理学对"个性"给出了定义。首先,个性是个体才有的特征,个体是个性的生物属性上的载体,但个体不能等同于个性。每个人都是具体的人,具有一定的生物学属性,而个性指人的社会性和心理倾向性所具有的所有特征的总和。其次,人的个性是在一定的社会生活条件和环境下逐步形成和发展的,同时还受到生理基础、家庭、学校教育、主观能动性等因素的影响。因此,个性与个体的自然属性联系紧密,但特指个体的社会属性。最后,个性不排斥人与人之间客观存在的社会和心理方面的共同性。

(二)个性化教学

个性化教学有其漫长的发展过程,奴隶社会和封建社会受限于低下的生产力水平,受教育群体被严格限制且教学内容、教学任务简单,教师"一对一"教授学生的个别化教学成为当时主要甚至是唯一的教学形式。这种个别教学在教学内容、教学进度、教学方式和教学时间上做个别安排,体现出对人个性化的关注。

当教育朝着智慧化方向发展,教师借力于辅助媒介,"一对多"的师生关系能产生甚至优于传统"一对一"个别教学的效果。在智慧课堂背景下,个性化教学是指在教学中运用云计算、大数据等新技术的信息采集和分析功能,并根据学情分析给学生分层推送差异化学习计划安排、学习内容设计、学习策略选择以及资源库路径建议,从而更好地帮助教师对学生进行全方位评价,学生更好地进行自主学习、个性化学习的一种教学模式。

三、个性化教学模式的体系架构

(一)理论基础

第一,建构主义理论。建构主义理论并非一种新生理论,最早的建构主义可追溯到苏格拉底和柏拉图时代,后得到布鲁纳、维果茨基、斯滕伯格、卡茨等人的极大推动。建构主义是一种关于知识如何获得以及如何进行学习的理论,强调学生头脑中的知识不是教师灌输的而是自主建构的。该理论非常重视学生的主体地位,强调教学要统筹考虑教育者、受教育者、教学内容、教学情境等要素,认为学生以原有的经验、心理结构和信念来建构知识,强调学习的主动性、社会性和情境性,突出个体内部的重要性。

第二,多元智能理论。多元智能理论是加德纳于1983年在其《智能的结构》一书中首次提出,将人的智能分为7种:语言智能、数理逻辑智能、视觉-空间智能、音乐智能、身体动觉智能、人际关系智能、自我认识智能。认为不同个体在各种智能上有很大差异,每个个体都存在着优势智能,也存在着弱势智能。不同个体存在的不同智能倾向,要求教师帮助学生以他们能够理解的方式获取知识,根据学生的智能差异安排差异化的教学内容、教学策略和教学方式。

(二)功能目标

原始的教育形态就是一种个别化教学,与当前所提及的个别化教学、个性化教学有着迥异的时代背景。工业革命将落后的生产力水平打破后,班级授课制的出现适应了大工厂生产的人员需要,进而取代个别教学成为主流的教学组织形式。信息时代的到来,标准化、流水线式人才不再大规模被需要,具备创新能力、高阶思维能力以及复杂问题解决能力的人才供应不足,时代发展呼唤个别教学的回归以弥补班级授课制的不足。当代教育渴望通过基于各种网络学习空间的个别化教学培养出创新型人才。

(三)个性化教学模式的操作程序

教学过程可划分为课前、课中和课后三个部分。智慧课堂背景下,要充分利用各种信息化手段保证教学组织形式个性化,基于智慧教室、电子书包、移动学习终端等各种学习技术和装备,采用个别化、多样化的教学形式,学生可以自主选择学习内容,自主安排学习进度,能够与教师合作[①]。

课前,教师根据教学数据库汇总的有关学生学业成绩、学习习惯、学习态度等方面的个体差异,推送富媒体预习材料和预习测评。这一阶段,教师最主要的任务是制定差异化教学目标和收集辅导材料并针对性地推送给学生,学生通过智能终端设备接收并完成预习任务。

---

① 刘邦奇.为学习服务:"互联网+"时代的教育观念、模式及实现途径[J].中国电化教育,2017(8):39-45.

课中,教师通过合理分组、分层推送、个别指导等方式,合理分配学习任务,实施科学的分层教学;学生参与小组学习讨论,完成个性化学习任务并反馈[1]。教师根据以往教学档案中所判定的学生的认知基础、课前预习任务完成情况,以及学生课堂中的学习行为和学习表现,从而采取不同的教学策略,做到因材施教。同时,在课中要营造富有吸引力的课堂氛围。利用现代化教学技术,对教学情景进行个性化设计,组织个性化的学习活动,满足学生个性化、多样化的需要。

课后,教师根据课中反馈信息,针对不同情况布置个性化课后作业,并且进行多元评价后将学生课堂表现推送给家长,学生在课后的主要任务是完成相应难度等级的作业并及时反馈给任课教师。同时教师利用在线授课平台对学生进行课后辅导,这种辅导既可以是"一对一"的,也可以是"一对多"的,对学生提出的问题及时作出回应,更好地解决学生提出的问题。

第三节 智慧课堂探究性教学模式

2001年实施的《基础教育课程改革纲要(试行)》明确倡导以"自主、探究、合作"为特征的学习方式,改变传统的以教师为中心、书本为中心的局面。探究性教学要求发挥学生在教学中的自主性、探究性、合作性,更好地发展学生独立提出问题、分析和解决复杂问题的能力,引导学生形成自我探索和发现真理的学术品行。本节将从历史发展、内涵界定和体系架构三方面介绍探究性教学模式。

一、探究性教学模式的历史发展

探究性教学伴随教育活动的产生、发展的始终,并非一个新生概念,而对于探究教学的系统性研究始于20世纪初。比如,杜威的实用主义思想"从做中

---

[1] 林胜强.智慧课堂环境下个性化教学模式探究——以高职英语口语课程为例[J].宁波教育学院学报,2019,21(4):17-20.

学"强调学生从体验中获取知识,布鲁纳"发现教学"理论认为学生在问题情境中积极主动建构知识,从而培养学生的探究思维,探究教学的先行者施瓦布提出"对探究的探究"[1],认为不应该简单向学生灌输知识而是教会学生如何探究问题和解决问题。下面将从国外和国内两方面介绍探究性教学的历史发展。

(一)国外探究性教学的历史发展

自加涅于1963年首先在《科学教学研究杂志》发表有关探究教学的文章以后30多年里,有许多学者在这方进行了大量研究。美国《国家科学课程标准》要求贯彻实施这部标准的学校引导学生们通过积极参加对他们饶有趣味又十分重要的科学探究活动来学习科学。这一政策性措施的出台,将探究性教学作为一个核心策略提出来,将探究性教学的研究推向高潮。

英国2000年颁布《国家科学教育课程标准》突出对学生的科学探究能力的培养。德国提出"范例教学法",提供典型性案例给学生学习,使其通过特例掌握一般,发展学生的推导和问题探究能力。日本在教材中增设"自由研究栏目",强调发挥学生动手动脑能力,根据已有教材基础自行利用互联网、自主进行探究形成个性化认识。以下是五种较为普遍的探究性教学模式:萨其曼探究教学模式、有结构的探究、指导型探究、自由探究、学习环[2]。

1.萨其曼探究教学模式

萨其曼作为探究教学坚定的维护者和倡导者,从信息加工角度对探究的逻辑结构与功能进行了大量实证性的分析,致力于创新教育发展模式,培养创新型人才。萨其曼认为探究能力并不是天生的,需要不断尝试、学习、练习。他提出探究训练的几个基本阶段:创设问题情景、建立假设并收集佐证材料、验证假设、反思。这个过程首先由一个引发学生关注焦点的问题情境开始,充分调动学生好奇心,教师只通过回答"是"或"否"帮助学生获取信息并建立假设,收集到的佐证材料用于学生对假设进行推测性的解释,再通过"是"或"否"的回答检验假设。无论哪一阶段提出的问题,都可以用经验和材料回答。

---

[1] 任长松.探究式学习:学生知识的自主建构[M].北京:教育科学出版社,2005:63.
[2] 徐学福.美国"探究教学"研究30年[J].全球教育展望,2001(8):57-63.

2. 有结构的探究

有结构的探究是指教师事先提供研究的问题、必要的佐证材料以及研究方法,却不提供预期结果。布鲁纳所倡导的发现教学法为学生提供一定的感性材料,让学生积极思考、独立探究,借助于推理提出问题假设,最终自行发现和掌握问题答案。

3. 指导型探究

指导型探究是指给学生提供调查研究的问题,有时也提供辅助材料,学生需要自己对收集的数据进行分类、整理,最终回答探究的问题。

4. 自由探究

自由探究是更高一级的探究模式,研究的问题、探究过程所需材料和研究方法都不再被提供,学生需要独立完成整个探究过程。自由探究意味着学生本人已经具备一定的独立科研能力,能自主发现问题并通过收集数据资料以某种恰当的方式解决。

5. 学习环

学习环教学引发美国科学教学的巨大变革,它主要分为3个阶段:探索、术语介绍及概念应用。第一阶段是学生对新对象、环境、事件等进行的各种探索活动,第二阶段是对收集到的材料作新概念介绍,第三阶段是学生运用新概念、新方法、新观点解决新问题。

(二)国内探究性教学的历史发展

我国从20世纪70年代开始引入探究性教学理念并逐步推行,20世纪80年代初期,我国开始"探究性教学"的研究,到20世纪90年代我国开始大面积实施探究性教学。2003年,教育部制定《普通高中物理课程标准》提倡将科学探究作为学习内容和学习方式。

20世纪80年代,陕西师范大学张熊飞教授提出了一种新的教学模式——"诱思探究",即"变教为诱,变学为思,以诱达思,促进发展"。此外,还有山东杜郎口中学的践行学生主体地位的"三三六"自主学习的高效课堂模式;江苏洋思中学的以学生自主学习为中心"先学后教,当堂训练"的课堂教学模式;山东潍坊的"三步四环节五课型"即"345"高效课堂教学模式等,均体现了自主学习、合作探究的教学思想。

纵观国内探究性教学研究的现状,我们可以清楚地看到探究性教学在我国仍处于摸索阶段,无论是教育理论的研究还是教学实践上都存在一些问题和不足。在教育理论研究方面,探究性教学的文献绝大部分由高校教师和研究生撰写,主要介绍探究性教学的概念界定、理论渊源、教学模式、教学程序和评价原则。在实践方面,探究性教学的文献大部分由广大一线教师撰写,教师对于探究性教学的研究,大多局限于对探究性教学步骤和环节的简单应用,以及课堂经验的总结,侧重于实验方面的教学研究,多属经验总结,很少能将这些经验进行理论升华。对于探究性教学的各个环节,如何与具体的知识相联系,很少从模式设计和模式实践做对比研究及全面研究,多数研究缺乏系统的教育理论指导,具有一定的片面性或盲目性。

二、探究性教学的内涵界定

20世纪60年代初探究性教学先行者施瓦布明确提出把"探究性教学"作为一种重要的教学方式。施瓦布认为"科学的本质是不断变化的",僵化的知识灌输不能适应这种变化,学生只有具备科学方法、科学态度、科学精神才能真正理解科学知识的本质,而探究性教学正是教会学生形成这些科学研究能力。后来的研究者也对探究性教学进行了大量的研究。

我们认为,探究性教学是指教师利用现代技术创设一定的问题情景充分调动学生学习动机和求知欲后,再引导学生从社会和实际生活中搜寻能够完成教学任务的信息和项目,学生根据已有材料自主地对问题进行尝试性解答,使学生以科学研究的方式去收集资料、提出假设、检验证伪并最终获取知识、发展思维、提高能力的教学活动。

三、探究性教学模式的体系架构

(一)理论基础

第一,布鲁纳的发现学习理论。布鲁纳认为学习的实质是主动形成认知结构,积极建构知识体系的过程。在学习概念和原理时,教师为学生提供最为原始的材料和信息,使学生以自身原有经验和知识尝试解决问题,引导学生从已知推导未知,探究科学理论的形成规律,自行发现相关原理和结论,从而培养学生的科学精神和复杂问题解决能力。

第二,萨其曼的探究教学理论。萨其曼认为要保证探究教学能够进行下去,最为重要的是保持学生的好奇心和求知欲。实施探究教学要满足三个条件:其一,有能够引起学生兴趣和关注的焦点问题;其二,学生能够有一定自主性的探索;其三,有一个能够激发学生思维和引起反应的环境。其探究教学理论的主要内容表现在:首先,"好奇心"与生俱来,这是引发学生探索未知的根源;其次,知识不是凭空获得的,而是主动探究的结果,这是一个提出问题、做出假设、验证假设、得出结论的积极主动的过程,也是培养学生科学思维和创新能力的过程;最后,探究教学的评价要兼顾过程性评价和结果性评价。

第三,建构主义学习理论。建构主义是学习理论中行为主义发展到认知主义以后的进一步发展,兴起于20世纪80年代,主要代表人物有皮亚杰和维果茨基。建构主义学习理论认为,在学生的学习过程中,学生才是学习的主体,但教师的指导作用也不能忽视。建构主义学习理论强调学生主动建构知识的同时重视教师的指导作用。学生的主体地位表现在以下三个方面:一是要求学生用探索的方法进行意义的构建;二是学生对资料和信息的获得应当积极主动,对问题提出假设和验证;三是将所学内容与实际相联系,思考并分析这种联系所包含的意义。教师的指导作用体现在以下几方面:培养学生的学习兴趣,激励学生主动学习;创设问题情境,提供必要的信息和材料;组织学生交流协作,启发学生思维,引导发现规律。

(二)功能目标

开放、共享、融通、交互成为信息时代发展特点,线性、僵化的课堂关系被打破,网络学习空间将全球受教育者联系起来组成一个"学习共同体"。在这样的背景下,强迫灌输式教学和死记硬背的机械式学习与信息社会所强调的人才培养模式和需求结构格格不入,知识与技能、过程与方法、情感态度与价值观的三维目标朝着更加强调以高阶思维和问题解决能力为核心的学生智慧能力发展。认知目标涉及与学科相关的知识、概念、原理的理解与掌握;情感目标则涉及情感、态度、价值观与思想品德的培养。在实施信息技术与课程深层次整合的过程中,各学科知识与能力(如阅读、写作、计算、看图、识图、实验以及上机操作等)的培养以及健康情感、正确价值观与优秀思想品德的形成,都可通过探究性教学模式逐步落实[①]。

(三)操作程序

探究性教学强调教师主导与学生主体相结合,且突出"以学生为中心"的教学理念,真正践行"以学定教",当下课堂朝着智慧化方向发展为其提供了技术支持。探究性教学模式的操作程序有以下几步:创设疑难情景、尝试性解答、收集佐证材料、启发思考并检验假设合理性、组织并形成结论。

第一步,创设疑难情景。上课之初教师抛出某个疑难问题,既是为了引入教学任务,也是为了激发学生学习动机和自主探究动机。教师可以借助虚拟现实、人工智能、大数据等智能化技术,创设真实问题情境,使学生沉浸到真实问题的解决中[②]。

第二步,尝试性解答。尝试性解答是指学生凭借已有的知识和经验独立地对教师所提出的问题进行尝试性解答,教师并不对学生进行点评。

第三步,收集佐证材料。在尝试性解答后,学生抱着极大的求知欲期望检验结果。这一时期,教师可以为学生推送个性化学习资源以及资源查找建议,学生在收集佐证材料时教师尽量以"是"或"否"回答学生提问。

第四步,启发思考并检验假设合理性。学生进行了假设并收集了相关的佐证材料后,接下来需要教师提出一系列富有启发的问题,比如,应当如何解决问题,应当利用何种认知工具或学习资源来解决问题,以及如何处理在探究

---

① 何克抗,吴娟.信息技术与课程整合的教学模式研究之三——"探究性"教学模式[J].现代教育技术,2008(9):5-10.
② 于颖,陈文文.智慧课堂教学模式的进阶式发展探析[J].中国电化教育,2018(11):126-132.

过程中遇到的新问题等,引导学生反思假设合理性,最终通过一系列知识提问来囊括本堂课所需掌握的概念和原理。

第五步,组织并形成结论。通过上一阶段教师一系列的知识提问(教师并没有告知正确答案),学生在头脑中主观形成尚待检验的答案,需要进一步系统化和理论化,并且以一定的理论表达出来,形成最终的问题答案。

(四)评价

以往对于教学效果主要采用过程性和总结性评价相结合的方式进行评价,但是探究性教学主观性很强,且探究过程很多因素难以量化和捕捉,因此传统的评价方法并不太适合。智慧课堂有了大数据、云计算等智能技术的支持,可以提供诊断性评价、形成性评价以及综合性评价,对学生的评价变得更加轻松、客观且精确。

第四节 智慧课堂混合式教学模式

20世纪90年代以来,随着多媒体技术和网络通信技术的发展,E-Learning在教育领域得到了迅速的发展和应用,由此推动了教育思想和理念的革新,实现了一种全新的学习方式,从根本上改变了传统教学结构中的师生地位和关系,在培养学习者基本技能、信息素养、创新能力等方面表现出了巨大的优势[1]。但这种网络化教学也出现了诸如无法对课堂进行全程监控、过度强调学生自主性而忽视教师主导作用等问题。一种最早出现于国外培训机构的、将传统教学方式与网络教学结合的混合式教学应运而生。

国内,混合式教学最早由何克抗教授提出,他认为混合式教学就是将传统教学方式的优势和网络学习的优势结合起来,做到优势互补,从而获得最佳学习效果。之后随着教育信息化程度提高并朝着智慧化方向发展,混合式教学被赋予了更加丰富的内涵。

---

[1] 田富鹏,焦道利.信息化环境下高校混合教学模式的实践探索[J].电化教育研究,2005(4):63-65.

一、混合式教学的相关研究

中国传统课堂的教学是以"教师为中心",教师具备极大的权威,主导着课堂全过程,而忽视学生的主体意识,学生处于被动的地位。当信息技术与学校教育结合,学生的知识获取平台、学习方式、学习场所、学习时间都不再被严格限定,他们可以通过计算机和智能终端设备选择个性化的学习方式和感兴趣的学习内容,随时随地进行学习。

(一)关于混合式教学的概念

本书将学者们对混合式教学所做的定义分为以下几类。

第一类,混合式教学是传统教学与网络学习的结合。这类观点的主要代表人物是何克抗教授,他认为所谓 Blending Learning 就是要把传统学习方式的优势和 E-Learning(即数字化或网络化学习)的优势结合起来,也就是说既要发挥教师引导、启发、监控教学过程的主导作用,又要充分体现学生作为学习过程主体的主动性(积极性与创造性)。

第二类,混合式教学是多种理论的结合。如李逢庆指出混合式教学的理论基础包括掌握学习理论、首要教学原理、深度学习理论和主动学习理论。

第三类,混合式教学强调多种教学媒体之间相互配合。如张其亮、王爱春指出混合式教学的教学技术是基于 Web 技术,同时结合视频、音频、图形、动画等多种媒体形式。

第四类,混合式教学是"以教为中心"和"以学为中心"的结合。如任军指出混合式教学提高了学生的学习积极性,提升了教师的教学能力,促进了"以教为中心"向"以学为中心"的转变。

第五类,混合式教学是面授教学、自定步调教学与在线协作教学的混合。如陆昉指出混合式教学的在线教程采用进阶式,按照知识框架(章、节等)进行教学,学生有自主选择与调控的权利,包括时间、地点、速度和模块等均可自定步调进行,学生可以更合理高效地利用时间,自主决定学习内容的难易程度和呈现方式等。

(二)关于混合式教学的教学设计

混合式教学是一个复杂的教学系统,它包含教师、学生、教学支持系统、教学效果以及教学评价等。混合式教学各个要素之间相互联系相互影响,推动教学质量的提高。因此,在进行混合式教学的教学设计时,要充分考虑到整个教学系统的各个要素,合理地进行教学系统设计和构建。

王祖源、张睿、徐小凤认为,混合式教学模式主要包括以下几个模块:在线学习、混合模式与课堂讨论[1]。有机地将三个模块重组结合以形成不同的混合模式,可以更好地提高教学效率和教学效果。

任军指出要进行混合式教学顶层设计,首先要成立专门的改革机构,明确相关部门和相关人员的职责,推进各部门运转;其次要出台相关改革政策,对混合式教学课程建设的目标、任务、要求、步骤、保障机制与激励措施、课程标准等做具体要求[2]。

罗映红构建了高校"二维三位一体"的混合式教学模式,提出八阶段混合式教学过程:第一阶段在课前,教师在线上推送新知资源,学生个体完成线上学习;第二阶段教师布置学习任务,学习小组进入学习情境;第三阶段学习小组分析解释问题;第四阶段学习小组依据各种学习资源寻找理论依据;第五阶段学习小组设计并选择解决方案;第六阶段学生展示并评价解决方案;第七阶段教师结合完成的任务情况进行经验总结和知识梳理,实现知识迁移;第八阶段在课后,教师线上发布学习任务,学生完成学习任务,进一步巩固和应用知识[3]。

(三)关于混合式教学的评价方法

对于学生学习、教师教学、学习效果等的传统评价主要是以期中、期末最终考核成绩为标准,评价方式单一、缺乏过程性评价、情感体验评价缺失。单一的终结性评价无法对整个教学过程做出详尽的反馈,也无法监测与统计学

---

[1] 王祖源,张睿,徐小凤.混合式教学:信息技术与教学活动深度融合[J].物理与工程,2016,26(6):43-47.
[2] 任军.高校混合式教学模式改革推进策略研究[J].现代教育技术,2017(4):74-78.
[3] 罗映红.高校混合式教学模式构建与实践探索[J].高教探索,2019(12):48-55.

生在整个教学过程中的变化[①]。混合式教学模式不同于传统的课堂教学,在选择评价方法时也应该有其独特性,构建能够进行线上和线下评价相结合的体系,大量学者提出了诸多模式。

王祖源、张睿、徐小凤认为对混合式教学主要的评价维度体现在三个方面:学习成效、学习过程的交互性及学习过程的个性化程度[②]。他们认为对于教学效果的评价应采取形成性评价和总结性评价相结合的方法对知识和能力进行考查:对于知识方面需考查对概念的理解程度、解题能力、解题熟练度、解题信心以及概念之间的联系等方面的情况;对于能力方面,需考查学习努力程度、合作创新能力、批判性思维能力、口头表达能力以及书面表达能力等。

李逢庆、韩晓玲基于混合式教学质量评价指标体系建构的理论基础和基本原则,将教学评价分为过程性评价和终结性评价,并制定了详细的评价指标体系[③]。其中过程性评价由上课之前的自主学习测评、上课时的课堂表现和上课后的课后检测三部分组成,终结性评价由期中、期末总结汇报和考试成绩两部分组成。

二、混合式教学的内涵界定

2018年教育部印发《教育信息化2.0行动计划》,提出要积极推进"互联网+教育",坚持信息技术与教育教学深度融合的核心理念,强调要继续深入推进"三通两平台"的建设,确保所有学校都能享受到网络带来的便捷服务。教育信息化深入发展,课堂朝着智慧化方向发展成为改革趋势,这为混合式教学提供了强大的技术支持。

智慧课堂背景下,本书将混合式教学界定为教师事先分配线上、线下教学时间比例和时序,选择网络优质视频或自制教学视频提供给学生线上自主学习并完成前测(或后测),教师通过平台监控学生线上任务完成进度和整体情况反馈以对线下教学活动恰当调整,更好地发挥教师引导、启发的主导作用和

---

① 范福兰,张屹,周平红,等."以评促学"的信息化教学模型的构建与解析[J].电化教育研究,2015(12):84-89.
② 王祖源,张睿,徐小凤.混合式教学:信息技术与教学活动深度融合[J].物理与工程,2016,26(6):43-47.
③ 李逢庆,韩晓玲.混合式教学质量评价体系的构建与实践[J].中国电化教育,2017(11):108-113.

充分体现学生在教学过程中的主体地位,促进信息技术与课堂教学深度结合的教学模式。

三、混合式教学模式的体系架构

(一)理论基础

第一,建构主义学习理论。建构主义学习理论强调学生对知识的主动建构性和学习的情境性,认为学生的学习总是在一定的活动情景下根据已有经验建构知识的过程。教师的角色是引导学生一起针对某些问题进行探索、相互交流,给学生提供知识建构的资源、扮演学生的学习伙伴,给学生营造良好的学习环境,让学生在交流讨论中、问题解决中形成自己的知识体系。这种理论认为教师并不是给学生教授知识,而是将学生置于真实的问题情境中,通过与社会成员、学习共同体的交互作用,最大限度地激发学习动机、创造性和主动性,最终解决真实问题。

第二,教育传播理论。从传播学的角度,可以把教育看成一种信息传播活动,是教育者按照给定的目的要求,选择适当的信息内容,借助有效的媒体通道,将知识信息传递给特定教育对象的过程[1]。混合式学习的核心思想在于对不同的问题内容,以最小的代价和最优的学习效果为原则,选择合适的传播媒介来传递学习内容。这种思想有着重要的理论基础。教育传播理论的主要代表人物有麦克卢汉和施拉姆。麦克卢汉提出了著名的"媒体即人体的延伸"理论,即每一种媒介如印刷品、广播、电视等的出现,都是人体一项新的延伸,都会使人的各种感官的平衡状态产生变动。当一项新媒体应用于教育中时,转变教师角色的同时,也会影响教学内容、教学方法、教学组织形式等一系列教育系统中的各个要素。因此,教学媒体应根据教学需要以发挥其最优作用,媒体只是工具,育人才是最终目的。施拉姆提出"媒体选择定律",即媒体选择概率=媒体产生功效/所需费用,用来解释人类选择和使用媒体的依据。在混合式学习中,教学信息的有效传递需要媒体的优化组合,它也是影响教学效果的重

---

[1] 南国农,李运林.教育传播学[M].2版.北京:高等教育出版社.2005:6-7.

要因素,媒体的选择同时应该考虑学习内容、学习者特征、媒体开发时间、资源成本等[1]。

(二)功能目标

随着信息技术的发展,教师的教学对象,是一代伴随着数字技术成长起来的"数字土著",他们习惯于超文本的阅读和快速获取信息。混合式教学中网络教学有其独有优势,网络以其提供的各种交流方式弥补了师生因角色、地位、个性、心理等差异造成的交流沟通少的问题,满足了学生交往的需要,对于学生学会交流、建立良好的人际关系起到重要作用[2]。

同时,混合式教学将传统教学方式与网络教学相结合,也就是将教师系统科学知识传授和学生自主探究相结合。线下课堂教师主导课堂发展全过程,这有利于在短时间内向学生传达系统性的科学文化知识。而线上教学,可以让学生从被动的教师主导型课堂中解放出来,自主性、能动性被充分释放,有利于培养学生的探究精神和创新精神[3]。混合式教学融合了两者的优势,具有兼顾学生获得知识和发展能力的优点。

(三)操作程序

混合式教学主要有以下两种实施模式。第一种是以在线学习为主,"面对面"教学为辅,即教师提供教学视频、教材资料,布置预习任务让学生自主完成线上知识学习,而课堂教学是一个师生、生生互动和讨论的过程,这种教学模式也被称为"翻转课堂"。第二种则是以"面对面"教学为主,在线学习作补充,即教师仍占据教学的中心,课堂仍然是学生获取知识的主要途径,学生在线上主要是进行拓展性和辅助性材料的学习。我们认为混合式教学的程序包括在线学习、课堂教学和课堂交互三方面。

---

[1] 李克东,赵建华.混合学习的原理与应用模式[J].电化教育研究,2004(7):1-6.
[2] 余胜泉,路秋丽,陈声健.网络环境下的混合式教学——一种新的教学模式[J].中国大学教学,2005(10):50-56.
[3] 余胜泉,路秋丽,陈声健.网络环境下的混合式教学——一种新的教学模式[J].中国大学教学,2005(10):50-56.

第一,在线学习。在线学习是指学生通过MOOC、微课、SPOC等在线课程平台或教师自制的教学视频自主学习,独立完成学习任务以充分锻炼学生的学习能力、分析能力和解决复杂问题的能力的学习过程。

第二,课堂教学。课堂教学中教师的主要任务是对在线学习内容进行补充和引导学生讨论,因网络学习平台学习资源面向全国,各个地区教育情况有其特殊性,教师就需要结合本地教学实际和学生的接受能力对内容进行补充和删减,提高教学的针对性。

第三,课堂交互。课堂交互是线下教学的主要形式,是教师与学生、学生与学生之间的互动交流。教师与学生的交互在于教师引导学生合作探究,通过协作完成任务。教师根据教学的重点或者难点,按照由浅到深的原则,有目标地设计教学问题。学生通过解决问题,将线上课程中所学习的知识应用到特定的环境中来,通过小组讨论和教师的引导,对产生的结果进行评价[1]。学生与学生之间的互动主要以小组合作学习的方式进行,从而提高课堂讨论的效果和效率,主要体现在以下几个方面。首先,小组合作学习是社会工作方式在课堂中的应用,可以引导学生提前接触社会;其次,小组合作学习将学习从个体行为转向群体行为,充分利用微环境克服学生不善思考、不善表达的问题,强化互动交流,可以提高学生的课堂参与度和积极性;再次,通过建立小组合作学习机制,保证小组学习活动有效组织与开展,实现小组共同学习共同进步,保证学习效果;最后,通过完成小组学习任务及组间交流评价,培养学生的自主探索学习能力、独立意识和责任感以及展示自我、评价他人、团队合作等交际能力[2]。

📖 拓展阅读 ○------

智慧课堂教学模式结构图[3]

卞金金、徐福荫的学习模式是依据国内外相关学习模式的研究及理论分析,整合技术特征及学习形式上发生的变化,通过对基于智慧课堂的基础教育教学过程观摩以及与授课老师的探讨,尝试对基于智慧课堂的学习过程中各

---

[1] 王祖源,张睿,徐小凤.混合式教学:信息技术与教学活动深度融合[J].物理与工程,2016,26(6):43-47.
[2] 罗映红.高校混合式教学模式构建与实践探索[J].高教探索,2019(12):48-55.
[3] 卞金金,徐福荫.基于智慧课堂的学习模式设计与效果研究[J].中国电化教育,2016(2):64-68.

要素进行分解,针对学习活动的特征,结合学习评价的需要而设计的基于智慧课堂的新型学习模式(图6-1)。

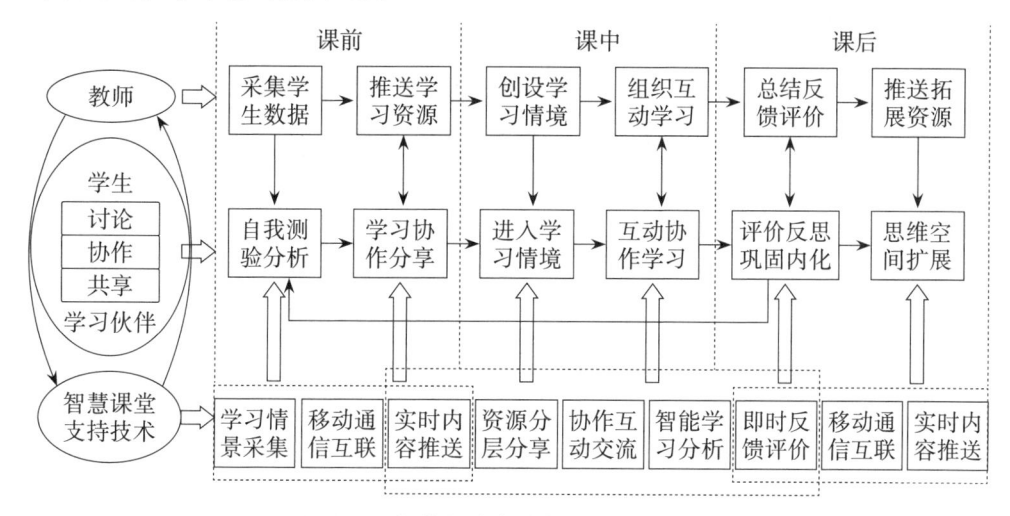

图6-1 智慧课堂教学模式结构图

智慧课堂教学大致可分为三步。第一步:课前。教师可应用智慧课堂中的学习情景采集技术,采集学生的学习特征和学习状态数据,诊断不同学生存在的问题并预测需求后,向学生推送个性化学习资源。学生可以通过移动通信互联工具完成教师推送的测验,分析存在的问题,接收教师推送的学习资源和建议,并向教师和学习伙伴分享已有学习成果。第二步:课中。教师明确课程要求,应用实时推送技术创设学习情境支撑学生进行一定程度的探究,同时,利用系统资源分层共享功能,把教学资源分层分类,通过系统终端向不同学生推送,让学生获得学习资源、学习背景知识,解决部分疑问,进入学习情境。教师还可以结合学生课前分享的学习成果,应用协作互动交流和即时反馈评价技术组织互动学习活动;利用多种终端组织课堂答题竞赛、分组讨论和游戏式练习等互动。在练习过程中,教师可以设置进阶规则,系统根据学生练习结果,采用智能学习分析技术,自动向教师反馈练习完成时间和练习成绩分析,自动判断学生是否可以进入下一阶段学习,并向处于不同阶段的学生推送个性化学习资料。学生应用移动通信互联网技术结成学习伙伴,相互讨论,共享资源,通过互动协作学习来解决问题;无法在单一课堂范围内得到解决的问题,学生可以使用协作互动交流技术支持的交互系统,打破课堂时空限制,寻求跨学科的教师或学生提供帮助。第三步：课后。师生可使用即时反馈评价对教学全过程进行回顾总结，双向评价。教师可以应用移动通信互联网技术向学生布置课后作业，利用实时内容推送工具向学生推送相关主题的拓展资源，让学有余力的学生拓展思维空间，提高分析与解决问题的能力。学生可随时完成教师给出的作业和测验，以便教师检验教学效果，还可以根据自己的实际需要自由地选择学习资源和学习方式来巩固内化知识。

第五节 智慧课堂生成性教学模式

生成性教学作为新课改的核心理念，顺应了人性解放的需要，这是其兴起的根本动因与价值所在[①]。传统教学遵循一套固定的教学流程，教师只需要按部就班地根据事先制作的教案无纰漏地执行，整个过程顺利且完整则被视为一堂"好课"。新课改看到了这种教学无视学生参与的问题，提出教师与学生积极互动的生成性教学模式。本节主要介绍生成性教学模式的研究现状、相关认识以及实施策略。

一、生成性教学的研究

（一）国外生成性教学相关研究

对于生成性教学，实践的探索要早于理论研究。意大利教育家瑞吉欧·艾米里亚（Reggio Emilia）首先在幼儿教育中实践了生成性教学。在瑞吉欧教育中，生成性教学是指在师生互动过程中，通过教育者对学生的需要和学生感兴趣事物的及时价值判断，不断调整教学活动，以促进学生更加有效地学习课程的教学形态。瑞吉欧教育强调教育是一个动态过程，教师应站在儿童的立场考量，充分发挥儿童的潜能。虽然其生成性教学实践是在幼儿教育中进行的，但是对学校教育具有普遍性的指导和借鉴意义。关于生成性教学的理论研

[①] 张俊列.生成性教学的兴起、失范与规范[J].中国教育学刊,2011(6):37-40.

究,主要包括怀特海的过程哲学、杜威的"从做中学"、博尔诺夫的教育"非连续和连续性的统一"、维特罗克的"生成过程模式"。怀特海的过程哲学认为现实世界即过程,这个过程就是现实中的生成,这个演化过程是现代哲学的一个生成启蒙,其中特别是关于知识、交流、自由、实践、体验等问题的探讨更是直接为生成教学研究奠定了理论基础。杜威强调"以儿童为中心",认为知识不是被动灌输,要求以儿童活动的直接经验代替间接经验,以学生的兴趣、爱好、经验、活动为中心来编制教学内容,激发学生的主观能动性。博尔诺夫是德国著名的教育哲学家,他提出"教育是非连续性和连续性过程的统一"。非连续性是指教育中那些打断连续性教学的非预期情况。美国心理学家维特罗克提出"生成过程模式",强调生成是一种顺应学习,强调学习者主动进行学习。

教育家多尔属于后现代主义流派的研究者,其在《后现代课程观》中试图建立一种解决传统课程线性、统一、预成等弊端的教学模式。多尔在多种教学实验中发现,学生的创生知识更多地来自他们自己对于文本的理解,并非教师在课堂上的灌输式教学。多尔的理论也预言了传统的填鸭式教学终将被淘汰,生成性教学将登上教育历史舞台。

美国太平洋橡树学院伊丽莎白·琼斯教授和约翰·尼莫教授将生成性教学的理论与实践结合起来研究,在《生成课程》一书中记录了由他们指导的幼儿园实施生成性课程的情况。生成性课程的核心是带有特殊背景的教师与处于一定情境中的具有个性的学生对他们面临的周围世界的问题进行共同商讨而确定课程。两人认为,教学是实际中真正发生的事情,而非理性上计划将要发生的事情。

(二)国内生成性教学相关研究

国内生成性教学的研究起步略晚于国外,理论研究成果较实践研究成果更为丰富。叶澜教授最早提出教学是一个动态生成的过程,立足生命的高度提出生成性教学思想,认为教师和学生都是鲜活的生命体,教学应是一个开放性的动态生成过程,教学过程应该是师生对话与合作的过程,并且以动态生成的方式来推进。

1.理论研究

第一,内涵方面。王玉华认为,生成性教学强调教学的生成性,突出教学的个性化建构,追求学生的生命成长,是一种开放的、互动的、动态的、多元的教学形式。罗祖兵认为,生成性教学是指教师根据课堂中的互动状态及时地调整教学思路和教学行为的教学形态。在生成性教学的内涵方面,学者的共识是强调其动态性、参与性、非线性以及建构性。

第二,特征方面。王玉华从课堂教学的角度分析,认为生成性教学的基本特征可以概括为:坚持以师生生命发展为本的教学目标;强调预设与生成统一的教学内容;倡导师生对话与建构的教学过程;重视挖掘与利用鲜活的教学资源;凸显处理"突发事件"的教学智慧[1]。李祎、涂荣豹认为,在生成性教学观下,课堂教学具有参与性、非线性、创造性和开放性等特征[2]。罗祖兵根据后现代课程研究者对生成性教学的系统深入的理论研究,认为生成性教学具有非线性、具体性、多元性、差异性、互动性和创造性等特征[3]。马秀春认为生成性教学具有过程性、交互性、开放性、创造性的特征[4]。从上可以看出,关于生成性教学的特征,不同学者从不同角度进行了多方位界定,尚未形成比较统一的观点,但非线性、创造性和开放性是较为突出的共识。

2.实践研究

纵观国内关于生成性教学的实践研究,大致有两类方向:一类是生成性教学的一般性策略,另一类是结合具体学科提出的针对性的教学策略。关于生成性教学一般性策略,罗祖兵认为生成性教学的策略为弹性化的教学设计、灵动性的教学实施、情境性的教学评价、协商性的教学管理[5]。关于结合具体学科探究生成性教学策略,有研究者提出了应对生成性教学资源的策略以及应对消极生成性教学资源的策略,如幽默调侃法、暂时悬挂法、视而不见法等。还有学者从教学设计角度出发,进行了细致化的策略研究。如学者刘海燕从

---

[1] 王玉华.生成性教学的涵义与特征[J].中国成人教育,2009(22):125-126.
[2] 李祎,涂荣豹.生成性教学的基本特征与设计[J].教育研究,2007(1):41-44.
[3] 罗祖兵.生成性教学的基本理念及其实践诉求[J].高等教育研究,2006(8):47-53.
[4] 马秀春.生成性教学:特征与价值[J].当代教育论坛(教学研究),2011(8):26-27.
[5] 罗祖兵.生成性教学的实践策略[J].中国教育学刊,2009(9):64-66.

教学目标、教学内容、教学方法和教学过程阐述生成性教学并总结出实施生成性教学的具体方法。在教学目标方面，有必要确定多维弹性目标，灵活调整教学目标以及分层设定教学目标；在教学内容方面，教师要根据实际教学情况协调上课内容；在教学方法方面，要适合生成性教学实施；在教学过程方面，则要重视师生互动。学者戴四春认为，在教学设计方面，教师应该引导学生，能够和学生产生共鸣，碰撞出思想的火花，让学生在具体情境中感知和理解语言，而不是强行将学生带入"自己的思想"[①]。这样也就能够更有效地激起学生学习的欲望，从而更有效地达到教学目的。

二、生成性教学的相关认识

(一)预设与生成

预设和生成是两种不同的思维模式，预设表现为事先安排，周密计划；而生成表现为事中调整，随机应变。两者看似对立，实则是融合统一的关系。

1.预设

传统教学计划中，预设占据着统治地位，一切教育活动开始之前都进行严密的计划和安排，是一种极端化的预设情况。而生成性教学中的预设是教师对教学的总体设计，是课前进行有目的、有计划的、清晰理性的、超时空的设想与安排，具有弹性和留白。预设并非课堂教学的全部，交互赋予课堂灵魂。

2.生成

生成是相对于预设而言的，认为一切事物都不应该被固定的规则束缚，强调教学过程处于永恒的变动过程中。生成突出了学生的作用，教师从教学中的唯一主体转变为学生认识的"助产者"。

3.生成与预设的关系

生成与预设看似对立，实则是一个相互补充的关系。生成体现为动态，预

---

① 戴四春.浅析高中英语生成性教学[J].吉林教育,2016(34):96.

设表现为静态。一方面,预设是生成的基础。毫无规章、计划可言的教学难以帮助学生建立系统、规范的知识体系,也无法保证正常的教学秩序。另一方面,生成是预设的升华。生成是对突发情况的实时调整,是对预设的灵活变更。

(二)生成与生成性教学

《辞海》把"生成"解释为"变易"。当前对于"生成"主要有三种理解:第一种将"生成"视为理念;第二种将"生成"看作学习策略,这是从学习者角度解读"生成",意味着其对学习的指导作用;第三种将"生成"视为教学方式,这是基于教师视角解读,体现"生成"关乎教师如何教。

关于生成性教学,不同学者从不同角度作出了自身的理解,都有其合理性。如有学者从师生关系着眼,认为生成性教学是指教师在教学过程中以真诚的态度和为学生发展服务的心与学生就相关课题进行平等对话,并根据学生的课堂行为表现与感受对自己的教学行为与思路做出机智性调整,以使教学对话深入持久进行下去的教学过程[1]。也有学者从生成与预设的关系出发,认为在实际进行的教学活动中会涌现出众多意想不到的问题和信息,教师绝不能机械地按原预设所确定的某种特定的思路和方式进行教学,而要凭借教师自身的综合素质,根据课堂中学生所表现出的实际情况,把教学过程中的人、物、精神等诸多因素有机结合起来,对之加以灵活控制,积极地将教学活动引至不断更新、生成新的、超出原预设计划的教学流程,使课堂教学始终处于不断生成的动态过程中,以满足学生各种学习的需要[2]。还有学者从实现条件出发,认为生成性教学是在弹性预设的前提下,在教学的展开过程中由教师和学生根据不同的教学情境,共同构建教学活动的过程[3]。

可以看出,过往关于生成性教学内涵的研究集中于传统视角下教育系统各个要素,而忽视了信息要素在促进生成性教学落实中的重要作用。在教育信息化深入发展的今天,信息技术为生成性教学带来的是开放的教育观念、优质的教育资源、智能化的教学辅助工具、多元化的评测手段,也将引发课堂的

---

[1] 万秀珍.生成性教学的现实困境和实施策略研究[D].开封:河南大学,2009:29.
[2] 黄竞.小学语文生成性教学研究[D].重庆:西南大学,2008:5.
[3] 陈旭远,杨宏丽.论生成性教学[J].福建教育,2004(7):22-24.

深刻变革。因此,本书基于课堂智慧化角度,将生成性教学理解为教师基于多元评价为学生制定个性化学习计划,利用智能技术打造虚实结合的课堂情境以全面调动学生,并根据实时反馈的学生学习状态和参与程度及时调整教学思路和策略,从而打造互动化、开放化、智能化学习空间的学习形式。

(三)生成性教学的特征

关于生成性教学特征的研究,大致可分为以下两类。一类是基于预设与生成的差异,如将特征分为非线性、开放性、交互性、建构性、参与性等,与预设性教学线性、静态、程序化、被动性的特征形成鲜明对比。另一类是从教学设计出发,从教学目标、教学过程、教学内容、教学资源等方面对"如何教学"进行全方位阐述。本书总结前人的研究成果并结合信息化教育背景,将生成性教学特征归结为:倡导严肃且不失活泼的师生关系、体现生命与人性的教学目标、突出探究与生成的教学过程、协调预设与生成的教学内容、融合经典与个性的教学资源。

第一,倡导严肃且不失活泼的师生关系。传统教育的主要特点为重视师道尊严,严肃有余活泼不足,注重内化不求外达,注重系统灌输忽视启发,恪守圣言不敢质疑。在这样的氛围下,教师与学生缺乏心理和情感上的对话与互动,从而制约着课堂氛围走向融洽和谐。因此,在当今智慧课堂背景下,教师要关注学生心理变化,尊重学生主体意识的觉醒,主动加强与学生的交流,从而更好地了解学生的心理状态,同时努力提高自身的信息素养,跟上时代发展潮流,尊重新一代"数字土著"所追求的文化,打造严肃且不失活泼的师生关系。

第二,体现生命与人性的教学目标。在传统的课堂教学中,人们往往把生命的认知功能同生命的整体分割开来,把完整的生命体当作认知体来看待,把复杂的教学过程看成特殊的认知过程,由此,使得课堂教学变得机械、沉闷和程式化,师生的生命力在教学中得不到充分发挥[1]。教学并非一个固定化、确定性及程序化的过程,学生主体意识的觉醒开始将线性的课堂关系转变为非线性。罗祖兵认为生成性教学是生成性思维视域下的教学形态。它是一种需

---

[1] 王玉华.生成性教学的涵义与特征[J].中国成人教育,2009(22):125-126.

要规则但在适当的时候放弃规则的教学,也可以称为非线性教学[1]。教学工具的多样化滋生了教师的"工具理性",导致教师人性关怀的缺失,生成性教学提倡设立体现生命与活力的教学目标,是"价值理性"的回归。生成性教学视教学过程为流动的、充满不确定性的过程,体现教学主体的生命活力与创造力,同时允许学生有挑战教师专业素养以及表达观点的权利(即使是错误的)。

第三,突出探究与生成的教学过程。生成性教学主张学生在教师指导下进行探究活动,并通过探究过程的互动、交流建构生成知识。生成性教学是一个探究的过程。探究的过程,也是一个对话的过程,包括学生与文本、学生与学生、学生与教师的对话以及学生与环境的对话。教学过程的生成包含教师与学生两个主体。一方面,教师应该避免制定过于细节化的教学计划,教学计划的主要目的在于保证教学的大方向不发生偏离。另一方面,教师课堂主要精力集中于如何根据具体的课堂情境调整预设性的教学策略和思路。对于学生来说,书本知识的掌握并非最终目的,通过探索以形成新的认识才是理想目标。

第四,协调预设与生成的教学内容。预设与生成看似处于对立的两端,实则是相互依存的辩证统一体,预设是生成的基础,生成是预设的升华。在生成性教学看来,教学内容不仅仅是事先预设的、固定的"确定性知识",而且是具有一定的随机性和灵活性,并包含了一定的师生共同建构的"不确定性知识";它不是作为客观的摆在学习者面前等待他们去接受的"死的东西",而是需要由学生去"内化"的,用学生已有经验与之相互作用以生成新的意义的"活的东西",既有的教学内容只是这个知识意义建构过程中可供选择的一种工具而已[2]。

第五,融合经典与个性的教学资源。国家大力推进网络公共服务平台的建设,社会网络教育平台提供了海量的教育资源。教育部印发《教育信息化2.0行动计划》提出要继续深入推进"三通两平台"建设,实现三个方面普及应用。"宽带网络校校通"实现提速增智,所有学校全部接入互联网,带宽满足信息化教学需求,无线校园和智能设备应用逐步普及;"优质资源班班通"和"网络学习空间人人通"实现提质增效,在"课堂用、经常用、普遍用"的基础上,形成"校

---

[1] 罗祖兵.生成性教学的基本理念及其实践诉求[J].高等教育研究,2006(8):47-53.
[2] 王玉华.生成性教学的涵义与特征[J].中国成人教育,2009(22):125-126.

校用平台、班班用资源、人人用空间"。学生通过网络平台就能轻松获取大量学习资源,但受限于认识的局限性,"优"和"劣"不能准确地筛选,需要教师为学生挑选经典且符合学生发展要求和兴趣的学习内容。

三、生成性教学的实施策略

关于生成性教学的实施策略,研究者基于不同视角得出了不同的结论。有学者从改变教学行为出发,提出的实施策略包括弹性的教学设计、灵活的教学实施、情境性的教学评价和协商性的教学管理[①]。弹性的教学设计是指教学方案能够在行动中遇到突发事件时及时作出修正;灵活的教学实施是指在生成性教学中并非忠实落实教学设计,要求教师在教学过程中保持对生成性资源的敏感性和灵活性;情境性的教学评价是指只有深入日常教学的真实情境才能做出最合适的评价;协商性的教学管理认为教学管理并非凌驾于教师之上的指挥系统,而是与教学活动融为一体且具有促进作用的帮扶机制。

也有研究者从教学过程着眼,提出了较为关注细节的实施策略,如激发主动性、营造和谐氛围、开放课堂情境、促进对话互动、发挥教师教育智慧等。通过总结以往研究成果,本书归纳得出以下生成性教学实施策略。

(一)转变思维观念,培养生成性教与学意识

根据马克思主义哲学观点,存在决定思维,思维反作用于存在。一个人的世界观、人生观、价值观直接影响对事物的看法,因而在实施一项新的教学模式时,应该首先改变实施者和接受者的"刻板印象"。预设性教学过分追求规则和规律,按部就班地形成确定性课堂。预设性课堂表现为一切都是预定好的,什么时间提什么问题,该怎样回答,提问几个人等都是在计划之内,整个教学活动没有任何差错,结果使教学成为一个枯燥的、重复的过程[②]。当一种能克服预设性课堂确定性、被动性、程序性弊端的生成性课堂出现在教师和学生面前时,师生的思维方式就需要随之改变。

---

① 罗祖兵.生成性教学的实践策略[J].中国教育学刊,2009(09):64-66.
② 万秀珍.生成性教学的现实困境和实施策略研究[D].开封:河南大学,2009:29.

教师只有转变了教学理念和思维方式，才能将封闭、僵化的课堂教学转向开放的、充满不确定性却又向着教育目标不断接近的课堂，才能更好地促进教师和学生生命的发展。而在压抑学生生命、把教学当作单纯训练活动的封闭课堂中，教师的创造智慧很难被激发[①]。当然，学习者也要参与到生成性课堂中，从"旁观者"转变为"参与者"，从"看台观众"转变为"舞台主角"。

(二)创设问题情境，营造开放交互的教学空间

创设问题情境是导入主题的要求，主要目的是引导学生快速进入学习状态。为了激发学生的内驱力，要从教学与现实生活的联系出发创设学生熟悉的教学情境，以引发学生认知上的冲突，在冲突中，学生通过独立思考和与教师、同学之间的交流产生对问题的新看法。在这个过程中，学生充分表达自身经验和情感，教师应以一种开放、包容的心态看待学生的主观性认识，并对学生的发言做出积极性回应而非嘲讽打击，从而激发其他学生主动参与到课堂对话中。同时，这种教学空间也可以是虚实结合的线上线下的交互，延展了线性封闭的线下教学空间，使远程在线的学习者通过互联网连接课堂，实时参与课堂提问与发言。

(三)明确教学任务，引导自主探究的课堂学习

这一阶段是回归主题的需要，经过上一阶段问题的引入，引发教师与学生、学生与学生的面对面交流或在线交流，形成了丰富的个性化认识。这时就需要教师点明本节课的教学任务，课堂交流不再是漫无边际的"高谈阔论"，这样才能使探究合作更加具有方向性。这一阶段的主要形式是通过个人或是小组合作，始终使课堂处于动态生成的状态。但是教师应该把握介入时机，合理化解过于尖锐的冲突。这一阶段的最后，教师应该总结学生观点，赞扬充分讨论、互动的课堂，同时谈谈教师本人观点以及同学们在以后的探究过程应该注意些什么问题。

---

① 岳欣云.课堂教学变革中的教师思维方式发展[J].中国教育学刊,2007(03):75-78.

(四)升华教学主题,倡导智慧生成的三维目标

升华教学主题主要体现在发展学生的情感态度与价值观以及批判性思维。一方面,升华教学主题,更加强调三维目标中的情感态度与价值观。三维目标中知识与技能、过程与方法是前几个阶段的主要任务,这一阶段更为关注学生精神境界的提升。智慧课堂主张依托一系列的智能技术促进"转识为智,智慧发展"。这里的"智慧"凸显学生的高阶思维能力和复杂问题解决能力。另一方面,升华教学主题可以发展学生的批判性思维。其主要目的在于引导学生不盲从权威,对他人观点选择性吸收和理智地取舍,从而发展学生的创新意识和创新能力。

(五)反思生成过程,设置引人入胜的教学悬念

教师思考自己在教学中哪些方面不尽如人意,整节课是否围绕教学目标进行,重难点有没有突破,学生还有哪些困惑没有解决等。教师对教学过程的各个因素进行反思,对于好的环节进行总结,对没有抓住的生成契机或者错误的教学环节进行反省,从而形成新的教学生长点[1]。教师应反思生成教学的任务是否完成,学生是否真正成为课堂的中心并积极加入问题思考中,学生的批判性思维和问题解决能力是否得到了提升。同时课堂结束时,教师可以抛出一个趣味性的问题留给学生结合生活思考,为下节课的生成性课堂设置悬念。

> **思考题**
>
> 1. 智慧课堂下的教学模式有何突出特点?
> 2. 个性化教学、探究性教学、混合式教学、生成性教学如何实施?
> 3. 智慧课堂下各种教学模式迫切需要解决什么问题?

---

[1] 杨艳.小学语文生成性教学个案研究[D].长春:东北师范大学,2012:35.

第七章 智慧课堂的教学评价

教学评价作为传统教学环节中的最后一环，发挥着非常重要的作用。一方面在于帮助教师及时反思、检验学生学习成果；另一方面在于提升教师教学质量、激励学生全面发展。信息技术下的课堂发生了很大的改变，教育也进行了相应改革，教学评价无疑是其改革的关键，教学评价改革对如今素质教育的发展、应试教育的舍弃、核心素养的培养大有裨益。

☆ 学习目标

1. 明确智慧课堂教学评价的内涵；
2. 了解智能技术对教学评价的作用；
3. 掌握教师智慧课堂教学评价指标及其运用；
4. 了解学生智慧课堂学习能力评价指标及其运用。

思维导图

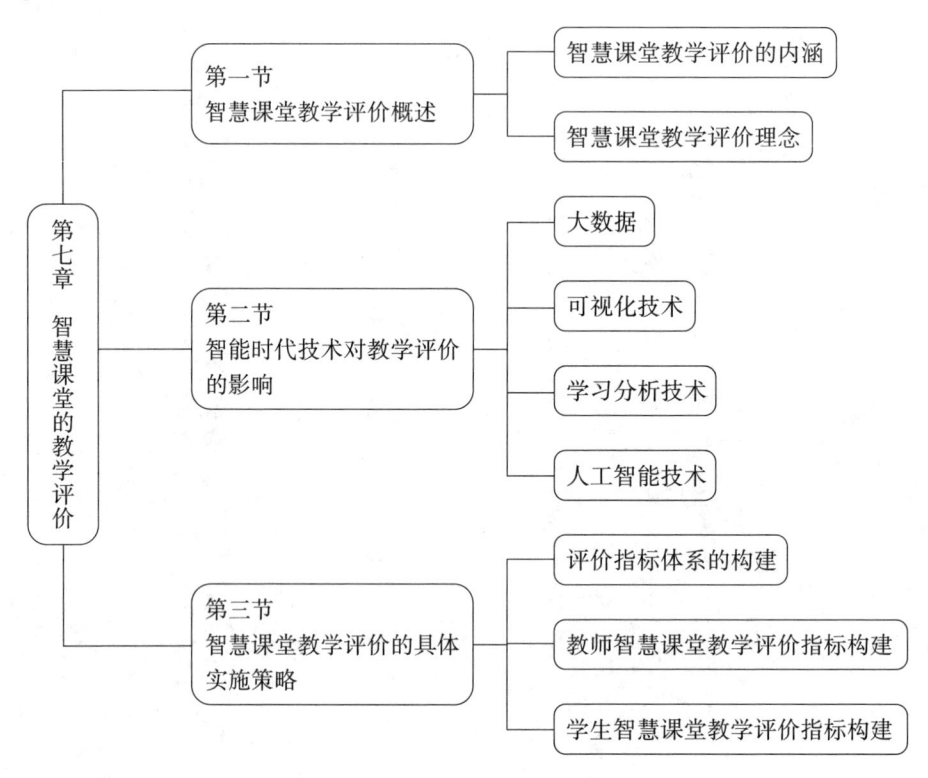

```
第七章 智慧课堂的教学评价
├── 第一节 智慧课堂教学评价概述
│   ├── 智慧课堂教学评价的内涵
│   └── 智慧课堂教学评价理念
├── 第二节 智能时代技术对教学评价的影响
│   ├── 大数据
│   ├── 可视化技术
│   ├── 学习分析技术
│   └── 人工智能技术
└── 第三节 智慧课堂教学评价的具体实施策略
    ├── 评价指标体系的构建
    ├── 教师智慧课堂教学评价指标构建
    └── 学生智慧课堂教学评价指标构建
```

第一节　智慧课堂教学评价概述

教学评价广义上来说是对教与学的评价，指对教师的教和学生的学所进行的价值判断，通俗来讲就是教得如何和学得如何。对于传统课堂来说，教学评价的方法主要通过课堂观察和听课法来评价教师，通过学业课业标准化测试方法来评价学生。如今随着互联网的发展、智慧课堂的兴起，教学评价增加了一些新方法。

一、智慧课堂教学评价的内涵

智慧课堂教学注重现代化教学工具的实用性，学习内容的易于理解和掌握，学习成果的转化性和创新性，力求优质教育资源公平共享，提升教学效能。国内学者从各种不同角度对智慧课堂教学评价进行了深入分析，主要有以下观点。

(一)科学能动性的系统

庞敬文等人认为智慧课堂教学评价的基本理念是学生将寻求智慧发展作为根本目标，在信息技术的支撑下，要求教师转变角色，由原来教学知识传递者转变为学生主动建构知识的引导者，教学的最终目的是将学生培养成智慧的人[①]。

智慧课堂的教学评价是有序的，但评价标准不是唯一的，智慧课堂评价的体系是一个科学能动性的系统。学者从课前、课中、课后三个方面对智慧课堂进行分析。(1)课前：情境导入，教师通过虚拟仿真教学情境的创设，通过问题/任务的提出，导入所要讲解的知识点；(2)课中：经历分析(剖析问题，开启智慧之源)、训练(解决学习问题，巩固提高)、拓展(延伸知识，拓展思维能力)；(3)课后：归纳总结与应用。

---

① 庞敬文,张宇航,唐烨伟,等.深度学习视角下智慧课堂评价指标的设计研究[J].现代教育技术,2017,27(2):12-18.

(二)反馈调节机制

李逢庆等人将智慧课堂看作一个生态系统,认为评价是智慧课堂生态系统正常运转的反馈调节机制,分为教师教学质量评价和学生学习发展评价[①]。智慧课堂质量评价是以智慧教育理念为指导,以学生核心素养提升为价值取向,借助智能技术支持,实现对智慧课堂教学各环节中的教与学进行价值判断的过程。旨在为教师教学改进和学生学习发展提供诊断定位、决策支持、学情追踪,最终实现学生的全面发展、个性发展、自主发展、终身发展。教学评价不仅仅具有监督功能,更重要的是具有结果导向性。信息技术的飞速发展不仅改变了教与学的方式,也正在悄然改变教与学的评价方式。充分地运用人工智能、大数据和学习分析技术,可以实现对教师教学过程和学习者学习过程的自动记录与效果的自动测评;通过数据分析,将教与学的过程和结果可视化,使学习的进度和测试内容个性化;提供实时、动态、便捷的数据支持,能够为教师和学生提供更好的教学决策和学习体验,从而促进学生的个性化发展和教师的专业发展。

(三)注重高阶思维评价

肖龙海等人认为智慧课堂的核心技术主要包括数据处理与分析、在线交流互动、资料上传与推送等[②]。他们据此设计了智慧课堂高阶思维评价的流程。

首先,由于高阶思维作为学生内在的思维过程不可直接评估,因此必须转化为具象化的学习任务,以任务表现或成果为载体,教师才有可能对思维进行评估。其次,学生学习和完成任务的过程应是线上、线下协同开展。只有通过混合式学习将部分学习过程迁移至线上,系统平台才能采集、上传学习数据(如学生提交的作品图片、成果视频、文字材料等),进而辅助教师开展评价。但由于体现高阶思维的学生表现或学习成果相对复杂,目前很难利用系统平台完全实现智能化评价。因此,教师有必要借助评价量规,采用人机协同的形式对高阶思维进行快速、有效评估。

---

① 李逢庆,尹苗,史洁.智慧课堂生态系统的构建[J].中国电化教育,2020(6):58-64.
② 肖龙海,陆叶丰.智慧课堂的高阶思维评价研究[J].现代教育技术,2021,31(11):12-19.

综上所述,智慧课堂教学评价是指基于信息化技术,利用现代化教学工具,以教师、学生、教研员、家长等为主体,对教学过程进行多元评价的过程,旨在帮助学生进行思维的提升,促进课堂优化。

二、智慧课堂教学评价理念

智慧课堂从1.0发展到2.0再到3.0,实现了"云—台—端"智能化服务,现代教育价值也趋于多元化,教育评价方式面临全面转变的现实需要。这种转变主要表现在如下方面。

(一)经验主义转向数据主义

智慧课堂与传统课堂的区别之一在于数据的利用,以往教师对学生的评价主要是基于学生的"智",按分定论。智慧课堂则可以采集学生学习过程、教师教学过程、学生平台记录等多方面数据,定性定量结合作出评价。智慧课堂可以真实、全面、准确记录学生情况,记录学生成长的"轨迹",还能避免人为杜撰学生评价材料的行为。

(二)总结性评价转向发展性评价

学生是处于发展中的,教师同样也是,总结性评价不利于激励学生和教师,课堂教学评价的价值主要体现在导向、诊断以及激励上。发展性评价、过程性评价有利于全面地了解师生。如北京、成都、深圳等地的中小学校,以发展性评价理念为指导,持续跟踪学生历次考试成绩,通过时间序列分析、聚类分析等手段,对学生的学习数据进行挖掘,构建学生的学科知识地图,进行学习风格和学习行为分析,最终完成对每个学生的学习力诊断。再如,北京师范大学未来教育高精尖创新中心,正致力于利用学生学习全过程的大数据分析,帮助学生发现并提升优势学科、诊断和补救劣势学科,以适应新型的学生评价机制,实现个性化、差异化的学生发展目标[1]。

---

[1] 李葆萍,周颖.基于大数据的教学评价研究[J].现代教育技术,2016(26):5-12.

(三)单一评价转向多元评价

以往评价主体仅仅属于班主任或者再加上任课老师,学生、家长、教育领导者等都处于"失声"地位,这种评价方式无疑是片面的,不利于学生、教师的发展。师生互评、生生评价有利于师生、生生关系的进一步和谐发展,共同提高;家长参与评价有利于家校共育,促进孩子的健康成长,也有利于家校关系的和谐圆满;教育管理者参与评价,主要体现在管理功能上,学校作为教育机构,管理水平高无疑对教学水平的提升有很大帮助。

第二节 智能时代技术对教学评价的影响

大数据的运用、人工智能的兴起,已经引发了教育教学变革。我们从早期的"我思故我在"变成了信息社会的"我传输和接收故我在";马克思的"人"的概念也转变为"信息回路中的集结点"的个体概念。技术尤其信息技术带给人类全方位的冲击,传统的很多概念都需要进行重新定位和反思。比如,我们可以"组织和使用经验",经验也变成了可以保存在计算机中的东西。

当然,信息技术也在诸如教师备课、教学设计、教学评价、教学反思等方面发挥着作用。本节通过研究智能时代下的技术支持来观察教育评价的整体现状以及发展趋势。

一、大数据

(一)大数据的内涵

大数据作为信息技术发展的最强动力,已经渗透到各行各业,教育行业同样也需要海量的数据。2012年,联合国发布了大数据白皮书《大数据促发展:挑战与机遇》,明确提出大数据时代已经到来。大数据作为信息技术发展的新趋势,其核心特征为以下四个,具有海量的数据规模(Volume)、快速的数据流转(Velocity)、多样的数据类型(Variety)和巨大的数据价值(Value)。

(二)教育大数据

大数据虽起源于IT行业,但如今已经运用在各行各业了,如医疗、教育、卫生、食品等,在教育行业中我们将其称为教育大数据,亦是大数据的一个子集。一般来说,教育大数据是指整个教育活动过程中所产生的以及根据教育需要采集到的,用于教育发展并可创造巨大潜在价值的数据集合。教育大数据的来源有四个方面:一是在教学活动过程中直接产生的数据,比如课堂教学、考试测评、网络互动等;二是在教育管理活动中采集到的数据,比如学生的家庭信息、学生的健康体检信息、教职工基础信息、学校基本信息、设备资产信息等;三是在科学研究活动中采集到的数据,比如论文发表、科研设备运行、科研材料采购与消耗等信息;四是在校园生活中产生的数据,比如餐饮消费、上机上网、复印资料等信息[①]。

杨现民教授构建了教育大数据的结构模型。整体来说,教育大数据可以分为四层,由内到外分别是基础层、状态层、资源层和行为层。其中,基础层存储国家教育基础数据,包括教育部2012年发布的7个教育管理信息系列标准中提到的所有数据,比如学校管理信息、行政管理信息、教育统计信息等;状态层存储各种教育装备、教育环境以及教育业务的运行状态信息,比如设备的能耗、故障、运行时间、校园空气质量、教室光照、教学进程等;资源层存储教育过程建设或生成的各种形态的教学资源,比如PPT课件、微课、教学视频、图片、游戏、教学软件、帖子、问题、试题试卷等;行为层存储广大教育相关用户(教师、学生、教研员、教育管理者等)的行为数据,比如学生的学习行为数据、教师的教学行为数据、教研员的教学指导行为数据、管理员的系统维护行为数据等(图7-1)。

---

① 杨现民,唐斯斯,李冀红.发展教育大数据:内涵、价值和挑战[J].现代远程教育研究,2016(1):50-61.

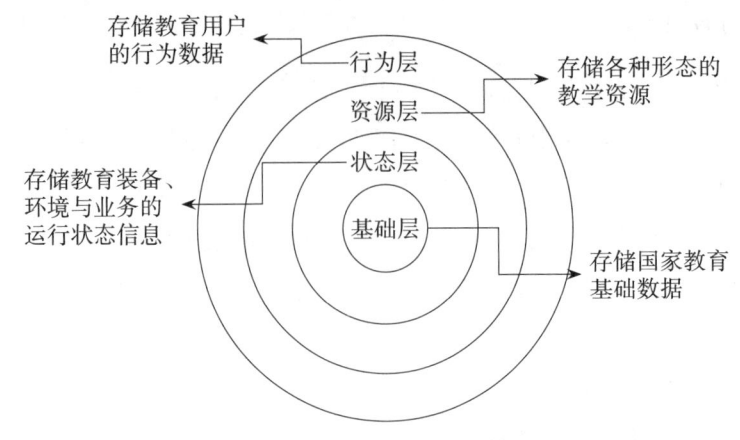

图7-1 教育大数据结构模型

而这些数据的采集有易有难：基础层的数据可以通过官方网站、年鉴等收集；状态层的数据主要通过传感器、人工记录的方式对设备进行定期维护；资源层的数据量巨大，形态多样，大都属于非结构化数据，很难形成量性评价，因此着重分析收集后的质性评价；行为层的数据有很多种类型，诸如学生成绩、教师备课情况、设备维修记录等。大数据时代可以采集更多、更细微的教学行为数据，比如学生在何时何地应用何种终端浏览了哪些视频课件、观看了多长时间、浏览顺序、是否跳跃观看等细颗粒度的行为都将以日志记录的形式被保存下来。这些看似无用的数据都将成为后期数据挖掘与学习行为分析的宝贵数据源，为个性化学习、发展性评价、学习路径推送、教学行为预测等提供数据支持。

二、可视化技术

(一)可视化技术的内涵

可视化是基于大数据所形成的又一项技术。数据可视化的定义非常宽泛，凡是将数据以某种视觉形式加以展现，均可视为数据可视化。刘欢等人认为数据可视化包括了数据图表、信息图、思维导图、文字云等多种类型，数据来源包括各类结构化、半结构化、非结构化等数据，生成形式包括自动化、半自动化、手动等多种方式，色彩、形状、交互等艺术化的处理方式更是千变万化。教师可以为学生呈现直观的知识，使得枯燥的学习内容变得艺术化，加深学生对于知识的掌握程度；可以通过对学生学习数据的分析，优化"教"的过程，并为学生提供个性化的指导；还可以将其作为一种评价学生的手段，进行总结性评价、过程性评价和发展性评价。虽然并非所有教师都具备较好的绘画功底，可以创造出有趣的板书，但教师经过基础培训都可以利用已有的软件为学生在大屏幕上呈现更为直观、立体、有趣的教学知识；教师还可以在课前通过分析学生自学预习的数据来有针对性地实施授课与课后辅导。当前，数据可视化工具有 Visual Eyes（在线可视化编辑工具）、Google Trends（揭示数据关系）、Many Eyes（集合可视化工具的在线社区）。这些软件若非专业人员很难去运用，因此我们在进行教师培训的时候，需要专业人员对教师进行简单的培训，以帮助教师对任一教学板块都可以初步甚至熟练地进行数据可视化操作。

(二)可视化在教育活动中的应用

1. 在教学内容中的应用

教学内容可视化在刚兴起时仅仅是利用图像且将其作为简单的插图，随后研究者们对可视化在孩子们学习中扮演的角色越来越感兴趣，并为孩子创造了多种模型和多媒体素材，可视化在学习者读写中的地位逐渐被认识到。Mayer 与 Steinhoff 等在教材设计研究中发现，文本和包含信息的注释字幕旁放置插图的话，能够提高学生的回忆和理解。这个结果可以用建构主义学习理论来解释，建构主义学习理论认为学习应该建立视觉和语言表述系统之间的连接，所以教学内容可视化设计也应该是教学设计的重要组成部分。Libo 在研究生物学教科书时发现，视觉图像扩展和补充了教材中的语言，无论是从教材的内容还是从人际关系方面都建立了与读者的联系。因此为了理解文本的意义，图像和书写需要完全整合起来。可视化表达的许多形式在教学内容的呈现中多年来一直呈上升趋势，尤其是中小学生对图形的理解能力要比文字来得更深刻。因此教学内容的可视化呈现在越来越多课堂教学的教学设计中，都是重要的环节，教育技术领域的研究者很大的一部分工作就是开发各种适合教学的图像、三维模型、演示文稿、数字视频等。

2.在教学过程中的应用

各学科都可以适当利用可视化技术来提高教学效率。比如在科学教育中,教师可以使用图像和视觉技术来表达科学思想和方法,使对象、现象和关系可视化;地理教师可以绘制地图或使用范围广泛的视觉和空间表达,绘制各种路线图;在英语课堂上,读与写也伴随着图像、声音、动画、数字视频等,多种形式的可视化内容正越来越多地被使用在英语课堂;在语文课堂上也可在多媒体白板上播放动画等。伍国华、李克东对国内外关于知识可视化教学应用的研究论文进行了元分析研究,从学习成绩、认知技能以及情感三个方面对知识可视化的教学效果展开分析,得出了知识可视化对提升学习成绩、认知技能和学习情感等方面都存在积极作用的结论[①]。

3.在教学评价中的应用

2014年,中国基础教育质量协同创新中心发布了"教育评价云",针对学生质量评价从标准、工具、采集、存储、分析与结果呈现等方面进行了全面的研究与设计,为教育质量监测和评价的可视化分析奠定了专业基础。教育评价的目的是让教师更好地了解学生、审视自己的课堂和教学过程。在传统的教育环境下,了解学生的主要方法为问卷调查、课堂行为观察、考试、作业分析等,这些方法存在着耗时长、数据不准确、过程型数据遗漏或者无法采集等多种弊端。如今可视化技术可以解决这些问题,也使得基于教育大数据的可视化成为现实。

比如,使用文本可视化分析工具,能够将文本中蕴含的语义特征(如词频与重要度、逻辑结构、主题聚类、动态演化规律等)直观地展示出来;可以使用基于文本的语义结构可视化技术,以树形结构或者放射性层次圆环结构来展示文本结构、文本相似度统计、修辞结构以及相应的文本内容等;还可以结合文本的空间、时间属性,进一步展示主题的合并和分支关系以及演变;借助文本可视化分析工具,还能一目了然地评估学生知识点和学科知识体系,能够迅速了解学生的知识掌握情况以及学生个人知识体系的发展状态。

[①] 伍国华,李克东.知识可视化教学应用的元分析研究[J].电化教育研究,2011(12):84-90.

三、学习分析技术

(一)学习分析技术的内涵

学习分析的定义源于美国高等教育信息化协会的"下一代的挑战",其将学习分析定义为:使用数据和模型预测学生收获和行为,具备处理信息的能力。2011年,首届"学习分析与知识国际会议"将学习分析定义为:测量、收集、分析和报告关于学习者及其学习情景的数据,以期了解和优化学习和学习发生的情境。实际上学习分析在很多时候指的是应用于教育领域的大数据分析。因此,我们可以发现大数据是基础,有了大数据,才有了这一系列分析技术。从这些定义可以看出,学习分析的研究对象是学生及其学习情境,研究的基础是教育活动中产生的海量学习数据和学习分析过程中产生的中间数据,研究的目的是评估和预测学生活动,发现潜在问题,为教育活动相关人员提供决策支持,以优化和设计学习过程和学习情境[①]。

当前,学习分析工具根据所侧重的分析对象与类型可以分为学习网络分析工具、学习内容分析工具、学习能力分析工具、学习行为分析工具及其他综合分析工具。学习网络分析工具重点分析学习个体的情况,如他在学习平台的活跃度,存在哪些问题,以及分析学习者如何在网络学习中建立关系以提供学习支持,常见的工具有SNAPP、Cohere、NetMiner等。学习内容分析工具重点分析学习过程中师生、生生之间的交流内容、教学对话以及学生自身所学习的内容,常见的工具有WMatrix、CATPAC、LIWC等。学习能力分析工具主要以学习者的学习能力、学习水平为分析对象,通过量表等形式对学生进行考查,然后以可视化的形式呈现,常见的工具有ELLIment、Enquiry Blogger、Socrato等。学习行为分析工具重点分析学习者与系统的人机交互数据,挖掘学习者的行为模式,常见的工具有Google Analytics等。其他综合性分析工具适用范围很广,常见的有SPSS、WEKA等。

(二)学习分析技术框架

众多研究者、学者对学习分析进行了一系列研究,制定了详细的框架。

---
① 王良周,于卫红.大数据视角下的学习分析综述[J].中国远程教育,2015(03):31-37.

Greller和Drachsler提出了一个由利益相关者、目标、数据、工具、内部限制和外部约束六个关键维度组成的学习分析框架(图7-2)。他们认为,学习分析的利益相关者包括数据主体(学习者)和数据客体(教师、导师、教育管理者),学习分析的数据来自被保护和公开的学习活动及学习环境数据,学习分析的目的在于预测学习结果和帮助学习者反思,采用的分析工具包括机器学习技术和可视化工具。他们还指出,学习分析的实施过程应考虑个人隐私和伦理道德。

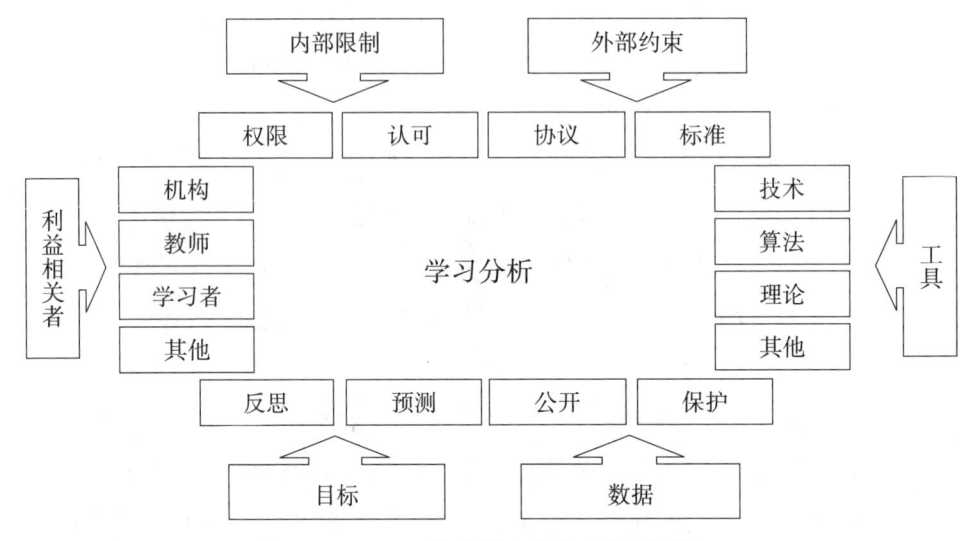

图7-2 Greller等人提出的学习分析框架

(三)学习分析技术带来的机遇与挑战

数字媒体和学习分析技术的发展,使学习和教育方式日趋多元化和立体化。学习分析也逐渐融合到在线学习、混合式学习、协同学习、虚拟化学习中。学习分析强调基于上下文情境和人为干预,重视适应性和个性化服务,要求环境与用户、教与学良好互动,是智能教学的最佳实践。例如,MOOC平台中,利用学习分析技术挖掘用户信息,根据用户兴趣推荐课程和资料;翻转课堂和游戏化学习过程中,学习分析仪表盘上的结果使学习者能够根据目标和学习习惯主动学习。

(1)学习分析可以帮助教师在自身的在线学习过程中提升。如全美科学教师协会运用社会网络分析的方法分析教师在线上讨论社区中的数据,帮助教师提高在线学习效率。教师在进行专业化培训时,相当于一名受教育者,通过学习分析技术,教师可以了解自身存在的问题从而有针对性地改进。

(2)学习分析可以提升教师在教学设计、教学方法运用以及教学活动组织方面的能力。学习分析旨在进行学生学习过程与结果的实时反馈和可视化呈现,帮助教师及时了解学生的学习状况、教学方法成效以及教学设计有效性等。在采用干预、调整等策略不断改善学生学习的同时,教师的教学设计、教学方法运用以及教学活动组织等方面的能力也将得到不断提升。

(3)学习分析可以提升教师学习支持服务的有效性。依托个性化、实时的数据,教师可以开展更为准确和有效的学习支持服务;同样,不同的支持效果也能通过数据反映出来并得到调整。

(4)学习分析还可以提高教师教学评价能力,拓展形成性评价。学习分析关注结果,更注重过程。教师以及学生在教学过程中形成自己独一无二的行为模式,相关学习分析工具可对此进行分析从而改善教学评价。

四、人工智能技术

(一)人工智能的内涵

1950年,阿兰·图灵在论文《计算机器与智能》中提出著名的"图灵测试",从此,学术界开始开展有关机器思维问题的讨论。1956年的达特茅斯会议标志着"人工智能"概念的诞生。2017年5月,我国19岁围棋棋手柯洁以0∶3的总比分败给人工智能程序AlphaGo,此番对弈再度让人工智能成为公众视线的焦点。人工智能,简称AI,是一个模拟人类能力和智慧行为的跨领域学科,也是计算机学科的一个重要分支。随着云计算、大数据、物联网、移动互联网等新一代计算机技术生态的形成、发展和完善,人工智能技术也得到快速发展。

(二)人工智能在教学评价中的应用

人工智能时代,以标准化、规范化为特征的现代学校体制将会彻底转型或消亡,代之以更加开放、多元、个性化的学习体系。无论是在实体课堂还是虚拟课堂,讲授将不再占据主要时间,今后课堂上主要活动是分享、交流、讨论、合作、创造、翻转学习和网络自学成为主流的集体学习模式。新的更具个性化和开放性的学习文化将替代传统的以集体化、统一化为特征的校园文化。

在教育领域，人工智能技术应用较多，如语音识别、可穿戴技术、情感计算技术、机器学习技术、智能挖掘技术等。上述人工智能技术在教育中的应用，具有两种特性：主体性与辅助性。主体性是指相关工具或系统以人工智能为主体，如智能教学系统、智能问答系统、智能评价系统等；辅助性是指人工智能以相应的功能模块或部分结构嵌入其他教学、学习和管理系统之中，如自适应学习系统、数字化评价系统、智能教育决策支持系统等。

人工智能进行教学评价依然基于大数据：一方面，人工智能技术对学生学习过程的长时间跟踪监测，通过数据统计和计算分析，诊断教学过程中学生存在的知识结构、能力水平、学习效率、学习需求等多方面的现实差异，可以使学生清楚地看到自身学习的问题所在，以便于及时作出调整；另一方面，人工智能技术对教师也可以进行监测，监测其教学过程，帮助教师根据具体情况，调整教学目标、知识结构和重难点，更有针对性地改进教学方法。在人工智能和大数据技术的共同支持下，教与学的针对性、有效性和科学性都将得到大幅度提高。教师和学生的互动反馈，有利于对师生进行全面的评价（图7-3）。

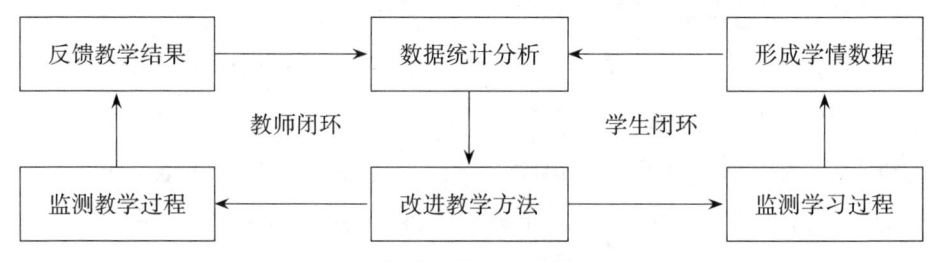

图7-3 教学反馈和评测体系结构

（三）人工智能现有不足

人工智能虽给社会带来了众多便利，但一直以来都存在争议，主要表现为缺乏情感关怀等，比如即将取代人类一些职业，使众多人口面临失业；再如人工智能的出现产生了许多法律、道德上的盲区，急需不断补充和完善。在教学评价的研究与应用中，人工智能存在如下问题。

1. 理论研究固化

人工智能在教学评价研究中多定位于教学评价、学习评价或建构层面的某个特定方面,有时候反而忽视学习者整体素质的提升和发展,因此除了理论的研究,人工智能教学重点可适当向学生倾斜。

2. 应用研究片面

人工智能教育应用的情境常设定在学校教育环境中的某项活动,如人工智能辅助教学系统、智能答疑系统、智能化教育决策支持系统等[1],从本质上看,并未跳出此前的研究范畴,仍旧以技术为主。

3. 领域应用狭窄

现有人工智能教育应用聚焦于学校教育应用,而忽视了人工智能在企业培训、家庭教育、继续教育、特殊教育等领域中的功能发挥。

人工智能教育应用的目的是促进学习绩效(学习的效果、效率和效益),但前提是平等、公平和公正地使用。在不同文化、制度、价值取向等诸多因素交织的社会情境中,人工智能技术存有违背教育规律和教育伦理的可能,从而成为过度教育、强迫教育的手段,沦为不良教育的"帮凶"。因此,我们需要未雨绸缪,及早制定相关政策,让人工智能教育应用回归、服务于"人的教育",而不是以追求技术为本体,应明确界定技术使用界限,避免无节制地使用技术。

第三节 智慧课堂教学评价的具体实施策略

一、评价指标体系的构建

在进行智慧课堂教学评价构建时,首先应该考虑的是网络运行课程的实效性和个性化。智慧课堂中,参与者不仅能在上课时间进行学习,在课后需要

---

[1] 徐鹏,王以宁.国内人工智能教育应用研究现状与反思[J].现代远距离教育,2009(5):3-5.

复习和巩固时,也能通过网络进行学习。网络运行课程是相对自由的一种选择,参与者可以根据自身发展需要选择课程。其次是评价目的多元性。在评价学生、教师时,需要从不同层次进行多元化分析,并为所选评价指标构成的评价体系寻找理论依据,或用实际数据来说明这个体系的可信度。最后考虑如何管理才能使各项指标更合理,评价指标的建立需要按照一定的体系依次深入,应让评价者和被评价者都能够理解且落到实处。

(一)评价指标体系的构建原则

1.导向性原则

教学中最重要的一个原则即因材施教,因此教学评价指标也应该具备导向性,教学评价对教学改革也具有一定的导向作用。在智慧教学指标体系的构建过程中,需要合理分析、整合并筛选出传统教学评价指标体系中对智慧教学仍有价值的评价指标,结合相关理论制定出科学合理的智慧教学评价指标体系。另外,评价目标是智慧教学总目标中评价层面的具体体现。因此,智慧教学评价指标体系的制定也不能偏离智慧教学总目标和教育评价目标,最终使构建的智慧教学评价指标体系能给各个教育阶段的教学提供参考。

2.可操作性原则

在构建智慧教学评价指标体系时,各级指标的建立本着"从课堂中来,到课堂中去"的原则,应通过课堂实录和走进智慧教学的方式,对一线教师、专家进行调查,构建符合实践的、合理的课堂评价指标体系。智慧教学评价指标体系的制定应该充分考虑获得所需数据信息的难易程度。若用于考察一项评价指标的数据信息在教学过程中难以获取或者获取成本很高,那这项评价指标则被认为并不具有可操作性。在实际的智慧教学过程中,会有隐性的、抽象的数据信息存在,可以通过将隐性、抽象的数据信息转化为外显的行为表征,进而形成评价指标项。

3.整体性原则

智慧教学评价的设定可分为微课、教师、学生三个角度。对于微课而言,智慧教学是以智慧型微课为支撑的教学模式;对于教师而言,智慧教学是以智慧教学法为催化促导的教学模式;对于学生而言,智慧教学是以智慧学习为根本基石的教学模式。各个角度的智慧教学呈三角形状态。因此,智慧教学评价指标体系必须全面地体现出被评价对象的各个重要的方面,即构建的智慧教学评价指标体系能够全面地反映智慧教学的总体情况,上下级的指标项之间,同层级的指标项之间应全面、完整。

(二)智慧教学评价具体指标

传统课堂下,教学评价指标主要包括教学目标、内容、手段、效果这四个一级指标。智慧课堂评价的基本理念是学生将寻求智慧发展作为根本目标,在信息技术的支撑下,教师与学生的身份都将有所转变,要求学生不再是被动地接受知识,而是主动地建构知识,同时要求教师要由信息的传输者、运送者转变为学生主动建构知识的帮助者、促进者、引导者[1],最终将学生培养成智慧的人。智慧课堂的评价是有序的,但评价标准不是唯一的,智慧课堂评价体系是一个科学能动的系统。不同学者从不同方面设置了具体指标。庞敬文等人从课前、课中、课后三个方面对智慧课堂教学评价指标进行分析[2];贺翔从资源(课程资源、学习资源、教学资源)的组织与设计、教学活动设计以及教学支持服务体系(人工智能、大数据等)着手构建指标[3];孙聘从智慧教学的关键要素,即教师智慧教学能力、学生智慧学习能力、微课(资源和过程)入手,分别设置不同的指标。本书教学评价指标借鉴了贺翔的指标体系。

二、教师智慧课堂教学评价指标构建

教师智慧课堂教学评价需要通过教师智慧教学能力的外显特征进行价值评价,因此把握教师智慧教学能力的本质属性是教师智慧课堂教学评价指标体系构建的基础。只有充分了解教师智慧课堂教学能力的内涵,评价活动才能得到有效实施。

---

[1] 何克抗,郑永柏,谢幼如.教学系统设计[M].北京:北京师范大学出版社,2002:81-82.
[2] 庞敬文,张宇航,唐烨伟,等.深度学习视角下智慧课堂评价指标的设计研究[J].现代教育技术,2017(27):12-17.
[3] 贺翔.人工智能在职业教育评价体系的构建研究[J].软件导刊,2019(18):4-5.

(一)教师智慧课堂教学评价目的及评价理念

1. 评价目的

就评价的本质而言,教学评价活动的目的自然离不开教育活动的目的:教书育人以及实现人的全面发展。怀特海指出教育的目的是激发和引导学生的自我发展。显然,发挥评价的改进功能,评价教师的价值在于对学生个体个性化发展和深度学习的促成的回应,而不是管理视角中的区分优劣。通过评价促使学校管理者以及教师能够明确教师教学中存在的优势和劣势,促使教师不断改善自身的教学行为,及时调整自己的教学策略,为学生的深度学习提供诸多可能。这也体现了教学评价育人为本、促进发展的基本理念。

2. 评价理念

教师在智慧教学过程中发挥着重要的作用,评价教师智慧教学能力应倡导以下评价理念:激发教师主动性和坚持以人为本。激发主动性是指不应仅仅把教师作为被评价对象,还应让教师积极主动参与到评价活动中,之后向教师反馈当前教学活动的优点与不足,帮助教师从中发现问题并改正,进而帮助教师确定今后实施智慧教学的目标与方向,促进学生深度学习。以人为本指激发教师的主观能动性,坚持以人为本的评价理念,肯定教师主观能动性的发挥,充分给予教师尊重以提高教师智慧教学能力。

(二)教师智慧课堂教学评价指标

我们将教师智慧教学评价指标分为智慧教学准备能力、智慧教学实施能力、智慧教学评价反思能力以及智慧教学创新能力。

1. 智慧教学准备能力

智慧教学准备能力是教师实施其他一系列教学活动的基础,支撑着智慧课堂的具体实施。智慧课堂与传统课堂的区别在于信息技术的使用和思维习惯的培养,因此二级指标分别为信息技术基本知识和能力、面向思维培养的教学设计能力、教学资源设计能力。

其一,信息技术基本知识和能力。Word、Excel、PPT等作为入门级的教学工具还有部分老师尚不能熟练运用,更别提一些专业的评价软件或者微课视频制作软件等。因此该项指标主要指教师对信息技术应用于课堂教学的认知,教师应熟悉电子书包、网络学习空间、微课资源平台,掌握信息技术与课程深层次融合的基本概念和基本操作流程。

其二,面向思维培养的教学设计能力。教学设计能力主要包括教学目标的设置、学生特征及其学习需求分析(思维特点、行为模式、起点水平等)、教学内容的组织、教学资源的选取及设计、学习问题设计、教学策略的制定、教学进程的规划等方面的能力。

其三,教学资源设计能力。除了传统的资源准备,如今在信息化时代,对信息资源的使用与设计也是智慧教学的必备能力。该指标主要是指教师在进行教学活动前,能够依据教学需求查找所需的教学资源并能够对其加工和有效利用的能力。

2. 智慧教学实施能力

智慧教学实施能力是在智慧教学设计能力的基础上,真正在智慧教学课堂上展现出来的教学能力,是智慧教学能力的关键环节,直接关系到智慧教学的效果。智慧教学实施能力主要包括教学组织管理和新技术运用能力。

(1)教学组织管理能力。包括处理教学中的意外状况、教学环境的管理、教学资源的分类补充等。

(2)新技术运用能力。智慧课堂上白板、电子屏、平板电脑等设备已经成为基本配置,如果教师没有接受过专业的培训,很可能使用不熟练,甚至在课堂上出现各种意外。当然这些新技术我们不能一股脑儿地运用,对于不同的内容应选择不同的技术和设备。

3. 智慧教学评价反思能力

叶澜老师认为,一名教师写了三年的教案不一定能成为名师,但一名教师做了三年的反思一定是一位好老师。在教学过程中,教师应反思本节课的教学设计是否合理,运用的教学方法是否得当,教学资源是否得到了有效利用。教师还应该观察学生的课堂行为表现、学习参与状况以及学习任务完成情况等,以此来反思自己的教学效果。智慧教学评价反思能力主要包括智慧教学评价反馈能力、智慧教学反思交流能力两部分。

4.智慧教学创新能力

创新不仅仅指学生创新,还包括教师创新。创新能力生成的前提是创新意识的产生,智慧教学过程的创新是智慧教学开展的关键,对智慧教学评价反思的创新是改进智慧教学品质的保障。因此,具体指标可以从智慧教学理念创新、智慧教学过程创新、智慧教学评价反思创新来展开评价。

其一,智慧教学理念创新。"知情意行","知"为先,即老师要先有创新理念,然后才能融入实践,带入智慧课堂。

其二,智慧教学过程创新。教师能够依据学生特点因材施教,灵活授课;形成具有个人特点的教学风格,能够机智地处理课堂中的意外情况。

其三,智慧教学评价反思创新。教师要善于反思,也要善于引导学生反思,从不同角度、与不同人群交流智慧课堂的实施过程。

三、学生智慧课堂教学评价指标构建

在信息爆炸时代,教育的首要任务是促进学生学习能力的全面发展,培养顺应社会需求、具备国际竞争力的创新型人才。能力,尤其是高阶能力是创新型人才不可或缺的要素,因此智慧课堂的开展对于学生来说除了全面发展的要求,还强调学习能力的提升,智慧学习能力指的就是学生学习过程中的应用能力、分析能力、综合能力与评价能力。

(一)学生智慧课堂教学评价目标以及评价理念

1.评价目标

智慧课堂学生评价的目标应该与智慧课堂的评价目标一致。追本溯源,由于学生评价是教育评价与教学评价的最基础的部分,对学生评价的目标探究应该从学生评价的发展历程着手。回顾现代教育的发展,学生评价从本质上来看与学习理论的创新与发展密切相关。布鲁姆提出"掌握学习"以及个别教学的普及与推广,使课堂测验成了提供及时反馈的重要手段,这种评价就是形成性评价。关于具体的教学工作评价理念,他在《教育评价法手册》一书中进行了阐述,即在"以教育目标分类体系"的基础上,以形成性评价为中心的教育评估理论,将教育评估、教学工作评价分为诊断性评价、形成性评价与终结性评价。特别要指出的是,布鲁姆在编制教育目标分类学,系统阐释掌握学习理论时,基本是站在行为主义的立场上。他对目标分类和学生评价的诸多看法,例如在掌握学习理论中注重对学生学习过程的诊断,主张评价的目的不是对学生进行分等或给予成绩,而是了解学生是否已掌握所学内容,对于帮助学生解决疑难问题,无疑有着重大的意义[①]。

当前,随着深度学习理论的广泛应用,学生智慧课堂能力评价的目标确定是以智慧教学模式探究为前提的。智慧教学评价的目标,也就是学生智慧学习能力的评价目标。综上,学生智慧学习能力的评价目标主要有两点:一是对学生的学习能力进行诊断分析,判断其是否具备了个性化深度学习的综合能力;二是在学生学习能力诊断的基础上指明学生智慧学习能力的发展方向,促进学生智慧能力的养成。

2.评价理念

教育有"社会价值"与"个体价值"之分。学生评价作为教育评价非常关键的组成部分,将其作为主要研究对象也反映了教育与教育评价本身的总体价值取向。在学生评价的价值关系中,涉及多种价值主体,如国家、学校、家庭、学生等。这些价值主体之间的一致性体现了一定社会发展阶段对学生发展的主导性要求,而差异性则反映了不同评价主体之间的利益及其认知差别,这种差别本质上体现了社会本位与个体本位的区别。

综上所述,智慧教学评价对学生智慧学习能力评价的价值定位在于从学生综合素质发展的角度出发,促进学生智慧的生成和发展以提高学生各种能力水平,培养出21世纪具有信息素养的创新型人才。

---

① 吴昌提,林菊芳,陈宁红.国内外形成性评价述评——兼评开放教育形成性考核十年[J].现代远距离教育,2009(3):66-69.

(二)学生智慧课堂评价教学指标

长期以来,学生智慧课堂评价相较于教师智慧课堂评价受到的关注要少,导致学生在此过程中常常处于被动地位。然而,近年来,随着教育理念的不断更新和技术的快速发展,学者们纷纷关注并研究学生智慧课堂评价,旨在提升学生的主体地位和学习效果。陈佑清、陶涛主要从学生在课堂教学中所实际表现出来的学习行为状态,如学习行为的针对性、能动性、多样性和选择性,来设计课堂教学的评价指标[①]。曾小芹在智慧教室的应用及人脸识别等技术的推动下,提出了基于学生微表情的"四位循环跟踪反馈、三方相长促进评价"的教学评价机制,该机制涉及智慧教室、教师、学生和同行(专家)四方循环反馈,进而促进教师和学生群体双向长效成长[②]。

1. 应用

做题即初级阶段的应用,从做题的难度、深度我们可以评价学生的记忆能力、迁移能力以及知识建构能力。记忆能力强调的是基础知识,是后两种能力的基底。迁移能力类似布鲁纳的"同化""顺应",学生能够将学过的知识与当前知识联系起来,综合解决问题。知识建构能力强调的是学生在智慧课堂上,通过新旧知识的联系,最终建立起非结构化知识。

2. 分析

在智慧课堂上,教师和学生都应明白学生的学习方式是主动学习而非被动学习,因此我们可以将其继续细化为学生的投入程度、反思能力以及学习动机。奥苏贝尔将学习动机分为认知内驱力、自我提高内驱力以及附属内驱力。在三种内驱力里,只有认知内驱力是内部学习动机,其他两种都是外部学习动机。认知内驱力表现为对学习本身感兴趣,学习就是为了满足自己的求知欲和好奇心,以及对真理的追求。这种对学习本身感兴趣的学习动机是现代智慧教学所要追求的。学生的投入程度与学生的学习动机以及教师的教学风格直接相关。学生的反思能力指的是在学习过程中能够不断反思总结自己的学习方式、学习方法和解题思路等。

[①] 陈佑清,陶涛."以学评教"的课堂教学评价指标设计[J].课程·教材·教法,2016(36):45-52.
[②] 曾小芹.智慧教室环境下基于学生微表情的教学评价机制的构建[J].中国多媒体与网络教学学报,2018(8):22-23.

3. 综合

学生的综合运用能力不仅体现在题目中,更体现在生活情境中,而发现问题与解决问题同等重要。因此,综合的具体指标又可细分为发现问题能力,运用学习策略能力以及创新知识能力。发现问题能力要求学生善于从独特的角度观察和思考问题,可自身发现也可教师引导;运用学习策略能力表明学生能够在不同的情境下学会使用不同的方法来解决试卷中的问题和生活中的问题;创新知识能力要求学生能够深刻认识学习问题,把握学习问题的内在逻辑,能够灵活创新运用所学知识解决学习中所遇到的问题,不拘泥于形式。

4. 评价

通常,我们将评价分为诊断性评价、形成性评价以及综合性评价。诊断性评价指学生根据现有学习水平和学习要求,对先前知识和学习策略进行定位与改进,教师也需要以此判断学生的水平,进行更好的教学。形成性评价要求学生能够使用得当的评价语言,有效利用大众点评信息对周遭的学习环境、学习资源及学习共同体进行准确分析。综合性评价则是指学生在每堂课结束后常常有新的感受,以此对自身的学习过程做出科学、客观的评价。

总而言之,目前智慧课堂教学评价是仁者见仁智者见智,对于各位学者所提出来的评价标准、评价理念以及评价指标,我们可以结合自身课堂情况进行取舍。学生是学习的主体,教师的教学也是为学生所服务的,因此教学评价必须转变观念,让学生从"失声"走向"发声",让教师从"独声"转向"幕后",让家长、教育管理者、教研人员纷纷参与进来。

拓展阅读

中小学智慧教学评价指标体系构建的研究[1]（节选）

基本背景：吉林省某小学讲授语文课本《乡下人家》,《乡下人家》是四年级下册第六组的一篇精读课文。

评价目的：(1)面向智慧课堂未来,促进整体水平的提升。(2)突破形成系统性的教学评价模式,帮助智慧课堂的参与人员明确各自职责,促进智慧课堂良性循环发展。

---

[1] 孙聘.中小学智慧教学评价指标体系构建的研究[D].长春:东北师范大学,2018:127-130.

评价小组成员：该学校开展智慧课堂评价时组建了9人评价小组。小组成员包括教育技术领域的专家、智慧教学相关领域的研究生、学科教研员等。要求评价小组内的每位成员对微课、教师智慧教学能力、学生智慧学习行为表现三方面进行实时观察评价。微课方面包含动机性、教学性、交互性、技术性与艺术性五方面；教师方面包含智慧教学准备能力、智慧教学实施能力、智慧教学评价反思能力、智慧教学创新能力四方面；学生方面主要是高阶思维能力（应用、分析、综合、评价）。

评价准备：评价小组成员在实施评价之前，需要接受智慧教学、智慧学习、微课设计、智慧教学能力、高阶思维、信息素养等相关的理论培训。同时，应结合例子向评价小组成员详细说明智慧教学评价指标体系的构建目的、构建意义以及该智慧课堂教学评价指标体系中各指标项的具体内涵。

评分结果：智慧教学评价指标体系包括微课评价指标体系、教师智慧教学能力评价指标体系、学生智慧学习评价指标体系三部分。本案例从提升教学质量、促进学生深度学习的角度出发，对课堂教学的各个环节中的各个要素进行全方位评价。

三个评价指标体系中的评分标准均划分为5个等级，即优秀为5分、良好为4分、一般为3分、差为2分、很差为1分。

拟定等级为：分数在$[0,2]$之间属于不合格水平；分数在$(2,3]$之间属于中等水平；分数在$(3,5]$之间属于优秀水平。

评价者可以通过观看课堂实录或者走进智慧课堂中现场观察，根据三个评价指标体系对智慧教学中的微课、教师、学生三个要素进行评价。将每位评价成员的评价结果进行统计分析并按照评分等级划分，共计445分。其中分数在$[0,178]$之间属于不合格水平；分数在$(178,267]$之间属于中等水平；分数在$(267,445]$之间属于优秀水平。

对于"微课"维度下的评价总分为115分。其中分数在$[0,46]$之间属于不合格水平；分数在$(46,69]$之间属于中等水平；分数在$(69,115]$之间属于优秀水平。

对于"教师智慧教学能力"（注："智慧教学整合应用能力"下的评价标准需要依据学科的不同进行筛选）的维度下的评价总分为235分。其中分数在

[0,94]之间属于不合格水平;分数在(94,141]之间属于中等水平;分数在(141,235]之间属于优秀水平。

对于"学生智慧学习行为"的维度下的评价总分为95分。其中分数在[0,38]之间属于不合格水平;分数在(38,57]之间属于中等水平;分数在(57,95]之间属于优秀水平。

分析结果:以该小学其中一位A班级的某老师的语文课《乡下人家》为例。本次选取评价小组人员有3名教育技术研究生、3名语文学科教研员、3名教育技术专家。本次使用的智慧教学评价指标体系具体如表7-1、表7-2、表7-3所示。依据评价小组对A班级的智慧教学情况进行评价,综合各小组成员对该班级的评价建议和意见。

表7-1 评价者对A班级智慧教学评价情况(教师)

	一级指标	二级指标(满分)	各评价者的打分情况								
			A	B	C	D	E	F	G	H	I
教师智慧课堂教学能力评价指标评分情况	智慧教学准备能力（90分）	信息技术基本知识和能力(30分)	28	25	25	26	25	26	28	27	26
		学科思维主导的教学设计能力(45分)	40	40	41	41	43	40	43	42	41
		教学资源设计能力(15分)	10	13	13	12	11	12	14	13	12
		总分	78	78	79	79	79	78	85	82	79
	智慧教学实施能力（40分）	智慧课堂教学整合应用能力(20分)	18	18	16	17	16	17	18	18	16
		课堂管理能力(20分)	17	17	18	17	16	17	17	18	18
		总分	35	35	34	34	32	34	35	36	34
	智慧教学评价反思能力（35分）	智慧课堂教学评价反馈能力(25分)	22	23	22	24	22	21	23	21	22
		智慧课堂教学反思交流能力(10分)	8	9	7	9	9	8	6	7	9
		总分	30	32	29	33	31	29	29	28	31

续表

一级指标	二级指标(满分)	\multicolumn{9}{c}{各评价者的打分情况}
		A	B	C	D	E	F	G	H	I
智慧教学创新能力(70分)	智慧课堂创新理念(30分)	25	27	25	26	27	28	29	28	27
	学习指导创新(20分)	18	16	17	16	17	16	17	18	19
	智慧课堂教学反思与评价创新(20分)	18	17	17	18	18	18	18	17	19
	总分	61	60	59	60	62	62	64	63	65
总分(235分)		204	205	201	206	204	203	213	209	209

表7-2　各评价者对A班级智慧教学评价情况(学生)

一级指标	一级指标	二级指标(满分)	\multicolumn{9}{c}{各评价者的打分情况}
			A	B	C	D	E	F	G	H	I
学生智慧学习能力评价指标评分情况	学生智慧学习能力	应用(15分)	13	12	14	13	12	13	14	12	12
		分析(25分)	21	22	23	23	24	22	21	22	23
		综合(35分)	33	32	31	32	33	34	33	32	31
		评价(20分)	19	18	17	18	19	17	18	19	18
总分(95分)			86	84	85	86	88	86	86	85	84

表7-3　各评价者对A班级智慧教学评价情况(微课)

一级指标	一级指标	二级指标(满分)	\multicolumn{9}{c}{各评价者的打分情况}
			A	B	C	D	E	F	G	H	I
微课评价指标评分情况	动机性	教学目标(15分)	12	13	13	12	12	13	13	12	14
		教学内容(15分)	14	12	13	14	15	12	14	13	12
		总分	26	25	26	26	27	25	27	25	26
	教学性	教学设计(20分)	17	18	17	18	17	18	19	17	16
		总分	17	18	17	18	17	18	19	17	16
	交互性	人机交互(20分)	19	18	17	19	19	20	19	19	19
		人际交互(10分)	8	8	7	7	8	7	9	7	6
		总分	27	26	24	26	27	27	28	26	25
	技术性	运行状况(15分)	13	12	14	13	12	13	12	13	13
		总分	13	12	14	13	12	13	12	13	13

续表

| 一级指标 | 二级指标(满分) | 各评价者的打分情况 |||||||||
		A	B	C	D	E	F	G	H	I
微课评价指标评分情况 艺术性	页面设计(10分)	8	9	9	8	7	8	9	9	8
	媒体效果(10分)	9	7	8	8	9	7	8	9	8
	总分	17	16	17	16	16	15	17	18	16
总分(115分)		100	97	98	99	99	98	103	100	96

结论：

第一，在微课方面，总体情况较好。动机性方面的得分达到了25分及以上。微课能够简明扼要地呈现出教学内容，教学目标具有针对性，关键知识点的讲解条理清晰，具有一定的逻辑性。经过访谈得知，学生普遍认为微课资源的设计贴近自身的生活实际，能够很好地引导学生积极自主学习。教学性方面得分在16分及以上，说明微课教学设计方面表现良好，在智慧教学过程中文字、图片、视频整体良好，达到智慧教学效果的基本要求。交互性方面的得分在24分及以上，说明微课能促进教师与学生双方的统一，说明微课具有较好的吸引力、趣味性，革新了教师的教学方法。技术性方面的得分在12分及以上，在智慧教学支持的课堂中，学生在微课的导学下能够积极主动地学习。艺术性方面的得分在15分及以上，说明微课设计本身达到很高的标准，教学媒体提升了教师的教与学生的学的效率。经过访谈，了解到学生观看微课学习能够从中获得愉悦感，当完成每一题获得及时反馈时，能够从中获取成就感，更加激发了自己的学习积极性。

第二，教师智慧教学能力方面，该老师的智慧教学能力水平总体情况较好。智慧教学准备能力达到了78分及以上，在教学过程中，该老师的智慧教学实施能力得分达到了32分及以上，总体表现良好。在教学后期阶段，该老师的智慧教学评价能力得分达到了28分及以上，总体情况良好。智慧教学创新能力总体水平达到59分及以上，总体情况表现良好。教师在智慧教学理念和思维方面具有较强的智慧教学创新能力。综上，说明此位老师具备扎实的教学技能，在课堂教学过程中，观察到该老师能够将信息技术与教学内容有机结合，运用信息技术灵活呈现教学内容，能够依据本节课的教学内容选择合适的教学资源供学生个性化学习，教学方法选择得当。该老师以小组合作形式进行教学,能够充分调动起学生学习的积极性,但在小组合作学习过程中,该教师的辅助作用并不是很全面,未能充分利用信息技术手段掌控学生的学习状况。该教师对学生的课堂评价设计较为合理,能够真正反映学生在课堂教学过程中的答题表现。该老师使用微课为学生进行练习和教学测试,同时为学生提供了及时的反馈信息,但反馈一致性较低。该老师的智慧教学创新能力发展存在理论知识和实践相脱节的现象。

第三,学生智慧学习方面,总分在84—88分之间。其中,应用能力得分在12—14之间,分析能力得分在21—24之间,综合能力得分在31—34之间,评价能力在17—19之间,都达到良好以上的要求。在智慧教学过程中,学生在微课的引导下积极主动参与学习活动过程,为智慧课堂教学的进行起到了良好的承上启下作用。在小组交流合作环节,学生互动微课课件和交流问题想法完成得比较好,经过微课导学之后,学生能够基于自己的认识总结多种学习方法,根据自身的学习特点,选择合适的学习方式积极投入学习中。智慧教学评价环节,在教师的引导下,学生能够对他人作出客观的评价,学生的反馈比较积极。在延伸拓展环节,学生能够基于教师提出的延伸问题,很好地完成任务。学生也能够在教师的总结下清楚了解自身存在的不足,尤其是小学四年级的学生,他们的认知水平不是很高,可以通过这种方式的评价,增强学生的学习效果。总体来说,学生智慧学习能力随着智慧课堂教学的推进而有了大幅度的提升。

综上所述,本节课总分均在375分之上,属于优秀级别,并和最后获奖的等级一致,表明本研究设计的智慧教学评价指标体系具有科学合理性、可操作性、有效性。其中,"微课"维度下的得分均在95分之上,属于优秀级别。"教师智慧教学能力"维度下的得分均在200分之上,属于优秀级别。"学生智慧学习"维度下的得分均在83分之上,属于优秀级别。由此可以看出,本次课虽然存在一些问题有待改进,但整体上是符合智慧教学要求的,达到了智慧教学水平。

综上所述,智慧教学评价指标体系在具体的课堂教学过程中是可以被使用的。

思考题

1. 智慧课堂下的教学评价有哪些新的突破?
2. 智慧课堂教学评价有哪些基本原则?
3. 智慧课堂教学评价常见的评价指标有哪些?
4. 智慧课堂运用了哪些新技术?对教学评价有何帮助?
5. 通过查阅资料说说未来的教学评价可能还会有哪些变革。

第八章 智慧课堂的典型教学实践

传统教学模式不断革新,信息技术与教育的结合也越来越紧密,智慧课堂逐渐走进校园。随着教育改革的深化和信息技术的普及,国内外逐渐形成了诸多具有代表性的教学实践模式,这些为智慧课堂的实践及完善提供了重要的参考与借鉴。本章介绍翻转课堂的内涵及其实施方式,同时也基于项目学习、深度学习的内涵、特点对智慧课堂的实施路径进行探讨。

☆ 学习目标

1. 通过案例研读，知道翻转课堂教学模式与传统教学模式的区别；
2. 掌握项目学习的基本内涵，清楚如何基于项目学习进行智慧课堂设计；
3. 理解深度学习的基本内涵和实施路径，掌握深度学习视野下智慧课堂的实施路径。

思维导图

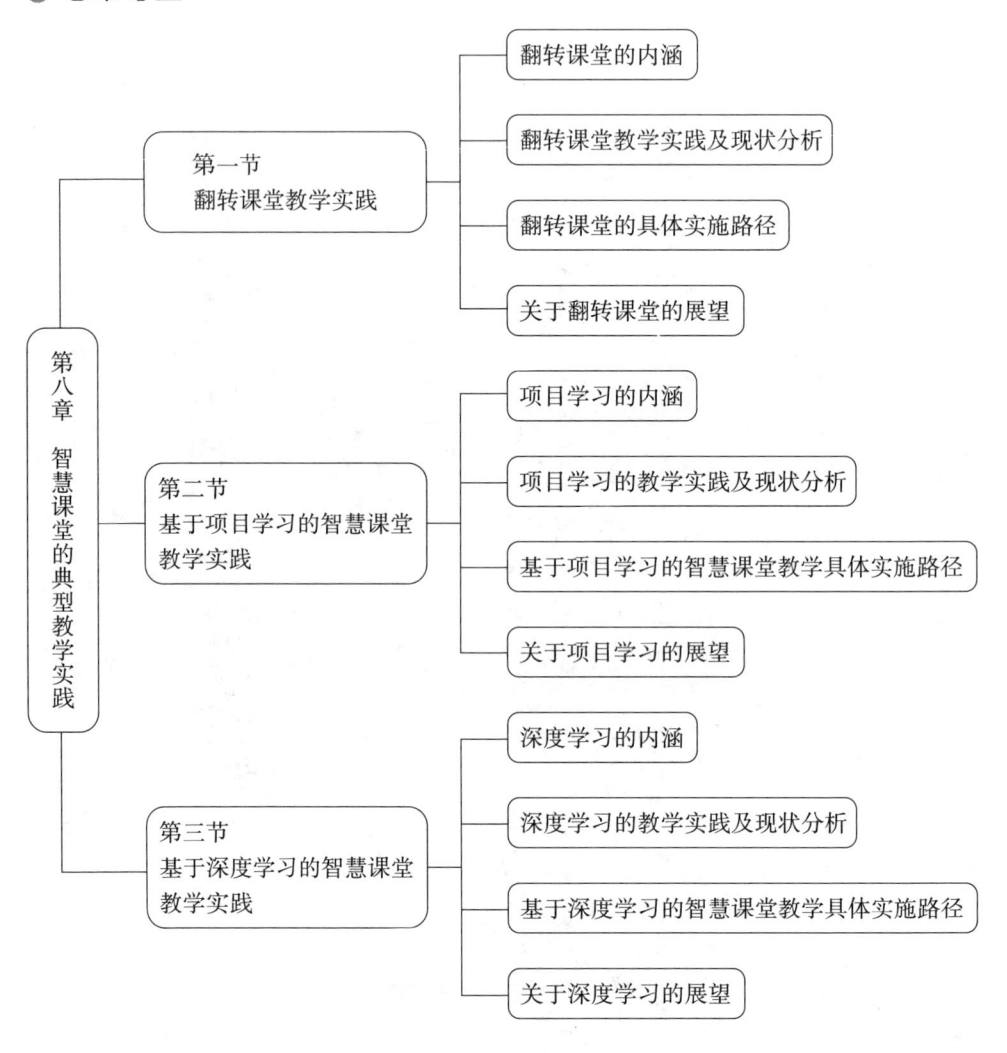

第八章 智慧课堂的典型教学实践

- 第一节 翻转课堂教学实践
  - 翻转课堂的内涵
  - 翻转课堂教学实践及现状分析
  - 翻转课堂的具体实施路径
  - 关于翻转课堂的展望
- 第二节 基于项目学习的智慧课堂教学实践
  - 项目学习的内涵
  - 项目学习的教学实践及现状分析
  - 基于项目学习的智慧课堂教学具体实施路径
  - 关于项目学习的展望
- 第三节 基于深度学习的智慧课堂教学实践
  - 深度学习的内涵
  - 深度学习的教学实践及现状分析
  - 基于深度学习的智慧课堂教学具体实施路径
  - 关于深度学习的展望

第一节 翻转课堂教学实践

一、翻转课堂的内涵

(一)国内外翻转课堂发展概述

1.国外翻转课堂发展历程

2007年,美国科罗拉多州落基山林地公园高中的两位化学老师——乔纳森·伯尔曼和亚伦·萨姆斯利用录屏软件录制PowerPoint演示文稿及教师讲课视频,用来给缺课学生补课,但是视频也被不需要补课的学生观看了,进而形成了"课前观看视频讲解,课上互动内化"的授课方式,"翻转"传统课堂"上课听讲,课后完成作业"的授课方式。美国林地公园高中也因此成为翻转课堂的发源地。2011年,乔纳森·伯尔曼和亚伦·萨姆斯总结多年翻转教学的经验,撰写翻转课堂研究专著《翻转课堂:每天抵达每一个班的每一名学生》(*Flip Your Classroom:Reach Every Student in Every Class Every Day*)。在这本书中,他们介绍了自己在实践教学中摸索出的翻转课堂的实施策略。

2011年,翻转课堂被《环球邮报》评为"影响课堂教学的重大技术变革"。同年,萨尔曼·可汗公开倡导"用视频重新创造教育",引发全球教育者对翻转课堂教育模式的关注。其后,可汗学院为翻转课堂提供免费教学视频,提高了翻转课堂学习者的参与性,翻转课堂的影响逐渐扩展到全球。

2.国内翻转课堂的发展历程

2011年,对"翻转课堂"教学模式的研究在上海、广州、重庆等城市开展。如今我国已有重庆聚奎中学、深圳南山实验学校、南京九龙中学、广州市第五中学等多所学校实施翻转课堂,但从整体上来说,我国翻转课堂仍处在实验探索阶段。为减小翻转课堂实施阻力,促进优质教育资源的利用,2013年8月,华东师范大学牵头20所国内著名高中成立了C20慕课联盟。目前,C20慕课联盟官网能为注册用户免费提供超过2万个微课视频,内容涵盖小学、初中、高中各阶段的语文、数学、外语等多门课程。此外,高校精品课程网、国家中小学智慧教育平台、网易公开课、微课网等也积累了丰富的教学视频资源。众多优质教育资源的开放,加快了我国翻转课堂实践的进程[①]。

(二)翻转课堂的含义及意义

1.翻转课堂的含义

翻转课堂是在信息化环境中,教师提供以教学视频为主要形式的学习资源,学生在上课前完成对教学视频等学习资源的观看和学习,师生在课堂上一起完成作业答疑、协作探究和互动交流等活动的一种新型的教学模式。首先,从教学流程看,翻转课堂颠覆了"教师讲授+学生作业"的教学过程,知识内化由课外到课内。也就是说,翻转课堂赋予了学生更多的自由,把知识传授的过程放在教室外,让大家选择最适合自己的方式接受新知识;而把知识内化的过程放在教室内,以便学生之间、学生和教师之间有更多的沟通和交流。其次,从师生角色看,教师由"演员"变为教学活动的"导演"和学生身边的"教练",学生由"观众"变为积极主动的参与者。再次,从教学资源看,短小精悍的教学视频(也称"微课")是翻转课堂教学资源最为重要的组成部分。最后,从教学环境看,翻转课堂通过学习管理系统整合线下课堂与网络空间,形成O2O环境[②]。

建构主义理论是翻转课堂最基本的理论基础,它强调知识的主体性、动态性、建构性,主张学生是学习的主体,知识的获得是学生在已有经验的基础上结合具体情境主动内化、创生新知的意义建构过程。在该理论指导下,翻转课堂的教学实践要突出学生的主体性。课前学生通过微视频和其他辅助资料自主学习,课堂上师生交流探究、深化理解。由此得出,此教学流程的设计,实质上体现了知识学习的两次内化过程,降低了知识内化的难度。即课前新旧知识相互作用,学生有意义地接受新知识并甄别出问题所在;课堂通过交流协作,促进认识深化并生成正确认知。所以,翻转课堂有效实施的关键在于注重教学过程中知识的内化。

---

① 金莹,席志武,王卫明.国内外翻转课堂研究的现状与反思[J].重庆高教研究,2017,5(5):78-87.
② 钟晓流,宋述强,胡敏,等.第四次教育革命视域中的智慧教育生态构建[J].远程教育杂志,2015,33(4):34-40.

翻转课堂倡导把学生能够自己学会的内容全部交给学生，由学生自主完成。学生自己学不会的或是需要进一步挖掘的内容，才由教师引导或师生互动来完成。从某种意义上讲，翻转课堂是对启发式教学的回归和再认识。启发式教学的思想发端于《论语》，是孔子关于教学方法的重要论述之一，其核心就是"不愤不启、不悱不发"。开展翻转课堂，教师将需要学生进行自主探究的内容提前下发给学生，这可以锻炼学生的探究学习能力，使学生在进入课中环节之前已经能基本扫清知识障碍，并对所要解决的问题提前进行准备，可以极大地提高课中教学的有效性和针对性。

2. 翻转课堂的意义和价值

(1) 翻转课堂有利于教育人性化

在翻转课堂中，学生是主体，在家观看教学视频的时间和节奏完全由自己掌握，可以对教学视频进行快进或倒退，自己掌握学习进度；对于不懂的内容反复看，对于已掌握的内容粗略看，自己掌握学习深度；可以通过聊天室、留言板等与同伴进行互动交流；对于同伴之间解决不了的问题可以远程反馈给教师，教师帮助学生解决。翻转课堂是一种使课堂人性化的学习策略，教师在课堂中给学生一对一的指导，有机会与每个学生交谈并评估每个学生的进步情况，成为与学生互动交流的伙伴，有效提升学生的学习效果。同时，学生会感到学习的重要性并找到存在感。

(2) 翻转课堂有利于重构和谐的师生关系

在翻转课堂中，教师运用新的教学策略进行教学活动设计，促进学生的成长和发展。首先，教师让学生根据自己的兴趣自主选择探究题目进行独立解决，指导学生通过真实的任务来建构知识体系，真正做到"以学生为中心"。其次，教师根据学生的特点进行异质分组，并分配探究题目，用于组织该小组的探究活动，小组中的每个成员都积极地参与探究活动。学生拥有课堂话语权，可以随时提出自己的观点和想法，小组成员通过交流、协作共同完成学习任务。在此过程中教师随时捕捉各小组的探究动态并及时给予指导。在翻转课堂中，教师逐渐成为与学生互动交流的伙伴，有利于建构和谐的师生关系，让老师更加了解学生。

(3)翻转课堂有利于提升家长的监督参与度

在传统的教学模式中,家长和老师交流的重点在于学生在课堂上的表现,如在课堂上是否认真听讲等。由于教师精力有限,教师不可能对每位学生在每节课中的表现都做出详细的描述。在翻转课堂中,这些问题都迎刃而解。翻转课堂的实施不但翻转了教学方式,而且改变了以往家长在学生学习过程中的被动角色。当学生在家里观看视频进行学习时,家长的监督作用变得显著,家长能够在学习平台上清晰地看到学生的学习情况,并配合教师采取一定的干预措施。这一点有利于形成"学生—家长—教师"三者之间的互动,从而有效地促进学生的学习。

二、翻转课堂教学实践及现状分析

(一)国内外翻转课堂教学实践案例

2013年,王红等学者合作发表《翻转课堂教学模型的设计——基于国内外典型案例分析》一文[①]。该文主要介绍了"艾尔蒙湖小学"和"重庆聚奎中学"等国内外翻转课堂的典型案例。

1.艾尔蒙湖小学

艾尔蒙湖小学,一所位于美国斯蒂尔沃农村地区的学校,该校教师于2011年暑期接受了有关翻转课堂的相关训练,并于2011年9月至2012年1月间进行了翻转教学。该校的特色之处在于教师能很好地将Moodle平台应用到教学中,使得翻转教学活动能在学生间、师生间的课余时间内进行良好的互动交流。

在小学5年级的数学课中,学校为学生配备了iPad和耳机,并要求学生先观看10—15分钟的视频教学,再通Moodle学习管理平台来完成一些理解性的问题。学生对于问题的回答都将被保存到Moodle平台上,教师在第二天上课之前就可以了解到学生的答题情况,然后再针对课堂活动设计教学。此外,他

---
① 王红,赵蔚,孙立会,等.翻转课堂教学模型的设计——基于国内外典型案例分析[J].现代教育技术,2013,(8):5-10.

们还鼓励学生在Moodle平台上进行协作学习,开展同学之间的互动讨论,促进学习共同体的形成。在斯蒂尔沃共有13所学校(艾尔蒙湖小学作为其中之一)的13个班级(包括10个小学班级、2个初中班级、1个高中班级)52门课程8900名学生参与了翻转课堂的试点教学改革,大多数教师表示他们不愿再使用传统方式教学,因为翻转课堂的学生接受度高且家长也很满意。

2. 重庆聚奎中学

在"做最好的自己"的办学理念指导下,聚奎中学结合自身状况,改革美国林地公园高中的翻转课堂模式,形成"课前四步"和"课中五步"(也称课堂五环)的翻转课堂教学模式。课前四步:第一步,教师制作导学案;第二步,教师代表录制教学视频;第三步,学生观看教学视频,做检测题;第四步,教师制定个别辅导计划。课中五步:第一步,学生独立做作业;第二步,小组讨论协作解决难题;第三步,教师个别指导;第四步,学生完成相关练习;第五步,自主纠错,巩固反思。聚奎中学的课程改革领跑全国,成为国内翻转课堂应用实践的典范。当然,重庆聚奎中学能将翻转课堂进行得很好,究其原因在于它虽然引进了"翻转课堂",但并不是完全照搬,而是在实践中不断探索,研究出适合本校特色的翻转模式,进行本土化实践,进而解决本校的实际教学问题。这给翻转课堂研究者一定的启示:适合的才是最好的,即翻转课堂成功的关键点不在于在理论上研究各种各样的模式,而在于根据本校的实际情况开展具有本校特色的翻转教学。

根据当前翻转课堂的实践应用,可以将翻转课堂的教学模型概括如下:

课前,教师主要负责进行教学设计,制作教学资源,推送学习资料,布置教学任务;学生则借助网络终端查看教师发布的学习资源,搜集整理资料,完成课前布置的任务,在利用网络终端进行自主学习的过程中,将不懂的知识点记录下来。

课中,教师作为指导者,组织学生开展课堂教学,同时利用课前学习网络终端收集的学习数据对重难点进行详细讲解,此过程中主要采用小组讨论、交流的教学方式;学生可以通过发送弹幕与教师进行课堂互动;教师在课堂中随机发送小测试,帮助学生集中注意力,提升学习兴趣,促进知识内化。

课后,学生通过网络终端进行复习,进一步巩固学到的知识;教师则依据网络终端记录的学习行为数据,评估学生的学习效果,及时调整下一堂课的教学活动[1]。

传统课堂与翻转课堂各要素对比见表8-1。

表8-1 传统课堂与翻转课堂中各要素对比表

	传统课堂	翻转课堂
教师	知识传授者、课堂管理者	学习指导者、促进者
学生	被动接受者	主动研究者
教学形式	课堂讲解+课后作业	课前学习+课堂探究
课堂内容	知识讲解传授	问题探究
技术应用	内容展示	自主学习、交流反思、协作讨论
评价方式	传统纸质测试	多角度、多方式

(二)翻转课堂教学实践的局限

翻转课堂教学模式的确促进了学生学习的积极性,有利于帮助教师实施新时代背景下的智慧教学。但在目前的教学实践中,教师虽有意识地促进信息技术与教学的融合,但教学效果不尽如人意。翻转课堂的实施主要存在以下几方面问题。

1.实施效果形式化

就实践效果而言,翻转课堂没有实现真正的翻转。一方面,所谓的"先学",是将传统的课堂讲授换成了微视频的形式,内容不变,学生通过看视频接受新知识。它虽然改变了知识传授的地点与时间,但依旧是传统的接受性学习。与传统课堂相比,翻转课堂的教学流程虽然发生颠倒,但是无论是课前的自主学习,还是课堂上的集体协作,仍是以知识和技能的学习为主,学生的批判性思维和创新能力未能得到提升,翻转课堂的实施效果与教学期待值相差甚远。另一方面,翻转课堂一般都需要教师为学生在课前准备好微课,供学生在课外开展自主学习,这些微课往往是教师费了相当大的心血制作出来的,是针对某个知识点的精彩讲解。为了体现翻转课堂的"特点",有些教师刻意抽出时间在课堂上播放微

---

[1] 王静,张广兵.雨课堂在高校翻转课堂中的应用模式及反思[J].中国教育技术装备,2018(14):31-32.

课。于是，有限的课堂时间变成了微课联播，教师则当起了"甩手掌柜"。这种变味的"翻转教学"使得课堂被新技术所绑架，用前期录好的微课来代替充满活力的教学对话，大大降低了师生间的教学交互性。

2.学生主体意识不强

翻转课堂要实现从"以教师为中心"向"以学生为中心"的转变，教学过程从注重教转变为注重学，从注重知识传授转变为注重学生发展；学生从被动接受知识转变为主动建构知识。翻转课堂的教学实践中，发现学生主体意识不强，主要表现为：首先，学生自主学习水平普遍不高，学生完全依赖老师，自主动手、主动探究的能力整体较低；其次，缺乏合作意识、问题意识，致使课堂讨论形式化，课堂讨论发言往往是一小部分同学的专利，大多数同学冷眼旁观，沉默抑或人云亦云，提出的问题缺乏新意，不利于探究的深入；最后，学生学习自制力不强，易受网络等外界因素的干扰，不能保证足够的学习时间。

三、翻转课堂的具体实施路径

（一）翻转课堂实施的软硬件[①]

1.翻转课堂实施的软件

（1）教师角色认知的转变

翻转课堂表面上可以看作一次技术改革，提倡学生上课之前先观看视频或阅读资料来了解新知识。尽管互联网上授课视频各式各样，然而为了确保学生知识掌握的系统性与全面性，老师应该自己制作视频，这对大部分仅仅掌握了基本电脑操作技能的老师来说无疑是一个较大的挑战。学生随时会通过网络搜索了解相关教学内容与资料，甚至上课时也会提出各种问题，老师的教学能力又一次受到了挑战。老师学科理论知识扎实，具备跨学科的渊博知识及不断进步的学习能力，才能面对翻转课堂带来的挑战。同时，教师也要接受新的教学理念，从课堂的主宰者和知识的传授者，转变为学生学习活动的指导

---

① 周风燕.英语翻转课堂的实施模式[J].教书育人（高教论坛），2017(15):106-107.

者、协调者和助力者,更好地利用信息技术和网络优质资源与教学相结合,提高教学效率。

(2)学生自主学习能力的提升

中国教育体制下,学生们已经习惯了课堂上老师讲授、学生课下进行记忆和练习的学习模式。但核心素养所要求的是不仅要提高学生的专业知识水平,更要培养学生的学习意识和学习能力。翻转课堂中既要求学生在课前进行自主学习、了解知识、发现问题,又需要他们在课堂中提出问题、讨论问题从而解决问题,进而实现提高学生学习能力的目标。在学习过程中,学生从一个知识接受者变成了一个学习研究者,需要以更积极的态度参与其中。这不仅对学生的知识学习起到更好的促进作用,还能在学习过程中增强学生的思辨意识、探索意识和合作意识。

2.翻转课堂实施的硬件

翻转课堂的实施需要有相应的硬件设施,对计算机保有量的要求非常高。一些学校的学生可能没有能力自备电脑,那就需要学校配备足够的电脑供学生使用,这对学校又是一大压力,学校前期需要投入大量资金新建机房并配备电脑,同时还要设立专门的自主学习中心。考虑到上述硬件投入的大笔资金不是教师能左右的,而教学改革又势在必行,结合当下大学生使用智能手机的人数要远远超过使用电脑的人数,若能开发出能在手机上观看教学视频的软件,将大大节省学校基础设备采购的费用。学校根据已有的手机学习软件,配以学习视频,让学生进行观看和学习,既能减轻学校的资金困难,又能让学习材料第一时间为学生所用。与此同时,教师还需要事先建立网络交流平台,让学生在自主学习的过程中随时都可以提问、在线讨论,便于学生及时解决问题。

(二)翻转课堂的实施模式

1.课前

(1)梳理教学内容

教师需要全面了解教学目标,根据教学要求以及学生普遍的接受能力,整理出完整的教学内容,各个教学环节的连接需要教师的全局掌控。

(2)教学视频的制作

在翻转课堂中,知识的传授一般由教师提供的教学视频来完成。教学视频可以由课程主讲教师亲自录制或者使用网络上优秀的开放教育资源。自麻省理工学院开放课件运动以来,涌现出一批高校、组织或者个人建设的开放教育资源,例如,哈佛、耶鲁公开课,可汗学院课程,国家精品在线开放课程,大学公开课等。教师可以在优质开放教育资源中,寻找与自己教学内容相符的视频资源作为课程教学内容,提高资源的利用率,节省人力、物力,也使学生接触到全球优秀教师的最新教学内容。然而网络上的开放教育资源可能会与课程目标、课程内容不完全相符。教师自行录制教学视频能够完全与教师设定的教学目标和教学内容相吻合,教师也可以根据学生的实际情况对教学内容进行针对性讲解,并可根据不同班级学生的差异性录制多版本教学视频。教学视频的视觉效果、互动性、时间长度等对学生的学习效果有着重要的影响。因此,教师在制作教学视频时需要考虑视觉效果、强调的要点、结构设计、互动策略等,帮助学生构建丰富的内容,同时也要考虑学生能够坚持观看视频的时间。在教师开发视频课程时,还需注意如何使得学生积极参与到视频的学习中去。

(3)课前针对性练习

在学生看完教学视频之后,应该对视频中的收获和疑问进行记录。同时,学生要完成教师布置的针对性课前练习,以加强对学习内容的巩固并发现学生的疑难之处。对于课前练习的数量和难易程度,教师要合理设计,利用"最近发展区"理论,帮助学生利用旧知识完成向新知识的过渡。对于学生课前的学习,教师应该利用信息技术提供网络交流支持。学生在家可以通过留言板、聊天室等网络交流工具与同学进行互动沟通,了解大家的收获与疑问。

2. 课中

(1)确定问题

教师需要根据课程内容和学生观看教学视频、课前练习中提出的疑问,总结出一些有探究价值的问题。在此过程中,教师应有针对性地指导学生进行题目选择。

(2) 独立探索

独立学习能力是学习者应该具备的重要素质之一。从个体的发展角度来说，学生的学习是从依赖走向独立的过程。在翻转课堂的活动设计中，教师应该注重和培养学生的独立学习能力。教师要从开始时选择性指导逐渐转到让学生独立探究，把尊重学生的独立性贯穿于整个课堂设计，让学生在独立学习中建立自己的知识体系。

(3) 协作学习

协作学习是个体之间采用对话、商讨、争论等形式充分论证所研究问题，以达到学习目标的一种方法。在翻转课堂中，教师应该加强协作交互学习的设计，根据所选问题对学生进行分组，小组规模控制在5人以内。小组内成员可以针对某一问题一起讨论，也可以先对该问题进行独立研究，最后再进行协作探究。同时，教师需要随时捕捉学生的动态并及时加以指导，适时做出决策，选择合适的交互策略，保证小组活动的有效开展。常用的小组交互方式有头脑风暴、小组讨论、拼图学习等。

(4) 成果交流

经过独立探索、协作学习之后，学生需要在课堂上进行汇报、交流学习体验，分享作品制作成功的喜悦。成果交流的形式多种多样，如举行展览会、报告会、辩论会、小型比赛等。在成果交流中，参与的人员除了本班师生以外，还有家长、其他学校师生等。除在课堂直接进行汇报之外，还可改变汇报方式，学生在课余将自己的汇报过程进行录像，上传至网络平台，老师和同学观看完汇报视频后，在课堂上进行讨论、评价。

3. 课后

翻转课堂中的评价体制与传统课堂的完全不同。在这种教学模式中，评价应该由专家、学者、老师、同伴以及学习者共同完成。翻转课堂不但注重对学习结果的评价，还会建立学生的学习档案，注重对学习过程的评价，真正做到定量评价和定性评价、形成性评价和总结性评价、对个人的评价和对小组的评价、自我评价和他人评价之间的良好结合。评价的内容涉及问题的选择、独立学习过程中的表现、在小组学习中的表现、学习计划安排、时间安排、结果表达和成果展示等方面。对结果的评价强调学生的知识和技能的掌握程度,对过程的评价强调学生在实验记录、各种原始数据、活动记录表、调查表、访谈表、学习体会、反思日记等方面的表现。通过平板电脑我们可以随时对学生在家里的学习情况、在课堂的学习情况、作业的完成情况进行评价。对作业的评价可以提升学生完成作业的积极性,并能准确掌握学生的学习状况。评价结果的保留,使得学生在学习相关环节的表现能够得到实证性的资料,有利于教师真正了解学生,也有利于家长及时了解到孩子在家做作业的状态和在学校上课时的表现。

四、关于翻转课堂的展望

尽管专家学者关于翻转课堂观点不一、争论不断,但大家总体上对翻转课堂还是秉持开放和信任的态度。这点从国内外大学积极创建慕课平台,以及国内中小学加入慕课联盟,积极实践探索翻转课堂模式可以得到佐证。《教育信息化十年发展规划(2011—2020年)》指出,教育信息化的发展要以教育理念创新为先导,以优质教育资源和信息化学习环境建设为基础,以学习方式和教育模式创新为核心。在这样一个网络高度发达,信息极度丰富的"云"连接时代,中国教育领域的课程设置、教学方式和学习方式等方面也发生了深刻的变化。而翻转课堂作为新的教学模式,在这些方面有着很大的优势:由学生在课前通过视频等资料进行学习,课堂则变成教师与学生互动的场所,完成作业、参与讨论和测试,大大提高了教与学的效率。因此我们认为,翻转课堂在某种程度上代表了教育发展的新趋势,它的出现有着深刻的时代背景和广泛的现实需求。

从唯物辩证法的视角来看,任何事物都遵循由简单到复杂,由低级到高级螺旋式上升的发展过程。翻转课堂的推广需要循序渐进,不能急进。当前,不是所有的课堂都需要翻转,一切还需要遵循教育的基本规律,回归教育的本质,从学生的实际需求出发。翻转课堂要在基础教育领域开花结果,一定要"因地制宜",不能"一阵风""一刀切"。翻转课堂起源于西方国家,对于有着不同文化背景的我们,不应盲目照单全收,而应该在消化和探索的过程中,对其进行本土化的理解和阐释,使其具有中国文化的"灵魂",使其植根于中国本土而生长。因此,我们必须从整体上规划如何推进翻转课堂与传统课堂教学的整合。

2014年教育部印发的《中小学教师信息技术应用能力标准(试行)》指出,根据信息化教学环境的差异(以学生是否可以上网为界),教师应具备两类信息化教学能力:一是在学生不能上网的环境中,教师应具备利用信息技术优化课堂教学的能力;二是在学生能够上网的环境中,教师应具备利用信息技术改变学习方式的能力。翻转课堂的实践显示,教师已具备利用信息技术进行讲解、启发、示范、指导、练习与反馈等教学能力,即利用信息技术优化课堂教学的能力,但在利用信息技术支持学生开展交流合作、探究建构、自主学习与个性化发展等方面仍然有所欠缺。因此,教师在利用信息技术改变学习方式方面依然任重道远,具有很大的提升空间。这是今后教育发展变革的主要方向,也是翻转课堂乃至智慧课堂对教师提出的必然要求[①]。

📖 **拓展阅读** ◦----------

关于翻转课堂的争论焦点[②](节选)

国内专家学者们关于翻转课堂,尤其是中小学基础教育领域的翻转课堂,争论的焦点主要包括以下几个方面:

焦点1:是认知顺序翻转还是教学目标顺序翻转

大部分学者认为:翻转课堂的教学模式和其他任何教学模式一样,有自身的适用范围,不能放之四海而皆准。黎家厚教授提出从教育目标分类看翻转学习,认知领域中记忆、理解和运用属于低级思维活动,适合课前翻转,而认知领域中的分析、评价和创造,属于高级思维活动,适合课堂教学。在翻转课堂教学中,教师将记忆、理解等知识翻转在课前,课堂上的时间就主要集中在创造、评价、分析等高级思维上。

[①] 祝智庭.智慧教育新发展:从翻转课堂到智慧课堂及智慧学习空间[J].开放教育研究,2016,22(1):18-26.

[②] 宁本涛."翻转课堂"的基本图景与问题审视[J].现代教育技术,2014,24(12):64-69.

也有一些专家认为:翻转课前的学习内容主要是以布鲁姆的认知领域和知识领域的较低层次为主,但并不意味着课前翻转的学习资源完全排斥高级思维活动和高级知识。教学要实现布鲁姆知识类别或是认知类别的高级水平,需要花费较长的教学时间以及学生较多的精力。因此,在实践教学中,由于课堂时间的限制,教学目标大部分还停留在较低级水平,评价和创造认知水平很难达到。翻转课堂除可以按照传统教学,遵循传统教学目标顺序进行教学外,还可以打乱布鲁姆的认知目标顺序,从创造、评价等高级思维水平开始教学。

焦点2:是统一学习资源还是个性化学习资源

专家们普遍认为,在传统课堂中,教师难以统一步调,由于时空限制,只能统一内容进行教学,学生学习容易存在知识漏洞。翻转课堂打破了原有的固定时间、固定地点的学习方式,教学过程、内容、交流变得更加开放、多元。在开放、多元的时空里,学生可以根据自己的学习需求和学习背景自主安排学习的内容和进度,实现真正意义上的个性化自主学习。当然也有不少专家对此提出了自己的疑惑。困惑之一是:他们担心翻转课堂的出现可能会削弱教育对学生的人文关怀和培养。困惑之二是:认为翻转课堂颠覆了学习的实质。学生放学回家不但要做作业,而且还要看多个科目的视频,学生有充分的时间思考与消化内容吗?

焦点3:是提高了学习的有效性还是增加了学习的负担

在中小学教育领域实施翻转课堂,有专家学者认为,翻转课堂提供的"微课程"可以像玩游戏打通关一样,激发兴趣,提高学习欲望,从而会让学生更加快乐主动地学习,而不会增加学生的负担。但也有不少专家学者指出,中小学生的学习负担本来已经很重了,翻转课堂的推行要求拿出多余的时间提前学习第二天课堂上的教学内容,这种做法会加重学生的负担。

第二节　基于项目学习的智慧课堂教学实践

一、项目学习的内涵

(一)项目学习发展概述

项目学习起源于美国教育家杜威的"做中学"教育理论,他认为教育不是强迫儿童吸收外部的知识,而是要使人类与生俱来的潜能得以发展。在他实用主义教育思想的影响下,项目学习逐渐发展起来,逐步得到教育界的认同,"做项目"已成为西方学生常见的学习方式。

随着信息社会的到来,社会对人才的培养提出了更高的要求。21世纪初,西方国家提出21世纪人才应具备"4C"核心能力,即创新能力、合作能力、沟通能力、批判性思维。2016年,我国颁布的《中国学生发展核心素养》也明确提出学生应具备人文底蕴、科学精神、学会学习、健康生活、责任担当、实践创新这六大素养。传统的人才培养重点在于让学生掌握基础学科知识和培养学生传统技能,传统工业时代的标准化人才培养方式已无法满足信息社会对创新型人才培养的需求。传统课堂教学也已无法满足新时代人才素养培养的需求,传统课堂教学模式亟待革新。在新时代人才培养目标的导向下,技术支持的项目学习已经成为当前教学改革关注的热点之一。信息技术创新了学生获取知识、管理知识、呈现知识的方式,为学生在项目学习过程中的交流交互、远程协作带来便利,为学生提供更多的数字化学习体验以及信息时代的问题解决环境,有利于促进学生的知识建构与信息素养培养。

(二)项目学习的含义及特点

1.项目学习的含义

项目学习(Project-Based Learning,PBL)是一种以学生为中心,以解决问题为核心的教学模式,学生从真实世界中的基本问题出发,围绕复杂的、来自真实情境的主题，以小组协作的形式进行较长周期的开放性探究活动，并完成一系列如设计、计划、问题解决、决策、作品创建以及结果交流等学习任务，最终达成知识建构与能力提升的目标。项目学习是一种以学生为中心的教学方式。在项目学习过程中，学生通过投入一定时间对真实的、复杂的问题进行探究，学会解决问题、设计解决方案，培养独立思考以及批判性思维能力，学会更好地与他人合作以及应对真实生活中遇到的问题和挑战。

传统课堂教学通常以分科教学为主，学生在不同的时间段、不同的课堂学习不同学科的知识，各学科有自成体系的课程目标、课程内容、课程安排等，学科之间相互割裂。在这种教学形态下，学生仅仅掌握了各学科的知识点，不一定能连接各学科知识点，难以形成综合的、系统的知识体系，学生的问题解决能力、批判性思维等高阶能力没有得到充分的发展。项目学习作为一种整合式的、跨学科的、主题式的教学，是分科教学的"对立面"，是分科教学的"颠覆者"。项目学习打破了学科之间的界限，突破了各学科之间的壁垒，有利于师生实现跨学科知识的整合与应用。在项目学习中，教师为学生提供探究支架，学生以小组协作的形式在任务或问题的导向下开展探究活动，有效地避免了传统课堂中教师"满堂灌"的现象。在项目任务中渗透各学科知识的学习，有利于学生重构知识体系，培养学生以应用所学知识解决问题能力为核心的高阶技能。

研究者们提倡将项目学习作为一种教学方法，在创客课程中予以应用。创客教育强调行动、分享与合作，并注重与新科技手段结合，逐渐发展为跨学科创新力培养的新途径。在创客教育中，学生被看作是知识的创作者而不是消费者，学校正从知识传授的中心转变成以实践应用和创造为中心的场所。过去教材是学生的世界，今天世界是学生的教材。创客运动正在创造一种教育文化，鼓励学生参与其中并针对现实世界的问题探索创造性的解决方案。创客的教学思想主要体现在倡导"做中学"，这一点与项目学习倡导的激发学生主动性、进行实践性学习等具有极大的契合性。

2.项目学习的特点

作为一种新兴的学习方式，项目学习主要有四个方面的特点。

(1)学习个性化

一直以来,我们的教学都以班级授课制的课堂为主,一位老师带着几十个学生,在规定的时间、规定的地点完成规定的教学任务。教学方法也主要以先讲后练为主,即老师先讲清基本知识、基本方法、基本原理,然后学生尝试运用这些知识解题,并通过反复练习加以巩固。但在项目学习中,上述过程都变得更灵活,更尊重学生个性化的喜好和选择。首先,项目学习因为不再以一课时来进行教学目标达成的测评,改成了以一周甚至一月、一学期为单位的相对长周期的学习,因而,对于一个问题或知识点的学习可以根据学生个性化的需要进行调整,而不再是由教师确定教学进度。其次,可以包容学生个体学习起点的不同,包容学生接受能力和学习进度的不同。再次,可以包容学生学习方式的不同。学生不一定要坐在教室里上课,学生获得知识的方式也不再是单一地听老师讲解,看书、讨论、老师指导等学习方式,在项目学习中会被广泛采用。

(2)学习团队化

和传统教学中以班级整体为授课单位、以学生个体为考核对象不同,在项目学习活动中,当项目(问题)发布以后,都是以团队的形式来认领并完成项目任务,在考核时也是以团队为单位来评价任务的完成情况。团队的成员一般为4到6人,同一团队内部常常表现出较强的异质性,即在队友之间保持相当大的差异性。这种差异性首先是特长方面的,即团队内部各有所长,分工不同,这样既便于合作完成较为复杂的学习任务,又有利于形成取长补短、共同提高的良性局面。由于项目学习的项目往往比较宏大,即使分解成若干问题,也会具有相当的难度,不借助团队的力量,依靠单兵作战很难完成。有时即使是团队作战,在研究问题的过程当中依然可能陷入僵局,难以前行。这时他们往往还会求助外援,例如网络、书籍,甚至寻找吸纳新的成员加入团队。当团队成员的意见不一致时,彼此之间需要充分陈述自己的观点,说服他人,同时每一个团队成员也都必须学会倾听别人的意见。

(3)学习关联性

项目学习以项目为起点,而这个作为起点的项目往往是宏大的,也是综合性的,常常会涉及多个学科,即使在一个学科内部,也会涉及学科内部的多个领域,这就需要在学习过程中淡化,甚至抛弃学科思维,转而从问题解决的角度来考虑。因此,项目学习不再人为地、强制地切块划分,相反更强调把个体认知基础中的一个个散点化、碎片化的知识点联系起来、连接起来以解决实际问题,在解决问题的实际情境中获得并生长、建构知识,强调学科内的联系,跨学科的联系以及与生活和世界的联系。因此,以项目导入,从项目开始到项目完成,始终让这些能力要求与传统教学的优势融为一体,共同起作用,更有利于学生核心素养的形成。

(4)学习创造性

现在的分科学习提倡先学习再创造,让学生先积累较为扎实而系统的知识基础,然后尝试创造。但学生往往学了很多知识以后却反而创造不出来了,因为他们的思维变得模式化了,过于追求过程的严密性,抑制了创造性思维的生发。项目学习让学生直面问题情境,解决问题时会遇到哪些困难,用到哪些知识,如何才能克服困难、解决问题,这所有的一切在学生接触项目之前都是未知的,带有太多的不确定性。而这种不确定性恰恰给学生的思维留下了更大的空间,他们需要开动脑筋寻找办法,他们需要带着问题求教或者反复实验,这所有的一切都带有创造性。他们解决问题的过程就是创造的过程,他们在创造中发展,用创造的学习方式解决创造的问题,在做中学,在研中学,在行中学[①]。

此外,从当前来看,社会各行各业的运作多依托"项目"开展,项目学习有利于培养学生未来职场的工作技能,让学生提前适应社会工作环境和工作模式,对学生的长远发展有明显的促进作用。

二、项目学习的教学实践及现状分析

(一)国内外项目学习的教学实践案例

1."我是鸟类学家"项目

在美国加州三年级教学大纲里有这样一条:动物和植物的形态特征是为了帮助他们在特定环境中生存繁衍。"我是鸟类学家"这个项目学习活动就是

[①] 周振宇.项目学习:内涵、特征与意义[J].江苏教育研究,2019(10):40-45.

围绕这一教学大纲来设计的。教师所安排的教学活动步骤如下。

教师给学生观看了不同鸟类的照片,让学生讨论这些鸟彼此之间的不同之处。学生回答:有的喙很尖很长,有的喙则短平;有的脚上有蹼,有的则是犀利的爪子;有的羽毛颜色鲜艳,有的则颜色灰暗。在讨论完各种鸟的不同形态特征后,教师展示了这些鸟类的栖息地图片,请学生根据不同鸟的形态特征来猜测它们各自的栖息地。学生进行小组讨论,写下猜测结论和分析的理由。小组讨论结束后,全班分享各小组的结论,老师揭晓答案并讲解其中的理由。

上述教学步骤是与传统式教学方法相似的,但接下来教学步骤才是教师的项目学习活动的教学重点。教师让学生把自己想象成一个鸟类学家,并且在某个地方发现了一种此前未曾被发现的鸟,要求画出这种鸟以及它的栖息地并为它命名。教师的这个开放性问题,没有标准答案。但其实在这个问题的背后,考查了这堂课所教的全部知识点。从学生给这种新物种鸟类设计的形象和栖息地中,我们可以去观察这个学生是否贯彻了特定的形态特征帮助生物在环境中生存繁衍这一思路。除了给自己的鸟设计形象,学生还需要以鸟类学家的身份写一篇"学术报告",在文章中分析这种鸟类的各部分形态特征和环境之间的联系,向世人汇报这一重大发现。这样一来,就算是在学生的画中看不出端倪,也可以从他们写的报告中考查他们是否掌握了所学的知识。同时,在设计自己"发现"的新鸟类时,学生可以上网查询相关信息,或去图书馆借阅书籍查找资料。

在这个信息爆炸的时代,想要知道某个知识点很容易,通过网络搜索就能找到成千上万的信息。在信息时代之前,教师的主要工作是教学生"什么是A",但现在,学生自己就可以去网上查找、学习关于A的内容。所以教师不仅要教"什么是A",还要教"学了A有什么用、怎么用"。在这个活动中,假扮鸟类学家的学生需要解决一个虚拟的现实问题:验证新物种和其栖息地之间的相互关系。这就需要学生知道怎么将学到的知识学以致用。

2."经营班级气象站"项目

德州市德城区明诚学校的一年级组以"经营班级气象站"为主题,开展了项目学习。此项目涉及了语文、美术、科学三个学科。项目开始前,学校将相关学科的老师们组织起来集体备课,商讨了项目整体内容与项目时间,针对项目整体流程安排进行了细致的布置,明确项目负责人与各学科教师的角色与职能。进入正式教学阶段,教师先将本次项目的核心任务——组建班级气象站,布置给所有同学,引导学生进入项目情境并激发他们思考与探究。随后各学科教师针对项目所需的支撑知识与能力展开了有针对性的教学与活动组织。在科学课上,教师着重培养学生观察、感知与实验的技能;美术教师则带领学生们在设计气象符号的过程中培养色彩、结构、质感等美感素养;语文教师则通过语文课讲解和天气相关的词语、谚语,丰富学生的语言表达,并通过查找天气信息的活动,帮助学生建立基本的信息素养。经过近两周的精心准备,一年级项目组各位语文教师在美术、科学教师的配合下,呈现了各具特色的班级气象站,还设计了卡通的工作记录表,在运营班级气象站的过程中培养了学生的责任感与协作能力。

作为此项目的最终呈现形式,在"班级气象站"的运营中,教师们加入了以下的学科理解,使得项目更加丰满。

(1)将和当天天气情况相关的天气类词语以及适合学生年龄特点的谚语加入播报词中,在播报的过程中不仅可以锻炼学生的口语表达能力,同时增加了学生天气类知识的积累。

(2)在播报中加入交通、着装建议等和生活息息相关的信息,加强学习和生活的联系。

(3)将每班学生分为几个小组,每个小组负责运营一周的班级气象站,值周学生需要提前一天观看天气预报并进行记录,绘制天气符号,画一画自己喜欢的和天气相适宜的服装,并在家长的帮助下准备天气预报播报词,来校后进行张贴和播报。这个过程可以锻炼学生收集信息的能力和绘画表达能力。

(4)班级气象站的播报,前期由教师引导、家长帮助,后期将放手让学生自己准备,以更好地锻炼学生的思维和表达能力。

(5)教师将本班学生的播报视频放进一个文件夹进行记录、保存。

(6)结合蒲公英课程中心老师的建议,为了避免太过频繁的播报使得学生很快失去兴趣,每个班级每周进行一次播报,除了当天的天气情况,老师也会引导学生说一说近段时间的天气变化,使学生感知季节和天气之间的联系,进而引导学生关注环境变化,爱护我们生活的地球。

(二)项目学习的教学实践局限

目前,项目学习在实践方面主要存在以下几个问题。

其一,国内关于项目学习的实践多将其定位于核心课程之外的综合实践活动课,缺乏与学科教学真正有效的融合。教师在设置项目学习时缺少学科整合思维,未能实现项目学习与相关学科的有机结合。

其二,在项目学习中注重理论模式的建构,忽略了在现实教学环境中学科的具体应用,致使教学实施过程的研究不够深入细化,大多浮于理论的整体教学设计流程,而较少关注到每一个具体环节的教与学互动的细致研究,对于项目学习过程中的学生管理、教师角色等均未进行深入研究。

其三,对项目学习的评价考核方式单一,大多只是教师与学生的互评,较少涉及领域专家与家长。同时,每一阶段的师生教学互动、生生互动也不同。而针对这些内容,教师应如何去评价,除了量规、评价表等形式之外,可采用的形式、评价者角色还有哪些?这些方面的实践研究基本为空白,不利于学生多元智能的发展。

除此之外,在研究领域中,项目学习的学科应用领域还未展开,其研究相对集中在计算机、机械、物理等理工学科,而冷落了语文、英语这样的文科基础科目和素质提升类学科。课程基础教育主要集中在综合实践学习上、语数英科目的相关研究也只在小范围内进行探讨。

三、基于项目学习的智慧课堂教学具体实施路径

(一)选定项目

教师在项目学习教学过程中,应根据教学大纲的内容,选择和确定适合的案例,精心设计出适合学生自学研究的问题体系。教师可以为学生提供可选项目及其相关概述,让学生对可选项目有一定的了解,同时教师要考虑学生的认知水平和兴趣爱好。教师在选择项目时可以运用网络资源进行辅助,同时也可结合大数据对学生特点、兴趣的分析来进行选择。

(二)策划和组织

作为整个教学中最核心的角色,教师在上课之前要承担策划和组织教学活动的任务。制定计划是在选定项目的基础上,对如何实施所选项目并保证项目活动顺利开展作出相应的安排。教师们也应该集思广益,不同领域互相学习,通过研讨的方式事先确立课堂的重心,这就要求教师在准备阶段投入大量的精力与时间,同时可以用集体备课的方式,教师们互相研讨,共同学习,取长补短,吸收更多的知识,不仅要学习课堂相关的专业知识,同时也要尽可能多地掌握延伸的知识。

(三)活动探究

课堂上教师应该根据学生以往成绩和平时表现划分学习小组,每组成员平均分配成绩好和成绩一般的学生。教师应根据制定好的教学计划实施项目活动,通过各种方法、手段进行网络学习资源的检索、收集、整理、分类和研究,通过小组讨论寻找解决问题的最佳办法,并通过实验活动进行验证和实现。

(四)倾听和探讨

讨论是项目学习教学过程中最重要的环节,与传统授课方式教师一直讲的形式不同,项目学习教学更要求学生主动去讲,去讨论。教师应当仔细倾听每一个学生的观点及发言,充分调动学生的积极性,加强对讨论过程的重视,鼓励每一位学生积极参与,共同学习。在讨论过程中,要鼓励学生大胆发言,勇于表达自己的观点、看法,逐步培养学生善于发现和解决问题的能力。作为课堂中的引导者,教师应该把握好讨论的进度及方向,以及针对问题给予指导。

(五)作品制作

在总结探究活动中得到的相关知识和经验的基础上,学生对项目作品进行设计和开发,并提供相关材料。

(六)成果交流

学生和教师针对整个项目实施过程的经验、教训和成果进行交流。学生通过小组陈述、组间讨论等形式来展示并介绍项目组的作品,介绍项目组研究过程中的心得体会和经验教训。成果交流可以让学生学习其他组的长处,反思自己项目组的不足之处,并进行适当的修改和完善。

(七)评价和反馈

评价是项目学习教学活动中一个非常重要的环节,贯穿整个学习过程。每一个学生讨论之后,教师应当及时对学生的讨论情况、表现给出评价。评价通过提供反馈信息提高教学效果、控制学习质量。教师的评价不仅有量化考核,给出小组和个人的成绩,而且还应对学生表现进行描述,给出具体的评语和建议,并及时向学生提供恰当的反馈,使其能及时地改进和提高。教师可将对学生各个阶段的评价记录到网络平台上,便于追踪学生的项目探究轨迹,同时给予学生及时的反馈。

拓展阅读

项目学习主题:革命题材课本剧表演

核心学科:语文

相关学科:戏剧、历史

在六年级的语文课本上,有一篇《十六年前的回忆》。这是革命先驱李大钊的女儿、中国现代作家李星华创作的一篇散文。

十六年前的回忆

1927年4月28日,我永远忘不了那一天。那是父亲的被难日,离现在已经十六年了。

那年春天,父亲每天夜里回来得很晚。每天早晨,不知道什么时候他又出去了。有时候他留在家里,埋头整理书籍和文件。我蹲在旁边,看他把书和有字的纸片投到火炉里去。

我奇怪地问他:"爹,为什么要烧掉呢?怪可惜的。"

待了一会儿,父亲才回答:"不要了就烧掉。你小孩子家知道什么!"

父亲一向是很慈祥的,从来没骂过我们,更没打过我们。我总爱向父亲问许多幼稚可笑的问题。他不论多忙,对我的问题总是很感兴趣,总是耐心地讲给我听。这一次不知道为什么,父亲竟这样含糊地回答我。

后来听母亲说,军阀张作霖要派人来搜查。为了避免党组织被破坏,父亲只好把一些书籍和文件烧掉。才过了两天,果然出事了。工友阎振三一早上街买东西,直到夜里还不见回来。第二天,父亲才知道他被抓到警察厅里去了。我们心里都很不安,为这位工友着急。

……

我们回到家里,天已经全黑了。第二天,舅老爷到街上去买报。他是从街上哭着回来的,手里无力地握着一份报。我看到报上用头号字登着"李大钊等昨已执行绞刑",立刻感到眼前蒙了一团云雾,昏倒在床上了。母亲伤心过度,昏过去三次,每次都是刚刚叫醒又昏过去了。

过了好半天,母亲醒过来了,她低声问我:"昨天是几号?记住,昨天是你爹被害的日子。"

我又哭了,从地上捡起那张报纸,咬紧牙,又勉强看了一遍,低声对母亲说:"妈,昨天是4月28日。"母亲微微点了一下头。

以语文为核心、结合戏剧与历史,六年级指导老师毕天华设计了项目学习,将主题定为革命题材课本剧表演。在表演中学习课本知识、提升综合素养,比读课文、背字词的方式学习更有趣,更能调动学生学习的积极性。

1.项目学习目标

(1)整体感知课文内容,理清文章的脉络;

(2)查找并了解人物的革命事迹以及相关的背景资料;

(3)关注对人物外貌、神态、言行的描写。

2.项目学习实施围绕以下问题进行任务驱动

问题一:根据课文,你会分几幕排练革命先烈的事迹?

问题二:为更好地展现课本剧,你会通过哪些途径了解和丰富革命先烈事迹?

问题三:在表演时,为丰富人物形象,你会设计怎样的动作、神态和语言?

学生依据驱动性问题分组设计剧本、表演;学习成果以课本剧表演的方式呈现。

3.评价方式

自评单——学习过程的检测；

协作单——协作学习的监控；

总结单——学习成果的总结。

（来源：北京师范大学亚太实验学校）

四、关于项目学习的展望

传统教学模式讲究的是对概念、框架性知识的被动式教学，这种教学模式已经无法满足当今这个快速变化的社会对学生的要求，基本的知识和技能已经无法满足社会的需要。与传统的教学模式相比，项目学习教学模式注重学生学习能力的培养，是较为先进的、科学的教学方式，是对以往传统教学有益的补充。

信息技术为项目学习注入了新的活力，技术让师生突破传统的教学时空限制，实现跨区域、跨学校的项目协作。技术支持的项目学习，创新了学生获取知识、处理信息、呈现内容、应用知识的方式，为促进学生知识建构，发展学生的批判性思维、协作交流能力与问题解决能力提供了新的途径。信息时代下的项目学习重构了传统课堂，为培养信息时代的创新人才提供了新思路、新方法与新途径。

项目学习教学始于西方发达国家，我们不能完全照搬其他国家的方式，要结合中国现行的教育状况，根据不同学生的性格特点，创造符合学生特性的教育方法。教师在教学实践中应适当地转换角色，建立良好和谐的师生关系，不断在工作中实践、总结经验，探索适合我国教学背景下的项目学习教学模式。

关于项目学习的实践和研究可以从这几个方面进行深入探讨。首先，构建相应技术的应用策略体系，为项目学习过程中各个环节的师生活动、教学支架设计、协作探究、资源获得等提供一定的网络资源支持。其次，由于项目学习的时间一般较长，在每个学习环节往往都会有教学生成，除了阶段性项目作品，还有学生批判性思维、学习策略的习得等，需要构建一个科学、完整的评价体系，实现对学生多元智能发展的评价与促进。最后，拓宽研究领域，对基础教育的核心课程或是高等教育中的学科内容进行一定的划分，进行课程内容重构，从专业核心课程中挑选适宜的内容创设项目主题。

第三节　基于深度学习的智慧课堂教学实践

一、深度学习的内涵

(一)深度学习发展概述

深度学习理论可以追溯到杜威的教育理念,他认为学校不仅是一个获得知识的场所,而且还是一个学习如何生活的场所。最好的教育就是"从生活中学习、从经验中学习",而教学过程就是"做"的过程,它将知识、能力的学习与生活中的活动联系在一起。

自1976年首次提出以来,深度学习已经历了40余年的发展演变。40余年里,深度学习发生了两个方向的转变:从索求理解到追求迁移、从注重过程到侧重结果。深度学习已不再仅仅是为了理解基本知识而采用的学习方式,它更多的是一种基于理解、追求迁移应用的有意义学习。它通过促使学生深度参与学习,并采用高级学习方略来促进高阶知能的发展,实现这些知能在全新情境中的应用或新高阶知能生成。

(二)深度学习的含义及特点

1.深度学习的含义

深度学习是指在理解的基础上,学习者能够批判地学习新思想和新知识,并将它们融入原有的认知结构中,能够将已有的知识迁移到新的情境中,进行做出决策和解决问题的学习。深度学习下的知识结构间相互存在联系,学生在学习过程中可以通过知识间建构的"链接"进行跳转学习。将新知识的学习建立在内容原理及关系的基础上,从知识的理解到知识的深入学习,再到知识间的关联运用,为学生构建知识框架,加强学生在原有的知识层面上对新知识的深入学习。

2.深度学习的特点[1]

在理解深度学习含义的基础上,可以将深度学习的特点概括为以下几点。

(1)以培养高阶思维能力为学习目标。高阶思维能力是深度学习的核心特征,布鲁姆依据学习者学习后能够达到的认知层次和思维水平,将认知领域的目标从低到高划分为"知道、领会、应用、分析、综合及评价"六个层次,"应用、分析、综合及评价"这四个层次强调高级认知能力和思维水平的发展,属于高阶思维能力领域的内容。因此,深度学习的目标定位为培养学生高阶思维能力,这与我国学生核心素养中培养"全面发展的人"的理念大致相同。

(2)重视认知结构。浅层学习获得的知识是单一的、零散的、碎片化的,深度学习强调将信息进行整合以"顺应""同化"到学习者的认知结构中,形成结构化、网络化的知识单元。信息整合包含对新旧知识的整合、不同学科知识的整合,以及知识整合时形成的认知策略。深度学习重视信息整合能力的发展,对促进学习者知识的建构和迁移运用起到推动作用。

(3)提倡积极主动、意义建构的学习过程。知识不是对所学知识的被动接受,而是学习者在原有认知结构的基础上主动的、意义建构的过程,是建构主义学习理论的主要观点之一。奥苏贝尔指出,要实现意义学习,就得在新旧观念、知识之间建立联系。故而在信息快速发展的时代,应当运用各种策略、方法组织学习者将各渠道获得的知识与原有认知结构中的观念、经验联系起来,以此构成对知识的独特理解和意义建构。

(4)聚焦问题解决和可迁移的学习结果。深度学习追求的是问题解决和迁移运用。当学习者构建了一个新的认知框架后,要能够将知识灵活地从一个情景运用到另一个新的情景中,并能运用自身所学的知识解决复杂的问题,将知识由浅层阶段的传递转向知识创造,促进学习者对知识的内化,提高综合实践能力、创新创造能力。

---

[1] 常立娜.深度学习文献综述[J].开放学习研究,2018,23(2):30-35.

二、深度学习的教学实践及现状分析

(一)深度学习的教学实践案例

在小学语文教学中,教师针对错别字采取深度学习的教学设计,让学生经过"觉知—调和—归纳—迁移"的认知过程,以降低错别字发生率。具体教学活动设计如下。

1. 觉知

首先,教师和学生列举出部分错别字,交流易错原因,并根据学生举的例子对错字和别字进行分类。然后,教师请学生制作易错字小卡片,错字标出易错部分并写出原因,再组词造句;别字找出形近字,组词造句。通过这一方式,教师了解到学生的知识水平和认知差异,为个性化教学做准备。

2. 调和

教师将全班学生按照异质分组的原则分成四人小组,组长负责组织小组成员讨论和汇报。组内成员相互交换卡片,对每个人的错别字进行分析并作点评和建议。各小组整合错别字卡片,相同内容保留分析较好的,同时修改和补充分析不够完善的内容。教师在小组讨论时一直巡视,及时给予指导。这一过程中,小组交流,先进生带动后进生,有助于每个学生通过选择、重组和反思,对自己的理解、疑惑甚至有误的认识进行调和、校正,进而建构自己的认知结构。

3. 归纳

各小组上台将整理出来的卡片向全班展示,其他同学对汇报内容进行评价和补充。全班分享交流,让学生将自己的分析和同学的分析进行比较和整理,进一步习得更好的识字记字的方法。教师引导进行方法归纳,并请学生讲讲有什么好方法记住这些字的书写。此阶段在调和的基础上进行反思,融合和选择合适的策略去解决问题,帮助学生有意识地建构认知结构,习得解决问题的策略。

4.迁移

首先,学生根据自己的情况确定重难点,设计练习题。然后,教师收齐学生出的自测题,按照同质分组的原则在组内随意抽取学生完成题目。做题过程中要检查出题是否有错,做题完成后交回出题人批改和评分。最后,教师对题目的完成情况和出题情况再次进行检查,之后进行评分,做题人的扣分就是出题人的加分。这种自我测试和互相测试的方式,有利于学生形成稳定的图式,并迁移到不同情境中去解决问题,不断修正和改良自己的已有图式。

经过"觉知—调和—归纳—迁移"四个环节的深度学习,学生掌握了将易错字作为字群来记忆的方法。学习结束再用区教科院发放的词语卷进行检测,发现学生的错字率大幅下降,较以前的测评成绩有了很大提高,书写也更为规范。

(二)深度学习的教学实践局限

三维目标理论要求教育者在教学过程中应实现三个维度目标,分别是知识与技能、过程与方法、情感态度与价值观,而现阶段我国大部分教育工作者仍秉持分数至上的评价观,这种不合理的评价观极大地阻碍了深度学习在我国教育实践中的发展。同时,国内对深度学习的理论研究仍未形成相关的科学体系,这在一定程度上导致了国内学者对深度学习的理解泛化及研究浅层化等现象。此外,深度学习这一方法与跨学科、跨领域的教学实践结合还相对较少。

近年来,深度学习的内涵伴随着教育理念与技术的发展而不断变化与更新,就其实质而言,深度参与学习、重视迁移应用、高阶思维能力发展等三个显著特征与集网络化、数据化、交互化、智能化于一体的智慧课堂一脉相承。智慧课堂成为以技术无缝支持学生深度学习的课堂样本,深度学习为智慧课堂教学的开展和智慧课堂教学目标的达成提供了理论支撑。

三、基于深度学习的智慧课堂教学具体实施路径

智慧课堂中的智慧教学系统,集课堂大数据挖掘分析与全场景教学应用

于一体，其实质是以技术辅助教学，为学生提供真正个性化、自主性的学习服务，为达成深度学习的目标提供环境、工具、资源的强大保障。在智能技术的帮助下，学生能充分发挥主观能动性，教师也能更加关注情感类和创造类工作的完成。

(一)基于技术视角的方法[①]

智慧课堂是信息技术与教学融合的课堂，从技术的视角可从学习资源、认知工具、互动平台、数据分析等方面提出实施的路径与方法。

1.提供立体化的学习资源，促进学生对知识的理解与建构

在智慧课堂资源平台里，有海量的学习资源，如微课、动画、案例、音频、电子书等。适当给学生推送这些资源，有利于学生对知识的理解与建构。教师可在课前推送知识点微课、案例等资源，学生学习这些资源，对知识建立初步的记忆、理解框架，激发学生学习的动机；当教师课上讲授到这些知识点时，就会与学生先前建立的理解相联系，促进学生对知识的深层理解和加工，实现对知识的建构。此外，当学习的知识点是抽象的或者是实际教学无法开展的，也可借助资源平台的案例、实验帮助学生进行知识的理解和建构。

2.使用多样化的认知工具，发展认知能力

智慧课堂中，信息技术可以发挥效能工具、信息获取工具、认知工具、情境工具、交流工具和评价工具六大工具作用。在设计使用技术促进深度学习时，尤其强调技术作为认知工具在信息整合和认知结构等方面对学生的促进作用。认知工具是指能促进学生认知发展和进行思维活动的工具，不同的认知工具对认知能力发展的作用不同，如语义组织工具中概念图的运用，学生在绘制一个知识概念图时，会在头脑中进行信息分类、对比、表征、逻辑推理等思维活动，即进行信息意义加工和建构，从而促进认知结构的发展和高阶思维能力的培养。

[①] 杨小珍,田新芳,王秀艳,等.深度学习视野下智慧课堂的实施路径与方法[J].中小学电教,2019(6)：69-73.

3.利用便捷的互动平台,提升交流协作能力

智慧课堂中的智慧教学系统提供了便捷的互动平台,如师生交流、协作学习、学生讨论等平台,教师在课堂上合理利用这些平台对提升学生的交流协作能力起到促进作用。例如,教师可在互动平台推送相关问题,引导学生思考、作答,所有的学生均可在平台上从不同的角度发表观点,也可质疑、评价他人看法。在这个过程中,学生对接收到的信息进行梳理、分析、评价,不断激发学生的批判性思维,促进与教师、学生的交流。同时,教师还可以利用互动平台中的点赞、抽签、抢答等功能与学生互动,从而使互动形式多样化,课堂氛围也活跃起来。除此之外,与以往的课堂相比,学生还能在课外时间通过互动平台与教师、同学进行交流,从而解决疑难困惑。

4.基于大数据的学习评价,支持个性化学习

智慧课堂在云计算、大数据等技术的支撑下,可以对学生的学习轨迹进行记录,学习过程中产生的学习数据可以借助现有的技术工具进行收集、统计、处理和分析,并将其作为评价内容的一部分供教师、学生参考。对教师来说,将学习过程数据化,不仅能了解学生的学习效果,获取及时的反馈,还能整体把握学生的学习情况,以便能根据学生的实际情况改变教学策略,对学生进行有针对性的、个性化的指导。而对学生来说,通过学习记录,如练习时间、习题对错次数、微课浏览次数、互动次数等,实时、直观地了解自己对知识的掌握程度。学生哪方面知识掌握了,掌握了多少,哪些内容有困难,下一步应如何学习等,这些数据能支撑学生及时找到适合的学习路径,从而满足个性化学习的需求。

(二)智慧课堂的具体教学设计

1.教师教学过程设计

教学设计上,采用"学生为主体,教师为主导"的思路,借助智慧课堂平台优化教学流程。

(1)课前阶段:教师根据学生的学习情况布置自主学习任务,明确学习目标和具体任务,并上传相关学习资源到课堂平台。学生则可以随时随地通过

课堂平台进行自主学习,完成课前预学任务,同时可以与老师和同学进行线上互动,探讨问题,还可以通过线上测验检测自己的学习效果。学生能够在课前预学中自主掌握学习节奏,容易体验成功,从而引发"我想学"的主动学习动机。

(2)课中阶段:教师针对学生在课前自主学习中提出的问题进行总结、反馈、分析。教师首先将学生的问题进行汇总,然后在课堂上引导学生进行小组合作来解决问题,对重难点进行讲授。同时对于个别学生,教师还可以进行个性化指导。学生在这个过程中完成"我会学"。

(3)课后阶段:教师针对学生的学习情况,在智慧课堂平台上布置拓展学习任务,上传拓展学习资源,并线上解答学生的疑问;学生可以根据自己对知识的掌握程度和兴趣选择相应拓展学习内容,进行个性化自主学习。通过这种方式,学生可以培养自己的自主学习能力,达到"我学会"的最终学习目标。

2.学生学习环节设计

教师教学流程的优化,让学生的学习流程也发生了变化。

(1)课前预习:通过课堂平台,教师可以根据学生学习情况和学习需求分层次向不同的学生推送个性化的学习资源。学生在课堂平台上可以查看自主学习任务单和各种学习资源,然后进行个性化选择、学习,还可以线上与老师、同学进行讨论,从而完成课前自学,并通过平台上教师布置的测验来判断自己学习目标的达成度。

(2)问题反馈:课堂开始阶段,教师首先根据课堂平台中学生在课前自学测验中出现的问题,对本次课的疑难点进行重点讲解,然后安排学生进行更具有针对性的训练,组织一对一的讨论与面对面的交流,从而解决问题,让学生完成知识的内化。

(3)协作探究:在课堂上,随着知识的不断递进,也会有新问题不断产生。学生进行分组,采用小组协作的形式,展开探究学习,再使用展示讲解等方式进行交流反馈。在这一环节,以学生为主角,教师主要激发学生兴趣,让学生能够主动学习,实现"会学"。

(4)课堂巩固:在课堂结尾阶段,教师通过课堂平台进行分层实践练习,让学生进行实践应用训练,学生通过练习了解自己对新知识的掌握程度,并且达到当堂巩固的效果。

(5)课后拓展:"学会"并且"会学"的学生更容易产生"还想学"的动机,因此,教师在课后还可以充分利用课堂平台,引导学生进行拓展学习。这一环节是让学生持续保持学习兴趣和动机。课堂教学是师生交流、生生交流的一个过程。以上各个环节只有环环相扣、相互促进,才能形成真正的智慧课堂。

四、关于深度学习的展望

随着信息技术的进步,信息技术支持下的深度学习正在蓬勃发展,这对深度学习的研究提出了更高的要求。我们应该摆脱传统课堂对学习者思维的限制,采用多元的学习工具与技术开展深度学习,大力促进网络环境下深度学习的发展。要鼓励学习者多元化地选择促进深度学习的工具,将知识与技术相结合,为每一位学习者提供持续的知识与信息,使学习者能够清楚地了解、批判地思考自己的学习进度和目标,进而发展深度学习能力。

深度学习的应用对教育的影响日益深远,而目前我国对深度学习的研究还存在理论体系不完整、不重视对深度学习评价方法的研究等不足之处。对深度学习的研究不应只停留在表层,要向理论深处迈进,更需要将深度学习理念付诸教学实践,将深度学习与信息技术有机融合,进一步促进深度学习的发展。教育工作者应完善深度学习的评价机制,广泛采用各种方法和工具开展教学评价,其中应包括对学习者知识与技能的掌握程度、学习进程的数据记录和分析,以及其他指标的考核。利用电子书包、学习管理系统等数字化评价手段监控和记录学习者的学习过程,并及时将评价结果反馈给学生,改变以教师为主的教学,将学习者的自我评价、同伴间的协作评价引入评价过程,创新深度学习评价方式,使学生对自己的知识进行更加精细的加工,促进学习者的深度学习。同时加强对教育工作者的深度学习相关理论的培训,改变大部分教育工作者以分数为主的传统思想,以期促进学生全面发展,培养学生的深度学习能力。

> **拓展阅读**

深度学习与智慧课堂结合需注意的问题

面向智慧课堂的深度学习架构的灵活性通过各要素的均衡和协调来体现。

1. 任务的有效性与趣味性

学习任务是深度学习主要的学习内容，学生能够按照需求自主决定学习内容是灵活性的一个重要维度。在深度学习中，学习任务的有效性和趣味性是教师提供可选择的内容时需重点关注的两个属性。前者保证课堂的效率，后者有助于学生的深度参与。

课堂教学的效率是深度学习需要十分注重的，否则难以有时间来培育高阶能力及其迁移应用。在深度学习中，课堂效率可以通过学习任务的有效性来体现，它一般以促进学生向目标发展的胜任力来衡量。研究表明，将教学与现实事件关联能在学科知识、复杂问题解决能力与审辨思维能力的培育方面获得显著的效果，当中小学生在课堂上从事现实中的任务时，学习成绩会显著提高。

2. 活动的自主性与指引性

虽然研究表明，相比教师控制的学习活动，学生更愿意参与他们自己控制的活动，但在深度学习中，学生容易因不知所措而导致学习失败，并且受自我意识和学习经验水平的限制，中小学生自主活动的有效性可能处于低水平。因此，对学习活动进行适度的指引或提示是必要的。提示或指引不是答案或答案的注解，而是促进学生学习的点拨、专家咨询渠道等。考虑到不同学生会需要不同的指引，智慧平台中的指引内容可以先隐藏，只有学生点击相应区域才显示。这样做的好处是，学生可以自己掌控是否需要教师指引。

3. 进程的无序性与有序性

在我国大班制课堂中，进程的无序性会给教师极大的教学压力与挑战，对深度学习更是如此。虽然大数据技术可以帮助教师处理一些个别化问题，但这没有让学习进程变得有序。进程的有序性可以借助"冗余"的学习任务来实现，即多次重复欲传达的核心知识与概念，而非任务本身，如本身的图文描述与形式。冗余任务散落在学习任务集中，这样，每当学生完成某个冗余任务，便又学了一次之前学过的核心知识或概念。由此，无论学生按照何种顺序学习，只要开始执行冗余任务，就进行了一次迭代学习。

4.决策的数据驱动与数据启发

面对庞大的教育数据，教师无法直接分析，而智慧课堂提供的个性化决策服务还无法兼顾教与学的方方面面。为向学生提供更为精准的服务，深度学习架构的灵活性还需关注教学决策的数据驱动和数据启发两个属性。

数据驱动的决策以收集到的教与学全过程数据为引导，其过程一般是自动化的，少有人员参与。相比基于教师经验的决策，它更有说服力，并且充分利用机器的智慧计算优势，迅速而精准地对学生的学习情况作出合理的判定。数据驱动的决策可以实时给予师生学习反馈，这是促进学生深度参与、实现深度学习的一个关键因素。

（信息来源：电化教育研究、教育大数据应用技术国家工程实验室、慕课网）

思考题

1.翻转课堂教学模式与传统课堂教学模式的区别是什么？你能概括出翻转课堂的实施模式吗？

2.根据当前中小学的教学实际，谈谈如何将项目学习与智慧课堂更好地结合起来。

3.你能否用自己的话概括深度学习的内涵？你认为深度学习在教学实践中的应用有什么意义？

4.基于深度学习的认知特点，你认为进行智慧课堂设计时还需要考虑哪些方面的问题？

主要参考文献

[1]南国农,李运林.电化教育学[M].2版.北京:高等教育出版社,1998.

[2]皮连生.教学设计:心理学的理论与技术[M].北京:高等教育出版社,2000.

[3]史爱荣,孙宏碧.教育个性化和教学策略[M].济南:山东教育出版社,2001.

[4]何克抗.教学系统设计[M].北京:北京师范大学出版社,2002.

[5]钱学敏.钱学森科学思想研究[M].2版.西安:西安交通大学出版社,2010.

[6]张祖忻,章伟民,刘美凤,等.教学设计:原理与应用[M].北京:高等教育出版社,2011.

[7](美)萨尔曼·可汗.翻转课堂的可汗学院:互联时代的教育革命[M].刘婧,译.杭州:浙江人民出版社,2014.

[8]蔡自兴,刘丽珏,蔡竞峰,等.人工智能及其应用[M].5版.北京:清华大学出版社,2016.

[9]王奕标.透视翻转课堂——互联网时代的智慧教育[M].广州:广东教育出版社,2016.

[10]吴彦文.信息化环境下的教学设计与实践[M].北京:清华大学出版社,2018.

[11]谢幼如,邱艺.走进智慧课堂[M].北京:北京师范大学出版社,2019.

[12]刘邦奇.智慧课堂[M].2版.北京:北京师范大学,2019.

[13]孙曙辉,刘邦奇.智慧课堂[M].北京:北京师范大学出版社,2016.

[14]谢利民,郑百伟.现代教学基础理论[M].上海:上海教育出版社,2003.

[15]靳玉乐.现代教育学[M].成都:四川教育出版社.2011.

[16]魏雪峰.问题解决与认知模拟:以数学问题为例[M].北京:中国社会科学出版社,2017.

[17] 怀特海.教育的目的[M].庄莲平,王立中,译.上海:文汇出版社,2012.
[18] 钱学森.创建系统学:新世纪版[M].上海:上海交通大学出版社,2007.
[19] 李德仁,龚健雅,邵振峰.从数字地球到智慧地球[J].武汉大学学报(信息科学版).2010(2):127-132.
[20] 胡铁生."微课":区域教育信息资源发展的新趋势[J].电化教育研究,2011(10):61-65.
[21] 刘家访.先学后教运行机制的重建[J].中国教育学刊,2011(11):40-44.
[22] 王竹立.新建构主义:网络时代的学习理论[J].远程教育杂志,2011(2):11-18.
[23] 马秀春.生成性教学:特征与价值[J].当代教育论坛(教学版),2011(8):26-27.
[24] 顾小清,林仕丽,汪月.理解与应对:千禧年学习者的数字土著特征及其学习技术呼求[J].现代远程教育研究,2012(1):23-29.
[25] 祝智庭,贺斌.智慧教育:教育信息化的新境界[J].电化教育研究,2012(12):5-13.
[26] 黄荣怀,胡永斌,杨俊锋,等.智慧教室的概念及特征[J].开放教育研究,2012(2):22-27.
[27] 胡铁生,黄明燕,李民.我国微课发展的三个阶段及其启示[J].远程教育杂志,2013(4):36-42.
[28] 王红,赵蔚,孙立会,等.翻转课堂教学模型的设计——基于国内外典型案例分析[J].现代教育技术,2013(8):5-10.
[29] 黄荣怀.智慧教育的三重境界:从环境、模式到体制[J].现代远程教育研究,2014(6):3-11.
[30] 唐烨伟,庞敬文,钟绍春,等.信息技术环境下智慧课堂构建方法及案例研究[J].中国电化教育,2014(11):23-29.
[31] 黄明燕,赵建华.项目学习研究综述——基于与学科教学融合的视角[J].远程教育杂志,2014(2):90-98.
[32] 宁本涛."翻转课堂"的基本图景与问题审视[J].现代教育技术,2014(12):64-69.
[33] 许晔,郭铁成.IBM"智慧地球"战略的实施及对我国的影响[J].中国科技论坛,2014(3):148-153.
[34] 汪滢.微课的内涵、特征与适用领域——基于首届全国高校微课教学比赛作品及其征文的分析[J].课程·教材·教法,2014(7):17-22.
[35] 钟晓流,宋述强,胡敏,等.第四次教育革命视域中的智慧教育生态构建[J].远程教育杂志,2015(4):34-40.

[36]范福兰,张屹,周平红,等."以评促学"的信息化教学模型的构建与解析[J].电化教育研究,2015(12):84-89.

[37]王帆.智慧教育:教学设计数据化与案例分析[J].电化教育研究,2015(8):67-72.

[38]郑云翔.新建构主义视角下大学生个性化学习的教学模式探究[J].远程教育杂志,2015(4):48-58.

[39]祝智庭.智慧教育新发展:从翻转课堂到智慧课堂及智慧学习空间[J].开放教育研究,2016(1):18-26.

[40]李逢庆.混合式教学的理论基础与教学设计[J].现代教育技术,2016(9):18-24.

[41]于颖,周东岱,钟绍春.从传统讲授式教学模式走向智慧型讲授式教学模式[J].中国电化教育,2016(12):134-140.

[42]阎坚,桂劲松.基于物联网技术的智慧教室设计与实现[J].中国电化教育,2016(12):83-86.

[43]卞金金,徐福荫.基于智慧课堂的学习模式设计与效果研究[J].中国电化教育,2016(2):64-68.

[44]崔晓慧,朱轩.信息技术环境下智慧课堂的概念、特征及实施框架[J].继续教育,2016(5):50-52.

[45]李祎,王伟,钟绍春,等.智慧课堂中的智慧生成策略研究[J].电化教育研究,2017(1):108-114.

[46]于颖,周东岱.智慧学习语境下学生智慧发展研究现状及策略探析[J].电化教育研究,2017(5):83-87.

[47]刘军.智慧课堂:"互联网+"时代未来学校课堂发展新路向[J].中国电化教育,2017(7):14-19.

[48]何克抗.如何实现信息技术与学科教学的"深度融合"[J].教育研究,2017(10):88-92.

[49]李逢庆,韩晓玲.混合式教学质量评价体系的构建与实践[J].中国电化教育,2017(11):108-113.

[50]李志河,张丽梅.近十年我国项目式学习研究综述[J].中国教育信息化,2017(16):52-55.

[51]温双."互联网+"时代教学变革的核心要素及发展态势——基于2000—2017年CSSCI来源期刊文献的可视化分析[J].当代教育科学,2017(11):73-78.

[52]祝智庭,魏非.面向智慧教育的教师发展创新路径[J].中国教育学刊,2017(9):21-28.

[53] 张进宝,姬凌岩.是"智能化教育"还是"促进智能发展的教育"——AI时代智能教育的内涵分析与目标定位[J].现代远程教育研究,2018(2):14-23.

[54] 辛继湘.当教学遇上人工智能:机遇、挑战与应对[J].课程·教材·教法,2018(9):62-67.

[55] 于颖,陈文文.智慧课堂教学模式的进阶式发展探析[J].中国电化教育,2018(11):126-132.

[56] 王冬青,韩后,邱美玲,等.基于情境感知的智慧课堂动态生成性数据采集方法与模型[J].电化教育研究,2018(5):26-32.

[57] 王运武,黄荣怀,杨萍,等.改革开放40年:教育信息化从1.0到2.0的嬗变与超越[J].中国医学教育技术,2019(1):1-7.

[58] 蔡宝来.教育信息化2.0时代的课堂变革:实质、理念及场景[J].海南师范大学学报(社会科学版),2019(4):82-88.

[59] 王天平,闫君子.智慧课堂的概念诠释与本质属性[J].电化教育研究,2019(11):21-27.

[60] 周振宇.项目学习:内涵、特征与意义[J].江苏教育研究,2019(10):40-45.

[61] 谭伟,顾小清.面向开放教育的混合式教学模式及效果评估指标研究[J].中国电化教育,2019(2):126-130.

[62] 余文森.从"双基"到三维目标再到核心素养——改革开放40年我国课程教学改革的三个阶段[J].课程·教材·教法,2019(9):40-47.

[63] 马勋雕,解月光,庞敬文.智慧课堂中学习任务的构成要素及设计过程模型研究[J].中国电化教育,2019(4):29-35.

[64] 蔡宝来.教育信息化2.0时代的智慧教学:理念、特质及模式[J].中国教育学刊,2019(11):56-61.

[65] 吴颖惠.人工智能如何深度变革教育[J].人民教育,2019(22):30-33.

[66] 曾媛.基于未来课堂的体验学习活动设计研究[D].上海:华东师范大学,2014.

[67] 刘伟.教育学视域下的智慧教育研究[D].武汉:华中师范大学,2018.

[68] 刘扑英.小学数学智慧课堂教学模式构建与实践研究——以昆明市WH区LH小学为例[D].昆明:云南师范大学,2018.

[69] 李祎.基于电子书包的小学数学智慧课堂构建方法及支撑工具研究[D].长春:东北师范大学,2016.

[70] 覃柳清.基于交互式课堂的高中地理个性化教学研究[D].广州:广州大学,2019.

[71] 王瑞红.高中化学探究性教学的研究与实践[D].呼和浩特:内蒙古师范大学,2011.

[72]赵世渭.探究性教学在高中物理实验教学中的实施策略[D].济南:山东师范大学,2014.

[73]邵秀英.混合式教学的交互设计与应用研究[D].昆明:云南师范大学,2016.

[74]张李娜.高一英语生成性教学策略研究[D].西安:陕西师范大学,2014.

[75]刘海燕.小学英语生成性教学研究[D].长沙:湖南大学,2013.

[76]郑艺红.论生成性教学[D].福州:福建师范大学,2008.

[77]范超.智慧课堂中个性化教学实现路径研究[D].重庆:西南大学,2018.